椰韵文丛

总主编：赵金钟

成长路上的文学梦

主　编　赵金钟

副主编　柯春明　张家波

暨南大學出版社
JINAN UNIVERSITY PRESS

中国·广州

图书在版编目（CIP）数据

成长路上的文学梦/赵金钟主编；柯春明，张家波副主编．—广州：暨南大学出版社，2020.5

（椰韵文丛／赵金钟主编）

ISBN 978-7-5668-2573-5

Ⅰ.①成… Ⅱ.①赵…②柯…③张… Ⅲ.①岭南师范学院人文学院—大学生—访问记 Ⅳ.①K828.4

中国版本图书馆CIP数据核字（2019）第025171号

成长路上的文学梦

CHENGZHANG LUSHANG DE WENXUEMENG

主　编：赵金钟　副主编：柯春明　张家波

出 版 人：张晋升
策　　划：杜小陆
责任编辑：潘江曼　黄少君
责任校对：刘舜怡　叶佩欣
责任印制：汤慧君　周一丹

出版发行：暨南大学出版社（510630）
电　　话：总编室（8620）85221601
营销部（8620）85225284　85228291　85228292　85226712
传　　真：（8620）85221583（办公室）　85223774（营销部）
网　　址：http：//www.jnupress.com
排　　版：广州市天河星辰文化发展部照排中心
印　　刷：佛山市浩文彩色印刷有限公司
开　　本：787mm×1092mm　1/16
印　　张：16.5
字　　数：295千
版　　次：2020年5月第1版
印　　次：2020年5月第1次
定　　价：58.00元

总　序

岭南是个好地方，它不仅盛产物与景，而且出品诗与文，可谓诗与远方汇于一身。

在岭南之南有一个半岛，名为雷州半岛，是中国三大半岛中地理位置最靠南的一个半岛。关于它的成因，有诗者写道：

因为饥渴，把嘴贴向了海
身子不断拉长
直到把妈妈的呼喊甩在了远远的陆地

就这样，一路奔跑，冲进了海
便再也没有回头

（《雷州半岛》）

这自然是诗者的想象，不可拿着科学考证的尺子去求真伪。但有两个关键词值得品味：“海”和“奔跑”。海，是它的凭借；奔跑，是它的精神。

这里曾为荒蛮之地，是古时中原朝廷流放“贼子逆臣”的地方，寇准、苏轼、苏辙、秦观、李纲、赵鼎、胡铨、任伯雨、汤显祖等名臣巨匠皆曾被贬于此。这些被流放至此的不得意者并未气馁颓靡，而是带着中国知识分子“先天下之忧而忧”的使命基因，自带职责，积极作为，口授中原正音，力输中原文化，倾心化风育民，使得此地加速摆脱蛮荒窘境，迈向文明坦途。

半岛北端坐落着一所美丽的学府——岭南师范学院。它驻足岭南，面朝大海，驭一岭（燕岭），挟两湖（寸金湖、瑞云湖），怀绿椰，擎巨榕，起伏有致，风光旖旎，为学子读书求学之绝佳圣地。师生徜徉其中，赓续先贤遗风，吟诵诗文，切磋学问，晨昏交替，四时不绝，为半岛平添了一道怡人的风景。

学校已有百年历史。在这百年师范教育生涯中，它肩负着兴学育人的办学使命，秉承“崇德、博雅、弘志、信勇”的校训精神和“师范性、教学型，地方性、应用型”的办学定位，培养了大批优秀教师、教育工作者和社会应用型人才，为当地和国家的教育文化事业、经济社会发展做出了很大贡献。近年来，似乎是应了“海的情怀”与“跑的精神”的感召，其师生的干劲较之以前更大更猛了，并在为学、成才的路上捡拾了不少闪光的“海贝”。其麾下的文学与传媒学院师生便是如此。他们收拢这些“海贝”，再做精挑细选，集束成册，以“椰韵文丛”之名公开出版发行。这是一件值得称道的喜事。从书中可以看到，学生着眼于成长，捡拾成长路上的花与梦；教师着眼于体验，整理前行道上的理与情，各呈其妙，各展其趣，绘制出一组组美妙的图景，传递着灵魂深处渗出的纯真情思，咀嚼着生命旅程中涌起的况味苦乐，享受着随文字起伏而迸出的甘美旋律。我相信这套文丛的推出，定会助推校园文学创作和校园文化之建设，为校园增添一抹独具风味的精神风景。

岭南大地一向多奇花异木，且长盛不衰，并无四季更迭之虞。所以，北方正值冰冻严寒时节，此地依然郁郁葱葱。这是大地对它的特殊奖赏与馈赠。从某种意义上讲，朝廷贬官于此，也是对它的一种奖赏与馈赠。而那些失意的贬官，能够来到这里，或许也是上苍对他们的奖赏与馈赠，让他们有机会与这块神秘的土地相遇。除了上面提到的榕树和椰树，这里最显眼的植物还有紫荆花，它是常绿乔木，花大如掌，略带芳香，且颇耐烟尘，观赏性与实用价值均高，成为许多城市的“市花”。生活于斯的人写诗赞美它，说它盛开之时，烟云朵朵，满树朝霞，像一团团激情四射的火在滚动、燃烧；夜晚，似乎还能听到它的声音，细的，柔的，甜的，顶替了聒噪的蝉鸣，以温暖的方式擦拭着人类留下的污渍——这是多么高的赞赏！花得此誉，不枉盛开。诗的赞美之情还未停止，诗人在结尾时又深情咏道：

在遥远的南国
紫荆花这样开着
白天是火，夜晚是歌

（《紫荆花这样开着》）

紫荆花活泼热情，惹人喜爱，是岭南人精神品格的折射。

赵金钟
2019 年 10 月

目　录

椰林清风

庄生梦蝶

新声雅韵

且听风吟

诗书自华

椰林清风

时间太瘦，指缝太宽

2012 级汉语国际教育　王倩倩

每次聊起毕业和离别，都会忍不住回避，太多太多的回忆，太多太多的不舍，太多太多的留恋，太多太多的怀念。

每次聊起友情和曾经，都会忍不住逃避，太多太多的遗憾，太多太多的叹惋，太多太多的错过，太多太多的痛楚。

渐渐地，喜欢上黑夜。

静默的夜，关上灯，没有耀眼的光和刺眼的亮，四周只是无边的黑，仿佛跌入了凄冷的深渊，有点害怕，却又享受其中，乐此不疲。喜欢一个人蜷缩在床上，拿出手机，打开文档，一个字一个字地记录内心真实的感受，这种感觉，让我深深迷恋，愿永远沉醉其中。咀嚼文字的魅力，如同品一杯上好香茗，让人饮罢口齿噙香。

不知道从什么时候开始，我变得越来越冷漠，渐渐地，爱上了一个人。喜欢一个人戴着耳机，边听歌边散步，漫无目的；喜欢一个人走在无人的街，周围的喧嚣都与我无关；喜欢一个人坐在角落，静静地做自己喜欢的事，独自怀念曾经的那份感动。

不知道从什么时候开始，变得越来越落寞，喜欢看自己的影子，在路灯下被无限拉长，凄凉而寂寥。那是一种寂寞而又深入骨髓的清冷，我沉沦其中，甘之如饴，冰冷的面容在路灯的掩映下，也愈加凄凉。

不知道从什么时候开始，我变得越来越难以接近，不会对任何人全心全意付出。害怕靠近，害怕伤害，所以，更多的时候，宁愿选择一个人沉默走开。其实，心底最深处，还是害怕结果会让人失望，所以才要假装没心没肺，孤独又倔强。

可是，更多的时候，依然会有太多的情不自禁。曾经的好，一直都清清楚楚地记得，谁是真情，谁是假意，我的心会诉说最真实的答案。

感恩生命中出现的每一个你，你们给予的每一份感动，我都在内心最深处珍藏，酿一湾名叫“岁月”的酒，浓郁醇香。

心中千千结，表面什么都不说，亦迟迟没有做出任何的回应。不知道，一张冷漠的脸，浇灭了多少颗热情的心；来不及说出口的关心，让多少人心灰意冷。不是不去做，不是不想做，只是怕自己会伤了自己，我不知道，最终的一切，究竟值不值得？

我承认，我很讨厌这样的自己，做事畏手畏脚，犹豫不决，一点没有一贯的豪爽之气和飒爽英姿，或许，我是真的怕了。

逃避，一直以来我都在逃避。

空间的交替，时间的更迭，逃避了这些年，很多记忆都已经模糊，很多事情都已经淡忘。有时候，我会骗自己，我已经释怀了；有时候，我会骗自己，我可以很洒脱。可是，不是事到临头，那份真真的伤痛不会提醒着你过去的伤口有多么深。静默地承受，什么都不说，并不代表曾经不存在。

一直以来，对于新认识的每一位朋友，我始终怀有一份深深的歉意。执着于过去，沉沦在过往，我再也不曾毫无保留、全心全意地付出。那份来自骨子里的恐惧，未曾远去，挥之不去的阴霾如影随形。

我不知道，究竟到什么时候，自己才可以真正释怀？

在这个陌生的城市，有那样一些人，他们陪我欢笑，陪我忧伤，他们会纵容我的无理取闹，包容我的任性吵闹，在他们面前，我可以肆无忌惮，可以骄纵蛮横，可是，我终究还是辜负了你们！

不知道是不是人的年龄越大，就越经不起离别的伤痛。想起以后聚少离多的日子，心中就有淡淡的失落和浓浓的忧伤，时光在指尖轻巧滑过，我们还来不及感慨，就已经要说再见诉离殇了。

我知道，有些情感，就如同手中的沙，抓得越紧，就流失得越快。所以，更多的时候，我习惯性选择顺其自然，什么都不做，却已然忘却，有些情感，还需要经营。

我不喜欢无谓的关心，不喜欢故作的情深，对于那些被冷落的朋友，我只能说，更多的时候，不是不重视，不是不关心，只是喜欢什么都不说；不是不去做，不是不想做，只怕做了会是一种伤害。

习惯了一个人，静静的，只是，有时候，也需要被安慰。

站成一棵桃花树

2012 级汉语言文学 1 班　刘嘉玲

雨蒙蒙，沾湿了她长长的睫毛。玉露滑下，拂过了她的心房。紫烟弥漫，风生水起，碧水清波，蝶嬉鱼跃。任风撩乱发丝，独步于青青的小湖边，笑看红莲绿叶。

漫不经心地踮起脚尖，缓缓低头，一颦一笑间流露出的却是温柔的悲伤。粉色桃花雨点缀，青青柳条丝妩媚，一青砖红瓦的凉亭静静守候在旁，还有那黑白相间的双飞燕旋舞于桃花雨里。脚是慢慢地抬起了，只是她犹豫、踌躇了。要向前走吗？要去追逐吗？

倚白色栏杆，探出身子，泪眼婆娑地望湖里嬉戏的锦鲤，追着尾巴在轻快地游转，快乐的鱼儿不懂她的心。孤零零地剩下她哽咽低泣道："曾经沧海难为水，除却巫山不是云。"朦胧的细雾飘动，那是捉摸不定的心绪，迷失在昨日的甜蜜中，彷徨于今天的失望里。漂浮不定的心啊，你到底害怕什么？你真的没有勇气向前再走一步吗？微波轻泛，像是在笑道："多情只有春庭月，犹为离人照落花。"

风萧萧兮，雨凄凄。伸出手，想要接住纷飞的桃花瓣。那像是曾经要相守一生的承诺，还没来得及盛放就黯然凋落了。原来沧海桑田也不过弹指之间罢了。叹"衣带渐宽终不悔，为伊消得人憔悴"，心悄悄地生出了皱纹。人面不知何处去，桃花依旧笑春风。如今人面依然在，桃花次第开，只是君在何处？连微微的呼吸都是绞心的痛！无言以对，任杨柳依依，花飘絮。

如果只是梦幻，那么请尽量让她做个长长的美梦吧！让时间走得慢一点，再慢一点。让她醒后能一直沉醉，一直回味，即使明白越美的梦，碰上现实的悬崖峭壁，越容易支离破碎得令人心痛，令人惋惜。那就像玲珑剔透的水晶无情地碎裂一地，记忆的碎片无声地刺入了多情的骨髓，吻痛了痴情的心，打湿了情人的眼一般。但是她却是那么真心诚恳地双手合十，默默地祈求上苍，让她在梦里遇见他，哪怕只是一面之缘，也够她回忆一生了。她要站成一棵桃花树，静静地开花，默默地守候，不管"山无棱，江水为竭，冬雷震震，夏雨雪”，只愿“执子之手，与子偕老”。“问世间情为何物，直教人生死相许”，只是步履匆匆，不懂花中柔情，不解花中蜜语，让她的花瓣孤零飘落。可是，即使飘落了，她仍愿落在君的肩上、君的手里，然后慢慢融进君的心。

天若有情天亦老。独登凉亭远眺，草色碧绿，柳丝飘拂，花飞残照里，凭栏望尽天涯路。高处的寒风，冰住了胸中汹涌的热血。“化蝶去寻花，夜夜栖芳草。”她轻轻抚摸着君送的手链，晶莹的泪珠滑过娇嫩的脸，不停地落下。昔日齐看繁星，合唱情歌，共醉风里，携手雨中……仿佛都成了君为她吹的美丽肥皂泡，瞬间消失在时间的风尘里，却深深地藏在记忆的密室内。也许那是多情的惩罚，就像把一颗受伤的心灵留在一个暗黑的小房里，让它自生自灭。她紧皱眉头，用力咬着自己的下唇，蹲下来抱住双膝，把头埋下去。也许，只有这样，她才会暂时卸下身上的盔甲，痛快淋漓地号哭。其实，她只是需要一个深情的拥抱，便足以融掉心中的冰雪。但是杨柳依依，伊人已去。

风夹着花香的味道，轻轻地掠过栅栏边上的红玫瑰，偶尔猛地扫过草坪，画出不规则的形状，恰似醉酒的艺术家随心挥动手中的画笔，而那其实是紧皱的心抽搐而成的凌乱形状。慢慢地，风似乎也被感动了，变得温柔了，抚过树梢，低吻小草，在湖里荡漾起如少女裙子般美丽的褶皱。“春蚕到死丝方尽，蜡炬成灰泪始干。”是的，直到现在，她还是爱情的浪漫主义者。花谢了，花还会开。也许哪天，君累了，就会在她的树下休息。渐渐地，君就会安定下来。那是因为她觉得生活中有一种爱，叫作“静候”。

夕阳细雨，双飞燕，碧草繁花，痴人泪。泪往外流，相思往肠内灌。拾起飘落一地的花瓣，缓缓站起，想着要把它拼在一起，就像愈合自己受伤的心。犹豫？踌躇？不！不！勇敢去追逐吧！痴情的人儿。相信多年以后，她会欣喜地感叹“蓦然回首，那人却在灯火阑珊处”。是的，因为她终会站成美丽的桃花树，迎来在树下安居的如意郎君。

马蹄哒哒

2012级汉语言文学1班　麦舒韵

是夜，我于梦中惊醒。环顾四周，呆怔许久，方觉自己已然在归途之中。复躺下，得片刻安睡。然，梦中马蹄声哒哒。

“哒，哒，哒……”犹忆当年皇命急宣，惊见告示，双亲泪垂。从此，戍役了无归期。少时家乡，“土地平旷，屋舍俨然，阡陌交通，鸡犬相闻”，村民日出而作，日落而息。昔日的我，曾以为守着一块地，一个家，一生足矣。怎料阵阵急促的马蹄声，带来了狁狁来犯的消息。平静的面具终被撕破，烽火接连千万里。而密密麻麻的戍役名单上，显现出我的名字。抬头望天，熟悉的一切依旧在，可为何都染上丝丝伤感？谁曾想到，只会耕耘的我，也会有戎装上阵的一天。我终日惶惶，最后却只能自我安慰道：“能执耒耜，也能执殳。”双亲一夜白头，时间仿佛已过十年。已记不清，临行前多少个夜晚，母亲房中那忽明忽暗的灯火，只记得那绣花针来回穿梭的影子被拉长，一直蔓延到我的内心，一针针刺进记忆深处……父亲则紧紧抓着我的肩膀，黝黑的双手布满皱纹，青筋尽显，他似乎使出了平生的力气，沉重地道：“好男儿就应保家卫国……”那手心的温度烙进我的血液，深至骨髓。穿着母亲做的新衣，我拿起包袱出发了。阳光暖送，小道上柳絮飘飞，刹那光华如同双亲花白的头发。我不敢回头，我怕控制不了自己那欲往回走的脚步。“昔我往矣，杨柳依依”，他们终究留不下我的……因为在我背起行囊的那一刻，我就知道：我，无法回头了。

“哒，哒，哒……”犹忆当年两军对垒，刀光剑影，马嘶叫，人怒吼。从此，生死自由天定。边境处，烈日炙烤，漫漫黄沙连天际，萋萋荒草诉苦寒。初入军营的我害怕眼前的一切，如同初生小孩般，要抱着母亲做的棉衣方能入睡。初上战场的我被吓得呆立不动，颤抖的双手使不出半点力气。知道战争是残酷的，可当一个个人在你面前倒下，“残酷”便已不足以表达这一切：血腥、痛苦、哀鸿遍野……混杂在一起的战争画面，使我变得近乎疯狂。发抖的双手抓不住兵器，我便用绳子将其与手紧紧绑住，那一刻，我的心里只有一个念头：活着，活着。满是鲜血的大地，满是鲜血的刀剑，以及满是鲜血的我，成为我一生的噩梦。从此，我的世界被血红的回忆占据。望着遍野的尸体，我霎时明白：原来，死亡是如此容易的一件事，一起一落便可了结；而生存是世间最难之事，因为你永远不知道自己是否拥有明天。生者要代替死者好好活着，这是多么奢侈的事啊！多年来与死亡擦肩而过，我看着战友们坟前的草绿了一遍又一遍，归去之日仍然遥遥无期。其实，第一次从战场上回来时，我便明白：我戍未定，生死由天。

“哒，哒，哒……”犹忆当年魂牵梦绕，如今战事已停，归途在望。从此，回乡不再是奢想。盼了多年的归来，是令人高兴的。然而，我的心泛起阵阵悲伤。“一将功成万骨枯”，漫漫黄沙下埋葬了多少年轻的生命？家，已近在眼前，可家中父母是否健在？这么多年过去了，我已青丝夹雪，他们还能认出我来吗？母亲做的衣裳已经破烂不堪，而我成为父亲口中的“好男儿”了吗？我在自问中慨叹，忧虑，愧疚……“我心伤悲”，又有谁能懂？

梦里，依旧是马蹄哒哒。

哒，哒，哒……

你是，醉美诗一首

——赏《林徽因诗传:一身诗意千寻瀑　万古人间四月天》

2012级汉语言文学1班　李嘉文

此情可待成追忆，只是当时已惘然……

川流不息的岁月长河奔腾不息，彼岸玉立的那一位，绝世而独立的传奇女子，是我灵魂深处难掩的一声叹息，或似世人眼中一首清丽绝美的诗，完美而残缺！

深情凝望阳光闪烁下金光熠熠的国徽，她渐行渐远的幽丽倩影便“忽如一夜春风来”般萧然吹进我柔软的心，想来“林徽因”这三个字，该是多少人心中的期盼？她坚强、勇敢，始终热烈地追逐着自己梦中的渴望；她聪明、温婉，挥动优雅的笔触写下人生激昂而凄美的篇章，她就是镌刻在历史纪念碑上的绝色才女、清纯佳人——林徽因，我心中醉美的一首诗！

我猜不着，猜不着这世间有多少人还记得这个香远而益清的名字，我怕自己终究也会忘记，但那又有什么关系呢！我是如此地坦白，却又不得不承认，只要随手翻开那泛香的书卷，默念一段段曾经跃然于她心头的淡淡文字，我怦然舞动的心便也会油然吟唱起那一首名唤“林徽因”的诗，美，太美了……

情　愿

我情愿化成一片落叶，
让风吹雨打到处飘零；
或流云一朵，在澄蓝天，
和大地再没有些牵连。

但抱紧那伤心的标志，
去触遇没着落的怅惘；
在黄昏，夜半，蹑着脚走，

全是空虚，再莫有温柔；

忘掉曾有这世界；有你，
哀悼谁又曾有过爱恋；
落花似的落尽，忘了去，
这些个泪点里的情绪。

到那天一点都不存留，
比一闪光，一息风更少，
痕迹，你也要忘掉了我，
曾经在这世界里活过。

金岳霖追忆林徽因时笔落一句："一身诗意千寻瀑，万古人间四月天。"是啊，也许更多的人迷恋她笔下泛着暖暖爱意的一首《人间四月天》，我却独爱这首洒脱中又满溢怅惘的《情愿》。我轻声读这诗篇的一字一句，问自己，她是多么的茫然不知所措，才心甘情愿地幻化作落叶或流云一片，只为享尽自由而了无牵挂呢？可惜了，落叶浮云尚且还要听凭风的旨意，何况是那尘世间平凡而渺小的女子呢！她化不成潇洒的哪怕残缺的一片落叶，更变不成天际肆意飘动的浮云，去陪伴自由的蓝天；她不过是误入凡尘的娇花一朵罢了，只不曾料想，醉人却醉成了罪人，悄然静默中仍为滚滚尘世间的爱恨情仇所累。她，由始至终都不曾是，也不妄想是他幻想中编织出来的那"似一朵水莲花不胜凉风的娇羞"的出尘神女。

爱人爱成伤，抑或爱成了无头公案？你我都摸不透的结论也只能凭借时光把它尘封埋葬；但若从未爱过，为何要任由那伤心与惆怅侵蚀纯洁的心呢？我想或许正是因为在懵懵懂懂时曾紧紧地牵挂过另一颗心，才会在情丝骤断的那一刻，怅然若失，徒留沉沉的空虚而再没有温柔吧。然而我该怎么说呢？错过了爱的人，皆因彼此爱得不够深吧！唉，她的叹息携带着遗憾划过爱情的天际陨落，终不过一瞬！飘荡在爱情海洋的中心，她对他从来都理智得很残忍；任谁都会闷闷地想问，是怎样的无情才能让一个多情的女子挥笔落下如此绝情的诗句——"忘掉曾有这世界，有你！"泪眼婆娑中轻念过一遍又一遍，我貌似读懂了这份深情；徐志摩之于林徽因，就仿佛是情窦初开的青春年华里，那结不出果实却芬芳醉人的情花一朵，怒放中或也曾俘获过她那颗年轻的心，却终究必遇上命定的凋零！

"徽因，徽因，为何不肯回应这份深情？"那么狂热地爱着她的徐志摩是被来得太过浓烈的爱迷了眼睛吗？怎么读不懂徽因的回应呢？她并非如世人所想那般天生绝情，只是站在如此全心全意而不顾一切的痴情男子徐志摩跟前，她不敢也不忍心说出这个秘密——原来她早已将自己收藏爱情的种子播撒在遥远的那一方，在同样深爱着她的另一个男子身上。当坚定的情意碰上了犹如龙卷风般席卷而来的一腔浓浓爱意，深情的酒终也不过酿出一场悲剧，难道果真印证了那句“多情自古空余恨”吗？志摩啊志摩，即使你灌注全部的爱来浇出一朵绝美的花又能怎么样呢？这，终究难以成为她梦寐以求的果实，叹只叹你满腔的才情与卓识却只在她迷恋文学的灵魂里泛起了涟漪，而来不及装饰她深切追寻的那个建筑梦！怕只怕是连你自己也只能够幽叹一句“身不由己”吧，偶遇了如此一奇女子！

愁眼旁观着结缘配对那一双“梁上君子，林下美人”，深情到底，是谁偷了谁的心，谁负了谁的情？遥望时光匆匆踏过那段痴恋，最终谁也说不清！落花似的落尽，爱恋在哪个季节飘零，彼此都忘了是怎么忘了的，唯那恍然惆怅的梨涡才女，载一汪淡泊的忧伤，依旧浅笑，凭诗寄意地衷心祝愿“你也要忘掉了我，曾在这世界里活过”，而后好好再爱过、好好再活过，好吗……昔日他陪伴着走过的那段温柔的岁月，烙下别样的浓情厚谊于她心底，忘不掉了；而她祈求错爱了那许多年的人，能够真正潇洒地忘记，那风中存留的痕迹——永不结果的情愫一缕！试想情深如志摩，当时该有多么怨恨她的这份洒脱啊！但爱到尽头，笼罩着他的却只剩那深深的无能为力罢了，彼岸伫立的那份自以为是的深情，始终逃不脱恨极了的“若有，似无”，抛出了情意绵绵却得不到半分回应，任凭谁情深依旧也难免落得个狼狈拖着孤寂身影逃离的落寞结局，“轻轻的我走了，正如我轻轻的来，我挥一挥衣袖，不带走一片云彩”……我想，敏感而聪颖的诗人徐志摩是懂得的，正如林徽因在他离去的许多年后感慨的那句：“他如果活着，恐怕我待他仍是不能改的。”这就是爱情最真实的面貌，他该懂得他们俩只不过是命运设计好的航线上偶尔相遇的两艘船，短暂的相逢仅仅慰藉了彼此孤寂的灵魂罢了，自明日起便又不得不再次起航驶往不同的方向，这是缘分遗留下来的一丝无奈的忧伤，断断续续地回荡、回荡、回荡，回荡的忧伤让我慢慢回味起徐志摩那一首悠远的诗来，它曾是那么地打动我的心：

偶　然

我是天空里的一片云，
偶尔投影在你的波心。
你不必讶异，
更无须欢喜。
在转瞬间消灭了踪影。

你我相逢在黑夜的海上，
你有你的，
我有我的，方向。
你记得也好，
最好你忘掉，
在这交会时互放的光芒。

犹记得第一次翻开旧旧的书页，低眸偶遇到这凄婉的诗篇，我眼帘瞬间定格在了那句“你记得也好，最好你忘掉”，而后便再也忘不掉地在心底默念了一遍又一遍，莫名的愁绪萦绕于心头，我说不出为何欲哭而无泪！在这诗中，我仿佛听到了那份属于诗人的高贵和无奈；徐志摩偶遇了林徽因，刹那间爱得奋不顾身，但他等啊等，等不到梦想中的两情相悦，只等来了满腔的悲苦惆怅，他怀抱着不甘与落寞转身，决意走向下一个桃花盛放的路口，他伪装的潇洒刺痛了心心念念的美人，也埋葬了自己的一往情深；他在生命的最后，终于换来了一次在她记忆中的停留，此时他想要她忘，她却再也忘不掉，那记忆的枝丫上曾轰轰烈烈开放过的娉婷花一朵，泪光中闪烁的片片都逃不过，他的倒影……

风，绝情地刮破了约定一辈子的温馨守候，烟消云散的记忆丛林里，不知是谁小心翼翼地捧着早逝的痴恋无情遗落下的琥珀，或许这便是浪漫最好的解脱吧！抹不完的泪，任它落落又何妨呢？他俩的情，太真，即使永无相见之日也不忍欺骗！对于徐志摩，林徽因坦白从未后悔过当初的抉择，她只是很遗憾罢了！“徐志摩当时爱的我并不是真正的我，而是他用诗人的浪漫情绪想象出来的林徽因，可我其实并不是他心目中所想的那样一个人。”可恨，她懂得而他看不破，苦笑着面对这份痴恋，她坦荡而无愧地选择了一再错过，尔后在未来悠远的凄美岁月里，用最幸福的相守证明了，她当初的错是对的，遗憾的只是那朵醉过她青葱年华的花，过早地折断凋零了，而她尚且来不及说一句：再见……

“有情不一定终老，暗香浮动正好”，这，不过装饰了醉美诗章的丝丝残缺……

梦回水乡

2012级汉语言文学1班　廖火萍

破晓，第一道亮光刺破黑夜的胸膛，镶嵌着甘露的韵律与基调，随着秋天的血液一起流动，渗透到梦中水乡的每一处……

跳跃着的步伐，踩在梦的旅途中，吵醒故乡沉睡中的静谧：清澈的碎沙河在黑暗与光明的衔接中悠然地穿梭，不时调戏初醒的石头，激起几串灵动的水花。刹那间，拨开浓密的晨雾，化出一个矫健的身躯。呵！多么熟悉的场景，辛勤的水乡农民在黎明的第一道曙光中挑水浇地。不由自主地，昔日的剪影浮现在眼前：

撑一把旧伞，在风雨中飘摇，仿佛是在暴风雨中出海的一只破船，迎着没有方向的风焦虑地漂荡，任凭那无理取闹的雨无情地射杀。没有人会陪我出行，也不知道该往何方，只是因为跟母亲吵架就执拗地冲破黎明的沉寂，跑到碎沙河岸号啕大哭。突然间，风雨中显现出您的身躯——

“孩子，别哭，爷爷在这。”

您放下肩膀的锄头，焦急地向我走近。那一刻，我肆无忌惮地扔掉手中的破伞，因为有您用高大的身躯为我遮风挡雨。我知道，您会是我最温暖的港湾！

可如今，您在哪里？

穿过洗衣坝，蹚过碎沙河，我沿着吖里溪急速地走着，仿佛看到了心灵的希冀，却不再是昔日晨曦中的炊烟袅袅。滚烫的热泪在眼眶里打转，仿佛又回到了三年前的水乡：

湍急的溪流犹如快速前行的银蛇，嚣张地摆动着，发出一阵阵奇特的声音。吖里溪边的瓦房，在夕阳的余晖中显得异常衰老。夹杂着溪水的呜咽，断断续续地传来揪心的咳嗽声，破旧的木门拴着一条年老的忠犬，在昏暗的灯光里低沉地呻吟……

“来，爷爷，把这碗药喝了病就好了。”我微弱的声音撕裂这肃杀的黄昏，打破了凝聚着痛苦的沉寂。

“阿妹，爷爷不要紧，把药放着吧，我有话跟你说，来……”爷爷抬起他那干瘪的胳膊招呼我坐近一点。瞬间，那一道可怕的伤疤再一次戳破我的泪腺，我却假装坚强。

“爷爷知道这段时间你忙里忙外地照顾着我，但千万不要耽误了高考，你一定要考上大学，知道吗？这是我最大的心愿了。来，这钱，拿着去学校补点营养……”爷爷微微颤抖的手在摸索着，并用那深邃的目光盯着我看。

我再也无法抑制自己的情绪，眼泪瞬间泛滥。只是爷爷那干瘦的还带着些许余温的手怎么也抹不净我脸颊的泪珠，我哽咽着推开爷爷手中的钱，只是带着眼泪使劲地点头。

如今，我真的考上大学了，可您还能看到吗？

梦境里，我绕着家后院的晨曦湖，一遍又一遍地寻觅着昔日的踪迹，回忆与您相处的点滴。湖水折射黎明的光线，敞亮得耀眼。我仿佛又看到了您手臂上那块又大又丑的伤疤，我曾经多么无耻，竟敢取笑您说：“肯定是您小时候也淘气，让魔鬼留下的魔咒，这伤疤太难看了……”

呵！我是多么狂妄，多么愚蠢，竟会说出如此荒唐的话，还傻呵呵地笑！但您从来都只是回我一句：“记住，你要做一个听话的孩子啊！”

或许吧，您肯定也想象不到后来奶奶给我讲了一个故事，一个让我终生难忘的故事：那是一个酷热的夏天，太阳炙烤着大地，仿佛一切都热得冒烟，恨不得钻进水里冬眠。有一个老农夫佝偻着腰，披着一条发黄的汗巾，花白的脑袋穿梭在河流与菜地的田埂上空，当他好不容易挑水抢救了邻家寡妇的菜地，大汗淋漓地坐在洗衣坝的大树下满足地吸着烟时，却听到了一阵撕心裂肺的呼救。刹那间，他甩开烟管，奋不顾身地跳进水里救人，压根就忘了河道下有锋利得能把人吃掉的铁闸。把那淘气的小孙女救起来后，他却倒在了血泊里挣扎。从那以后，老农夫就失去了一条健壮的臂膀，但他从来不在小孙女面前提起这件事。慢慢地，小孙女长大了，常常嘲笑他的伤疤，但他只是告诫她要当个听话的小孩。

悔恨的折磨中只留下我模糊的泪眼，老农夫啊，肯定是您冒着生命的危险在和阎王谈判，最后阎王被您打动了，才会让我在往后的岁月里与您相伴……

可，快乐的时光为何那么短暂？

在这梦的旅途中我再也听不到您温和的声音，就连那刺痛我心扉的伤疤都消失得无影无踪。折煞这清晨的缕缕光明，踏遍了整个水乡，我唯一寻觅到的，有您的存在的，便是那一方矮矮的坟墓。坟前的晨曦湖辉映着粼粼波光，不远处的吖里溪、碎沙河奔流不息，我深知：您一直都留在这美丽的水乡。

若，让这矮小的坟墓扎牢我生命的根，我愿。

若，让这梦中的水乡灌溉我灵魂的脉，我愿。

此刻，梦醒，衣襟湿……

记忆深处的碎片

2012级汉语言文学1班　林茵茵

一

夏日的天空，承担不了那么多的水，快了，就要压下来了。“轰”的一声，全倒了下来。

谷场上，来不及收的稻谷，金灿灿地往低处流。慌忙的手也留不住它们想离开的心。

母亲心疼稻谷，也心疼我们，一边吼着，让我们先走，一边抢救那无情的、只管流走的稻谷。

雷声吞噬了母亲的声音，挂在母亲脸上的，不知是汗水还是雨水，侵蚀着我的心，一条一条的，满是沟痕。

二

晨风撩起外衣，冷风随时都会冻碎玻璃。

调试好的母亲的声音，闹钟般、准时地把我拽了起来。我的眼睛上仿佛爬满了瞌睡虫，一层层的，揉也揉不掉，整个人晕晕沉沉地，踩着云朵般起床，洗漱……

往床上瞅一眼，温暖的被窝向我招着手，女巫的魔力般，无形而有力。终于，我又斜倒在了床上。母亲的一声吼，顿时破了床的魔法。

鸭子半睁着眼，单脚站在屋前，发出不满的叫声，似乎不满风碎了它的梦，又似乎庆幸自己可以延续它的梦。

裹着层层寒衣，沾着满脚的寒霜，风随意地奔跑，在我的衣间闯来闯去，留下一阵阵寒气，也阻断了去学校的路。

三

头发散乱，步子不稳，满满的潲水不时地往外溢，担子的两头，走着比潲水桶还轻的姐姐和我，担着的是满满的酸痛。

走着走着，担子突然轻了许多，又是走在后面的姐姐，悄悄地把潲水桶往她那边挪了挪。

日子挨着日子，四季的风永不消停。

如今，若是再担那积满岁月的担，我想，该是我走在后头了。

百草园之校园行纪

2012级汉语言文学1班　卢泳蓉

古榕文化广场

晨光和煦，淡云舒卷。微光穿过叶隙，与叶相互交错，像极了慈母手中的针线，一丝一缕。温宜的晨光，跃动在叶脉间，通明透亮。美人的指尖啊，总是轻盈得如同舞蹈。

近观参天古榕，细触时光之络，轻抚生命年轮。苍梧的绿意润泽了一轮又一轮新的生命。树下，学子埋头，墨香氤氲；树上，彩蝶缱绻，燕语呢喃。当盎然的绿意在晚霞中消逝，又一轮绿荫在黑夜中萌芽。风，吹过树梢；雨，沐过虬茎；雷电，惊吓过触须；星光，也抚慰过枝蔓。但为何，绿意，那绿意，仍不减半分？

远望，鲜泽莹亮的浓重，胜过浓墨，流成一股青绿的喷泉，流成化不开的记忆……

清泉，绿泉，流成朵朵淡墨，缕缕墨香渗进梦乡；流成绸缎般的彩虹，化成绚烂的香甜……

那是我的梦乡？浓浓的绿雾，严严实实，我伸手一摸，虫儿在手心微笑；我再伸手，虫儿变成小鸟；再伸手，仰天沉思的小人儿！——竟是我自己！树下静思纪伯伦，梦里几回与君同。究竟是我梦到纪伯伦，还是纪伯伦梦到我？抑或，虫鱼鸟兽是我前世？那心心念念护树之使？呵，请时光飞梭带我穿越吧！

钟　楼

如果，浩渺广宇只容得下一物不变，静默不语的时间，便是无上荣耀的得奖者。

钟楼长成时间的模样，古典如它，警告莘莘之人，以岁月的权杖，和秋霜。

我说：“以黄金换取永恒，我们做交易吗？”

钟楼只挥挥手，不语。

以钻石，如何？

沉默在寒风中咆哮。

那么，无价的感情，无上的权力，以及所有的所有？

死水，死水。

我冷笑，敲击着钟面，如果连承载时间的物体都消失，时间还有何意义？

胁迫在空中流窜。一记旷远的钟声在我五脏六腑间奔涌，算是对我的回答。路人仍匆匆赶路。

时间永远在人们心中，即便没有钟楼。

钟楼是一座钟楼，红砖白瓦，文质彬彬穿着礼服的绅士，花草在脚下崇拜成一团彩云，鸟兽偶尔停靠倾听它的心跳，噢不，时间的心跳。而我们匆匆赶路，为了防止时间偷走我们的脚步。我们渐渐活成自己的钟楼，最后以短短的墓志铭变成别人的钟楼。一座友善外表下，警人惜时的钟楼，要避免人们成为时间的负债人。

钟声响起，当——当——

立德园

这是一片草地，又不仅仅是一片草地。它默默体验新生的忧伤和阳光的爱抚，草依偎着盘腿静坐的大树睡去。鸟语被贪婪的夜幕咀嚼消化，三棵各成势力的和顺树仍扬起枝干，仰天发问。问天之痕，地之涛。白天黑夜，与云默默地相对，思索关于时间片羽的问题。

鸟声是这里永恒不息的小流，虫鸣则是嬉戏的稚子。树叶们是摇铃，奏出夏威夷夏天的海浪和沙滩。枝丫不甘落后，青铜的胴体，舞出东方的婀娜含蓄。枯燥絮叨的说教若换成自然的净化，必会更贴近性灵。立德者，必先立心，立性，立灵。

树人广场

绿意已吻遍我的眼，心里的生机和甜意早已决堤。

春之声传遍神州大地，春雷滚滚，细雨靡靡，茸毛般的绿衣披在广场上，大口大口的清新和芬芳冷不防钻进鼻子——我确信，那是泥土和草的甜味儿，带点薄荷的清新，蜜般可口，还有些许婴儿的乳香和粉嫩的稚气，一并被我慷慨地纳入鼻腔。

仲夏之夜，热浪翻滚滔天时，这里是一座凉意舒心却并不静寂的桃花岛。年轻的“黄老邪”们半躺半坐，享受绿意的伺候。

绿意迎人的草啊，从黑暗的土里捧出靓丽的笑；挺拔昂扬的树啊，在暴风雨中淋出一身的刚性，却从不索要多一分光热，多一分水土，就自顾自地装扮起这片土。难道，这不正是树人精神吗？

抚摸着遒劲的大字，我仿佛有了自己的答案。

图书馆

三更有梦书为枕，腹有诗书气自华。对生命的热爱，对知识的渴求，对科学的坚定，对文学的痴迷，在这个白色的国度里，都是豪华的天宠。

是的，我们不仅有健全的身躯，还有自己的思想。我们不再对别人随便发笑，因懂了“人类一思考，上帝就发笑”；我们不再在远去求学时抹去父母苍凉的背影，因懂了“树欲静而风不止，子欲养而亲不待”；我们不再怀疑自己是否能独立思考，因懂了“我思故我在”；我们不再用浮躁驱赶寂寞，因懂了维特少年和哈姆雷特的烦恼。

不是每次凋零都是痛苦，也有可能预示着丰收的到来；不是每次离别都要伤感不已，因为小别是为了更好地相聚。

而这一切，都只因为我们热爱读书、热爱知识！

秋夜怀想

2012 级汉语言文学 2 班　李开裕

秋分一过，凉意就来了，它在叶落归尘的那一刻漫步而来。乌云从天际逐渐爬向城市的上空，罩住了城市的街头巷尾。高楼大厦，花草树木，车海人流，顿时失去了颜色。繁华的都市竟是凄凄切切的灰色，卷卷凉风中，人亦不免感伤。

寂寂黄昏，一霎微雨洒庭轩，雨丝凌乱若残烟，清冷，细致，惆怅，如落花。晚秋天，凉风沐浴着秋雨，呢喃着、祭奠着那些已经离开的一花一草，一树一人。微雨摇曳中，我抬头仰望，那滴滴雨点穿街走巷，跳跃在秋色漫漫的流年里，勾起了记忆，亦潮湿了我那善感的心。

孤独的人总是害怕独处，盈盈素语无处诉，尽抛入这冷雨中，被埋葬起来，亦是心安。漫步于雨中，学校东边的足球场上尽是枯黄，昔日的绿草如茵如今只剩一地的颓败与荒凉。那些在微雨中沉沦的衰草拂过心房，心魂就痴痴地多了一份牵挂。季节的萧瑟在草木摇落而变衰中一览无遗，淅淅沥沥的秋雨就这样一路飘洒，一路呜咽着收藏这一季的哀伤。云深雨淡，丝丝薄雾湿了眼眸，已分不清是雨还是泪，就这样徘徊着、期盼着……

夜幕在潇潇冷雨中降落下来，我静静地踱回课室，选了一个靠窗的位子坐下来，旁边的一位同学若无其事地刷着手机，后面几排零零星星有几个同学在埋头苦读，便再没什么人了。为不枉费这悠悠时光，我拿出随身带着的一本《哥伦比亚的倒影》，静静沉醉在木心先生的世界里，暂时平复了那几许泛滥于心底的轻愁。窗外秋雨飘零，时光在浅浅的心境中慢慢溜走，旁边的那个同学不知什么时候已经走了，课室里陆陆续续有人进来，有人离开。似乎只有我孤独地醉在这凉凉的秋夜里，在自我的世界里徜徉。身后有几个同学走过来，说着笑着，他们经过我的身边时，笑声戛然而止，只是盯着我看。我微微一笑，目送着他们离开。我想，或许是他们看到了我眼中的惆怅与孤独，产生了倦意，故肃然离开，也或许是为自己打破了这份宁静而心生悔意吧！夜深了，冷雨依然点点滴滴地敲着窗户，偌大的课室只剩我一人陪伴着一排排的桌椅，那整齐的影子和万籁俱寂的空旷压得人喘不过气。

窗外潜藏着一片看不透的黑，凄厉的雨声中偶尔传来几声虫鸣，似倾诉，似幽咽，听来总觉凄凉、苦楚。这无尽的黑夜把我与外面的世界分隔开来，外物的挣扎无法进入我的眼帘，我开始怀想，我曾经喜欢过什么样的风景吗？细细想来，似乎没有多少魂牵梦萦的美景在我的世界里扎根过。一时要想，也是想不起来的。也许，那些清清浅浅的春阳秋日还是有的，只是一时把它们迷失在零散的记忆中罢了。

我怔怔地望着窗外，依着雨的情怀，细数着颗颗雨珠，又想看透这无边无际的黑。眼睛睁得很大，却什么也看不到。只有那雨落的秋情打入心里，那么轻微，那么愁苦地对我说——悲哉，秋之为气也……我听得很真切，默默地应和着，好像在与冷雨交换着超然物外的心灵秘密。我似乎听懂了这秋的寓意，悲欢离合总无情，踽踽独行的孤影，似劲风吹落叶，落花碎凄迷。可是我们却不能舍弃这一落叶之秋，因为该来的必然要来。时间就这样慢慢地向前走去，在这时间的洪荒里，我们也许不能把握或者改变什么，但我们仍然要学着珍藏一些属于自己的记忆，这样才不枉这一季。

流年总是绵绵地来，匆匆地走。秋已至深，猛然发觉，冷雨敲窗，涂抹着这个季节的浓郁。枯叶翻飞，随着那逝去的时光，在雨中浅唱，最终化为永恒。疏雨滴梧桐，或是断雁叫西风都回到了秋的记忆里，成了永远的风景。每个季节总有着不一样的景致和不一样的回忆，而作为个体的我似乎一无所有。想想自己走过的路，路过的时光，遇过的人，已如过眼云烟。人生若比于岁月的长河，是多么的短暂，就像这一季的枯叶，在风雨飘摇中，繁华褪去，终究入土。依稀，我还能在心底掘出一些旧时光，那个懵懂少年的影子，那些青春飞扬的岁月，那些狂傲不羁的年华，回望依然亲切。时光清浅，我依然在追逐，可每当夜深人静，脱去外在的杂乱，便只剩一个孤独的我在形影相吊。蓦然回首，诚然，我多多少少枉费了一些时光。

秋夜漫漫，心事不能自安。想想自己这几年的大学生活，沉醉书海，尽管成就甚少，却也比年少时成熟了不少。我逐渐学会珍惜，学会思考，一心读书，以求厚重。也许这是一种逃避，用忙碌来掩饰自己内心的彷徨，但是生活让我没有退路，只能简单活着，行能行之事，以求不负这时光。多少次，在路上，在人前，我总是意气飞扬，信心满满、若有所思地仰着头，脸上带着笑。可是，黑夜里，一个人独自面对自己内心的时候，我的眸子里又尽是倔强的沧桑。作家三毛曾经很无助地问过："你听说过有谁，在这个世界上，不是孤独地生，不是孤独地死？"如今想来，似乎有些许道理。一个人的旅途，难免会孤独。有时会很想逃，很想逃回父母身边，躲进家里。因为在那古铜色的木门后，有我的父母，有我的兄弟姐妹，有不变的温馨幸福。在那儿，有海，有浪，有晴朗的天，有逐浪的海鸥，还有那朗风吹拂的温情海滩。

可是漫漫人生路，迢迢一望家。家已经在生活的风吹雨打中凋敝，铺满了寂寥与沧桑。前段时日，大哥突患重病，住进了医院。我在慌乱中赶回家，强忍着泪水帮父亲变卖了家产，凑足五万元后，便陪着父亲去了广州。家中已是一片狼藉，独剩母亲一人坚守。城市里霓虹闪烁，车来人往，甚是繁华。而生命在这样的人世背景中却显得如此渺小和苍凉。夜深了，在医院的过道里徘徊，不知去往何处。无意间瞥见父亲眼角的泪痕，我怅然若失。家中光景在近些年高昂的学费支出中已是颓丧，如今更是一日不如一日。父亲一生扎根海岛上的那块黑土地，竭力撑起这个家，已是不易，哪知老来更是颓荒苦楚。父亲瘦削的脸上刻满了岁月痛苦的印记，呆滞而无光。一直以来我对学业都不敢懈怠，只为不辜负姐姐、哥哥、爸妈的殷切期望。他们是我和那海岛间炽热的牵挂，总希望将来能让他们过得好一点，不再困苦奔忙。可我这些年的努力并未打破这周遭黑夜般的寂静，最终他们还是他们，光景依旧一年不比一年，那烦忧离乱的生活似乎成了无法摆脱的命运。

这纷扰的生活，总会在不经意间撩拨我的心绪。我想，如若某一天，我倦怠了，迷茫了，流泪了，那么，又有谁，会给我以拥抱和安慰，轻轻帮我拭去眼角的泪痕？烟雨重重的日子，我依然心有悸动，如怀念，如憧憬……众多与情感有关的故事在脑海浮现，沉沉浮浮，隐隐约约。每一个温婉的瞬间，都会使跳动的神经布满回忆，这种感觉，唯美而浪漫……

好想只流连于秋的世外，看草长莺飞，花蝶细舞，以逃过这深秋的衰草枯木，抹去季节的飘零憔悴。但这只是一个遥不可及的梦，陌上花开，并没有出现在我的身旁。年岁越大，世事看得越多，心事也就越多。那些美好的期盼，只不过是孤夜里的一纸幻梦，聊以自慰而已。倚窗细细连缀那些回忆，却已续不起那段流年。数遍雨珠，是谁将新仇恨吟遍，望断天涯，又是谁把满地的落叶枯草埋葬，对雨成痴，谁洒下一季的哀伤？

时光的针脚缓缓向前，季节的轮回终究留不住年岁的脚步，人总是要学着长大。流逝的年华，生活的磨砺，让我成长，让我坚强。我不知道自己是不是成熟了，但我逐渐学会了于繁华处不喜，于落寞处不哀，冷静地看待周遭的一切。听风，看雨，就这样淡淡地来，淡淡地去。

往事随风，渐行渐远，今朝花落颜色改，明年花开会常在，年华就这样在辗转中变得平淡、清宁、静好……

你走了，我只能送你

2012级汉语言文学3班　刘雨童

在没有星辰的夜里，我送你。

曾在杏花天影里的那个你，草长莺飞是你的绿衣，藤萝月色是你的神采，一笔落下，秋冬代替了春夏；又一笔落下，水雾漫过了蒹葭。

还是滔滔水声诉说的那个你，有着银铃一样清脆的音色，是云雀钦羡的老师，轻快跳跃的身形，是鱼虾争相模仿的舞者，抖落衣袖上的雨滴，清新的烟雨便成就千山万湖的一代风华。

绘了一幅又一幅画卷，夕阳应是橘红，树木应是苍绿，波纹应是碧蓝——你执一支率性随意的笔，干净透明的河面留不住你的影，但芦苇们记得，你是如何点染了水鸟斑斓的羽翼。

可又是那么任性的你，不爱喧嚣，便让鸟雀也飞走；不爱霓虹，就让星光也暗淡。是因为乌黑的水色让你困惑，又或者是飞扬的灰尘将刚画好的翠叶染成灰绿，我见你躲在灰色的水泥墙后，暗淡的眼神，不愿落一笔。

其实人们也不太在意，他们有五颜六色的灯火和染料，抖抖衣袖上的灰尘，灰色的森林还在生长，谈笑还在继续。偶尔也会想起你，人们就想要去找你，电线杆上的乌鸦互相问询，它们说，那个精灵走了。

而我见着你，却只能送你。转身还得回到那个灰色的森林里。

时光匆匆，且行且珍惜

2012级汉语言文学4班　郑锦雄

喜欢这样一个宁静的夜晚，一轮皓月挂天边。一个人，独自在属于自己的空间里，享受着一份寂寞与孤独。星星只有稀疏点点，似黑夜的眼睛在闪亮；一袭朦胧的月色，如诗如画，宛若一种空灵的诗韵，婉转悠扬，似一种灵动的美，沁心入脾，润了眸，暖了心，令人久久沉醉。此刻，心异常安宁、舒适而温馨。.

翻开记忆的相册，心被触动了。似水流年，光阴如箭，弹指一挥间。时光，带走了泛黄的流年；岁月，凝聚了阅历的沉淀。

“且行且珍惜”是曾在网络上、广播里红极一时的口头语。走过的路程，看过的风景，踏下的足迹，最终留下的或许是留恋，或许是遗憾，或许是伤感，或许是愉悦……在茫茫人海中，我们会面临无数的人生际遇，谁是你的邂逅，你又与谁是偶然，谁与你错过，你又与谁擦肩而过，又是谁陪在你身边，你又与谁会永远。我想，心存美好，感谢与我相伴的人，陪我走过一程又一程。人生短暂，学会感恩，不要悲伤，不要痛苦，苦酒饮尽才知甘露憨醇，苦酒回味才懂原味最浓；学会放下，把舍得当成浮萍，不要仇恨，不要争吵，有舍弃才会柳暗花明，有包容才会其乐无穷。

漫漫红尘里，盈握着一份懂得，珍惜每一次美好的遇见，珍惜每一份温暖，也许，生命就会少一些烦恼，少一些遗憾！用美好的心看世界，世间处处充满真情与爱！凝眸不语，在宁静中细细体味生命的真谛，用一颗坦诚的心去对待生活。只要心中怀有阳光，眼眸里四季都是春。给自己一个微笑，生活每一刻都是美好。书一份诗意，奏一曲乐章，挽一抹明媚，清浅时光，多姿多彩，心与梦想一起去翱翔！

时间飞快地流逝，大学已走过了两年的时光，曾经怀揣在心中的梦想，似乎越来越模糊了。自己明白，人没有梦想和目标，就像是行尸走肉。为了不让自己成为没有灵魂的人，我静心沉思，戴上耳机，静静地聆听范玮琪的《启程》。是的，我该挥一挥手，告别昨日的彩云，绽放无悔的青春，下一站会有更好的风景，且行且珍惜，在一段段经历中丰富自己的人生。

虽然大学的时光渐渐远去，但是韶光仍在继续。明知如梭的岁月不会重来，而我也无力挽回，所以与其再伤感那些渐行渐远的岁月，不如此刻，沉下心，珍惜每一分每一秒，充实自己的头脑，找到自己的位置与目标。人就这一辈子，不要祈求来生，保持好的心态，和岁月一起浮沉，与友人一同打拼。不去计算生命的长度，而要充实生命的厚度，心态决定命运的走向，而心情决定生命的质量！每一天我们都以各自的方式生活着，为心中的理想奋斗着，不怕苦不怕累。这样究竟是为了什么？就是为了能够开心而充实地活着，活出一个真实的自我。我们不妨感谢一下青春在我们身上留下的一些老茧。它会让我们在荆棘密布的人生道路上变得更加顽强，而那些如珠帘般的泪水滑落之后或许会灌溉出更娇艳的花朵，也许挫折、疼痛才是人生最宝贵的财富。

把握自己力所能及的，活在当下，拥有当下，即使你失去了朝霞，还可以看日落；即使你失去了日落，还可以赏月光。上帝对每个人都是公平的，给你一件东西，就会拿走另一件。我们不要只看到他拿走的，徒留遗憾，或痛苦，或不舍，或愤懑，而要看到上帝给我们的那件东西，这便是把握当下，且行且珍惜，努力过好每一天。

清晨独坐，万籁寂静时，天空里响起的第一声鸟鸣，总会让我由衷地感受到生命的喜悦，心里默念：每一天的太阳都是新的，让心与梦想携手共进！

置身在自然中，感受着阳光的温柔静美。细细的枝条在风中摇曳，那是风的豪迈；绵绵的春雨唤醒大地，那是雨的洗礼。一份洒落在大自然中的无言，那是生命的历程。有梦想前行才有动力，有梦想生命才有厚度，有梦想生活才多姿多彩，梦想的路上让我们且行且珍惜，无论成功与否，只要梦想在，成功永远也不会离开。

尘世间，活着就是面对；现实中，活着就是拼搏。梦想的道路，会有坎坷，会有阻力，但经过我们辛勤的耕耘，终会开花结果，流下的汗水和经历的苦难都会变成闪光的贝壳。生命本身就是一场花开花谢。含苞时的酝酿，绽放时的激情，枯萎时的沉淀。你可以听见花开的声音，那是一种生命的勃发；你可以嗅到醉人的花香，那是生命价值的体现。沉淀、升华、收藏，岁月的痕迹被一个人自然地画出，生命也在这个痕迹上沿正轨前行。把握当下，无愧于心，且行且珍惜，最终，走向辉煌的顶峰。

曾看过这样一段话：人生犹如小草，它发芽，你也发芽；它挺拔，你也挺拔。它曾经忍受过多次磨难，可还是在倾盆大雨中屹立不倒；你曾经遭受无数挫折，可还是为了心中的梦想奋力一搏。上帝赐予我最美好的东西，便是青春，我不要一生碌碌无为，我要有一个拼搏的梦。

奋斗吧，趁还有青春，我要用梦想装饰人生。

此刻，坐在电脑桌前的我，心中分外宁静，这一路走来，形形色色的人走进我的生活，成为一个个记忆的缩影。自己也有过太多的茫然与无奈，有时甚至感到喘不过气，也看到身边很多人谈及未来、谈及梦想时，大多是开始热情高涨，然后很快便偃旗息鼓。人生之旅上，我们可以失败，但不能重复相同的失败。曾在微博上看到过这样一句话，没有故事的人生是直线，故事少的就像素描，而精彩的，就像《清明上河图》一般，没有特别出色的画画技巧，却贵在细节，贵在烦琐。

不想过蹉跎的岁月，不愿践踏美好的年华，才不会落个悲然泪下的结局！明天是个未知数，我们都要做勇敢的追梦人。过好现在的每一天，满怀对明天的美好憧憬，珍惜身边的人和事，把握每一分钟，生活如旅，且行且珍惜，只要生命在，希望就在。

缘来湛师

2012级汉语言文学4班　何文敏

在湛师，我不是初来者，也不是最后道别的人。

只是恰巧地，在2012年的某一日意外闯进了湛师的大门。既然缘分如此，便释然处世。以一种四年常驻与人生过客的心态行走在这个美丽而独具古韵的校园里，又时常以一位老者的姿态记载着与它有关的点点滴滴……

古榕广场

走近古香古色的榕树林，你会在逸世超然的空灵韵致中，感悟人文色彩的意蕴和淡泊明志的心境。闲暇时漫步于这一座教学楼与另一座教学楼之间的石板砖小道上，似乎每一块砖瓦就是一种思想，它带给行人的就是一种灵魂的享受，一种寻幽的心境，一种独醒的禅意。

每一棵榕树都是一个姑娘，每一个姑娘都有属于自己的一种姿态，每一种姿态都代表着一种妖娆，每一种妖娆都在尽情地呈现……或是国色天香般妩媚，或是柔情似水般温柔，或是百转千回般刚强，每一种妖娆都深深映入眼帘，让人如痴如醉地沉迷其中，久久不愿离去。

如果有人问我，古榕树是什么样子的？我决不说它只是像一把巨无霸的撑天伞。我会说，它更像是一位资深而慈祥的老者，以聪明睿智之貌教诲莘莘学子，以博大宽容之心指引万千学子做人处世之道，以欣欣向荣之态引领勤奋好学之风。

古有榕树给人一块遮阴之地，今有榕树予人以一方心灵净土。

继续徘徊于古榕广场，寻灵气而忘尘俗，觅古迹而思前人，会物理而通玄妙。几代人的名声旧迹，几代人的风花雪月，几代人的前尘往事，在这里，有的被记载，有的被淡化，来过，又走了，留下一位迟来的女子在叙述……

燕岭大道

这是一个落叶的季节，却没有感伤。

带着一份读者淡然的心，我无数次穿行在这条古道上，却又以一种过客的姿态，悟空、悟性、悟道。

落叶本带不走任一行人的足迹，却能带走几度春秋的记忆。历经岁月的蹉跎，最初焕然一新的大道成了如今颇具历史的古道。它不仅记载着初建者的劳苦心血，更记载着一所人文色彩浓厚的师院的成长岁月。

如今，大道似古道而非古道，奋力成长的岁月里免不了留下斑驳沧桑的痕迹，如今却更加显露出成熟稳重的大气。多少年来，无数个志向高远的湛师人为书写自己母校的历史篇章，留下了一首首值得每一位湛师学子骄傲的赞歌。

初来乍到时，我常悠然自得地走在燕岭大道上，那天，一只可爱的鸟儿问我："你今天努力了吗?"我沉默不语。走着走着，我徘徊在燕岭大道的三岔路口，不知所措。此时，一位热心前辈正在给我指点迷津。顿悟，大学处在人生的一个重要转折点，人生的征程才刚刚开始。

泛黄的落叶铺满了石阶，每一枚落叶都在向我昭示着一种生机。看破俗尘世事，摆脱红尘旧事，带着落叶超然的心，谨记前辈们的忠告，继续向前走，向前走……

流芳亭

流芳亭，亦名分手亭。缘分尽了，便分了。合久必分，分久必合，这就是红尘之道。

年轻是人生多么美好的事情！每一个年轻人都有着一颗热血沸腾的心，在爱恋萌动的季节，一个眼神，一个动作，一声笑语，一段美好的姻缘就此展开……

冲动于年轻是多么可怕的事情！随波逐流地恋爱了，又分手了。随便的感情终究是随便的结果。但还有一种是刻骨铭心的爱情依旧换不来完美的大结局，这应该是有缘无分。

破旧的流芳亭，留下了太多关于红尘的故事。每一次经过流芳亭，总免不了一阵感伤。寒冬乍到，流芳亭外的树枝早已光秃秃，凛冽的寒风无处可钻，便钻进了一对对失恋者的心，显示出一派落叶萧瑟而人心凄凉的景象。

流芳亭旁有两个去处，一来一去。从前，一路走来，我们只是在自己的国度里，打捞消逝的爱情故事，捡拾他人的爱情旧迹，体会前人的爱情滋味；如今，面对逝去的红尘，我们更应该庆幸自己真正走了一回。在红尘转弯的站点，歇息、冷静、沉思，顿悟红尘之道。

从呱呱坠地到奄奄一息，红尘道路亦匆匆，没有一个春秋可以省略，没有一段路程可以从头再来，错过的就错过了，未错过的就好好把握，拥有的就好好珍惜。人生如戏，红尘亦如戏，每个人都是这部戏的主角，剧情精彩与否全看自己。

流芳亭，这个红尘转弯的站点，留下了许多失恋者的哀叹与过客看风景的足迹。我走了进去，又走了出来。携带着故事去看风景，多了一分思考与内蕴，而思想也在我的和你的故事中升华，悟出五字：且行且珍惜。

风韵椰林

是为了乘凉才走进椰林的，日子在炎夏到来后逐渐变得难熬。赤脚走在鹅卵石道上的一瞬间，回想自己刚来时羞涩稚嫩的面容，似乎此时的自己已非昨日的自己。在浮尘逐世之间，多了一分成熟稳重，多了一分淡远超脱，却少了一分激情四射，少了一分奋发图强。

从前走进椰林是为了寻找一处宁静之地读书，如今走进椰林只是为了避开酷暑的夏日以乘凉。不知道这该是一种看破世俗纷扰的超然，还是一种激情退却之后的后进?

琅琅书声穿透雷阳教学楼的“铜墙铁壁”，缓缓而来，犹如美妙的旋律，在风韵椰林里荡气回肠，久久未停息……

晨曦，初升的阳光穿过椰林大大小小的缝隙投射在我的脸上，真舒服！缥缈的烟雾载着昨日的闲情逸致远去，无影亦无痕。学子们享受一番清晨阳光沐浴后，又迈开了紧张的步伐……

匆忙间，一个带着莲子心的灵魂以遗世独立的姿态，在某个角落里看尽繁华盛开，又看破人情冷暖。手拾一卷经书，一支笔头，一堆白纸，试图悟透椰林古往今来所有的故事和灵魂。

不经意间，我又成了一个读风景的凡尘女子……

立德园

从前并不知道有立德园这样一个地方。或许曾经无数次经过那里，亦只是匆匆而过，来不及熟悉和了解它便又要分别。这是一位大四学长说的话。

“立德园”之所以名为立德园，是因为想借此感化和教育万千学子以领悟做人之德，育人之德，处事之德。立德园内有三棵呈三角形种植的和顺树，树尖朝天，寓意着底蕴浓厚的湛师文化源远流长，和和顺顺，同时对外交流蒸蒸日上，吸取并借鉴外来的优秀文化，以达到取长补短之效，象征着希望与和谐。

在苍茫岁月里，很多身边的人、事、物，我们都来不及熟悉便要分离，这貌似已经成了一种常态。

然而，我并没有离开这里，从不熟悉立德园到逐渐熟悉，意外地领悟到：我似乎每天都是在行走，虽没有长途跋涉，没有翻山越岭，没有惊渡险川，但我一直在积攒力量。我有预感，有一处地方，等待着我的能量一触即发，等待着我的抵达。就像发现立德园一样，适逢其遇，我到达了这里并收获了我想得到的东西。比物质更深刻，比美色更动人，那就是思想和灵魂。

春天里的立德园，绿草如茵，和顺树也枝繁叶茂，一派生机勃勃的景象。晨光倾泻在每一个看风景的人身上，迤逦而行。那柔和的光芒，温暖着每一颗走在人生旅途上的疲惫心灵，照亮了寻梦者的眼。再洒落在我身上时，我尽情地吮吸着新鲜的空气，鼓足干劲儿又开始了逐梦的步伐……

青山深处有清流

2012级汉语言文学5班　秦子薇

青山深处青山碧，清流气灵惹人迷。

青山是有灵气的。伴随着清晨第一束阳光的苏醒，青山总是背负着万丈光芒而出现。葱葱郁郁的青山，犹如一块碧玉，那一棵棵青葱翠绿的碧树，仿佛用翡翠雕琢而成，被一点点镶嵌在这座山上，玲珑有致，去一分则过于土气，多一毫则过于奢华。每日早晨，这一块碧绿翠玉便在霞光的笼罩下慢慢发光，刚开始是朦朦胧胧的光辉披在身上，接着穿上了清丽的袍子，到最后变得光芒万丈，仿佛穿上了新娘子的凤冠霞帔，那被光芒包住的万物是何等的轻灵出窍、巧慧玲珑、清丽动人。

碧绿的青山是灵动的。碧绿的青山不是静止的山水画，不是了无声息的摆设，不是没有灵气的一块沉沉死玉。青山里面流动着的是一幅泼墨的画，流动的画。那画是清纯的、飘动的。这流动的她又仿佛是舞动在这块碧玉上的美人，轻盈、欢快，翩若惊鸿，那便是青山深处的清流。清流深处有清泉，那清泉一路高歌一路飘，飘到一处悬崖峭壁上，形成一处流动飘散的温婉瀑布。李太白有诗曰："飞流直下三千尺，疑是银河落九天。"这一处瀑布偏偏不是蛟龙，不是雄狮，不是气吞山河、气势雄壮的万丈流水，她只是一块纵身坠崖，含笑翩翩，带着一身白纱飘下的美人，我见犹怜。远远望去，其娇态万千，似白布但多了灵动之感，像牛奶但多了清丽之态。她，是一块水上碧玉，出淤泥而不染，于荒山中看不出丝毫粗野之气，历千山而不畏惧，破碎了，含泪合聚；坠崖了，含笑面对。这是一位何等惊艳且刚柔并济的奇女子。

清流清清，轻吟轻弹唱。这清流的清，明净透彻，堪比上古美玉。清流变身瀑布一泻而下，在悬崖底下形成一个小潭，潭中鱼虾嬉戏，令人想化身鱼虾，乐在其中。清流里面的石头一览无遗，这些石子小砂经过溪流的轻轻抚摸和濯洗，早已脱掉了荒山野岭的泥土气，换上了清澈的衣裳，光滑的石身无时无刻不诉说着清流对它们的眷顾。世人不免羡慕这石子，每日与这清灵的水做伴，会是何等惬意的事。溪流两边的小草舒展着肥厚的身子，那碧绿的肥叶片展现了这个胖娃娃得到的恩赐。这是青山的灵气汇聚成的，这里的一草一木，一花一鸟，一枝一叶，都是这座山的血脉。

青山深处有清流，清流深处有清泉，清泉深处有灵气，灵气深处有精华。青山的点滴，凝聚成了这块旷世碧玉，玉如意般的精妙，古玉般的剔透，全都汇聚在这里。青山，清流，清澈小溪，清清的山水情啊！

所爱

2012级汉语言文学5班　吴思韵

曾经读过一句话，至今仍记得：美人如花，笑靥似梦，当我们怜惜红颜，叹息花落的时候，可曾想过，万古江山眼中，我们不过是朝生夕死的蜉蝣。今天我们所爱所恶的一切，终将水逝云卷，风驰电掣而去。

——题记

红尘俗世中，曾与所爱结缘，又因缘与它失散。那年烟花三月，我们都一样，陪在一个陌生人的左右，看庭前开遍的十里桃花。如今于渐渐熟悉的街头，擦肩而过。曾为谁，迎着皑皑白雪，在寂寞的墙角，捂了一夜的冰红梅。如今，雪花飘洒落入手心，却找不到再一次捂红梅的理由。琴声萦绕耳畔，却不抵花落时的一声轻叹，难续旧好，凝眸之处，追忆当话别。缘尽，所爱，亦散离。

无所事事难以入眠的时候，总喜欢隔着门板，趁着寂静的夜色，偷看那一缕灯光穿过木缝斜斜地洒在门口边上，洒在我那记忆深处的球鞋上。不知是灯光太亮，还是眼睛太敏感，球鞋上的微尘，落入我的眼睛，泛着微光，粒粒跳动。好似午夜的荷塘上，落入了几片花瓣，泛着星光，随着波动，荡啊，荡啊。待到满塘花儿搁浅，把落花一片片拾起。今夜，你会成为谁的一盏茶，又冷了谁的心口？

偷偷地瞄一眼那一缕灯光的源头，不经意间，竟如此迷恋它。那盏黄黄旧旧的灯，从红得发热的灯芯中发出孱弱的光，微微颤颤地照向四方。由那忽明忽暗的光诉说着自己的岁月和四季变换。蹉跎了岁月，流失了年华，洗尽了浮尘，留着一丝心动，哪怕是最微弱的一刹那也给人最温暖的消融。回味，所爱，亦暖意。

清早出门，于小道边行走，蓦然发现，一夜之间，竟然落叶满地。昨日繁华，就这样转瞬凋零。长吁，短叹。满地枯黄，离开生命所爱，完成生命旅程。那叶子，绿了又黄，黄了又落，无奈怎样也寻不回在金黄的冬日暖阳下，她曾拾起的充满情思的那一片。好似当年的那朵冰红梅，当年的那个人，却再也不会见到。好似当年的一盏茶，再也没有理由去细细品尝。因所爱，我们变成了红尘中的惆怅客，紧揣那相伴的倾城岁月。丢弃，便不舍，爱着，便痛苦。沉湎，所爱，亦悲伤。

所爱，是一只小船。今天坐着私藏韵味的仕女，驶向有儿女心事的深巷；明天为褪下一身戎装的将士摆渡，狂乱马蹄的江山在身后，一身蓑衣在眼前。所爱，是一片花海。于花开花香之时人头攒动，于花落花衰之时孤身只影。所爱，是一片叶子。承载了春天的生机，逃不过秋天的消逝与落寞，尘缘散去，满地枯黄。幸而有心人不停地寻找，不停地翻阅，哪片枯黄是悲伤，哪片枯黄是欢颜，哪片枯黄是忆念，攒了一厢叹息，抵御寒冬，迎来年春。

你与谁一起拾起飘零的枯黄？是你为她捂了一夜冰红梅的人，还是给了你一刹那温暖的人？今夜，给你一盏茶的时间，与所爱细细诉说。

茶味人生

2012级汉语言文学6班　吕家贤

深夜，倒一杯热腾腾的茶，对着夜空啜饮。晃晃茶杯，浩瀚的星辰倒映在茶中，群星都在茶水里激荡，迸溅出璀璨的光辉。

人生如茶，茶味人生。

——题记

铁观音，代表童年。它酸涩的味道刺激着味蕾，像是淘气的孩童顽劣的禀性。其茶色之绿是大自然的颜色，是春天的颜色。朝气蓬勃，焕发出盎然的生机。

碧螺春，代表青年。茶味香醇，叶尖嫩滑。碧螺春产自烟雨朦胧的江南。那里垂柳婆娑，廊桥遗梦，“烟笼寒水夜笼沙，夜泊秦淮近酒家”。用龙虎山的清澈泉水煮茶，茶香四溢。我们正值风华绰约的年纪，宛如碧螺春，书生意气，挥斥方遒，挥洒汗水，张扬个性，讴歌我们的青春年华。

金骏眉，代表中年。我讨厌喝这种茶，觉得它苦涩，如同一剂中药。在露浓花瘦的夜晚，通宵工作，我口干舌燥。为了提神解渴，我特意披上外套，冒着严寒到隔街的茶店喝杯茶。老板推荐此茶，我破天荒地答应了。茶来了，我捧着这杯热腾腾的茶，蒸腾的雾气湿润我干燥粗糙的脸庞。我低头品茗，开始的时候很苦，随即微凉，越喝越有味。原来，这种茶像中年人。茶色深沉稳重，呷一口，齿腭留香，苦中带着清凉。人到中年何尝不是这样，不擅长表达自己的情感，不愿争辩，不愿夸夸其谈。他们如同金骏眉，在朝夕相处中默默付出，用行动证明自己的品性。

普洱，代表老年。隆冬时节，围着烧得暖烘烘的火炉，看普洱的茶叶在浓重的水里沉浮，感怀当年挥斥方遒的书生意气、快意恩仇。普洱茶宛如老年人，老成持稳，含蓄内敛。遥想公瑾当年，小乔初嫁了，雄姿英发，羽扇纶巾，谈笑间，樯橹灰飞烟灭。

人生如茶，茶如人生。

我在念高中的时候，屡屡碰壁。每每感慨天有不测风云，前方路途多荆棘。某日，我的恩师见我意志消沉，便招招手，把我请进办公室。恩师清洗好茶具，煮沸一壶水。我诧异地看着他一气呵成的泡茶动作。正欲开口，他便从茶罐里取出一匙茶叶，慢条斯理地倒进沸腾得正欢的水中。隔着透明的玻璃茶壶，我看到茶叶在翻滚、舒展。不一会儿，馥香的气味弥漫在空气中，甚是沁人心脾。

“人生如茶，”老师慢悠悠地说，话语中透着哲理，“沸水好比磨难，磨难是笔财富，是试金石，是磨刀石，宝剑锋从磨砺出，梅花香自苦寒来。我们如同茶叶，经历过磨难的浸泡，才能获得醇厚的馥香”。他扶扶眼镜，把满满当当的茶水端到我面前。我望着眼前的茶杯，幡然醒悟。

遭遇磨难时，不心灰意懒，不自怨自艾，把自己比作茶叶，投身到磨难的沸水中，酝酿出茶香的芬芳。

这就是茶味人生。

他

2012级汉语言文学6班　陈海霞

每当练毛笔字时，总会想起他。他写毛笔字的背影倜傥有魄力，迅速像流沙而不乏滑融。他是聪明又有天赋的，虽然没有练字的习惯，却能一气呵成，写出一手好字。我是敬爱他的。可是，一年年过去了，我不知道何时长大了，他也渐渐衰老了。他从小就翻山越岭，走破许多鞋，细瘦的脚上有很多暴动的青筋，年老了变成一条条青青的柔软突出的肉虫。小时候我偶尔会禁不住用手去按那些肉虫，觉得很新奇。他小时候被冰雹砸过，我问他痛不痛，他说砸到头会很痛。岁月重重地在他的脸上留下了痕迹，病痛侵蚀他的身体。他有一只拐杖，每天握着它，抚摸它，和它是最亲近的朋友。

年轻时，他脾气很不好，而且带着重男轻女的观念。那是个太阳火辣辣的正午，光线让人无法睁开眼睛。他把我手中的苹果抢过去，然后扔过邻居家的屋顶，让它皮肉模糊地躺在那里。我一句话也不说，也没流泪，只是默默地怨。他是想留给我哥哥。他是狠心的，从未惦记过我。可是，那时的怨气很快像梦一样一闪而逝了，我不知不觉就原谅了他，可能是怕失去吧。

他有一副老花镜，还有几本古书，他读过十年的诗书，他说念字经的孩子都不聪明。可这些年过去了，那几本书也不见踪影了。我最爱拿他抽屉里那块深棕色的樟木玩，小时候觉得它是一块蜜糖，一定很甜，后来那块樟木也不知去向了。

前年，我问他抗日战争的事，他讲得津津有味，眼睛发亮，带有些历史学家之气。他说日本投降之后，那些士兵眼黑黑的，没有煮饭的锅，十分可怜。看他的面容，我感到释然，他还健谈，还爱笑。年轻时，他算得富有、豪俊。在家里有威严有气势，吃饭的位置固定不变，但很勤俭，吃得少。不知道他是否还记得当时跟我说过的话。

人们说人老了，记忆力会衰退。也许有些细节他不记得了，但是我会帮他记得。有时，我能感觉到他现在的思绪和行为背后的那种混乱，能感觉到他不时地在做抗争，以维持与由现实和梦魇交织而成的世界的联系。当往日生活的碎片偶尔飘过，割伤了他时，他还是容易变得暴躁、惊恐，喊着“离我远点”。此时，我也很混乱，有时想到一些解决的方法，可是细想仍觉得有些片面，因而不知所措。

此日不复，寸阴尺宝。爷爷，每当灯光暗去，夜色翻转进入最黑最浓的核心时，你睡着了吗？我常感受到枯萎的精神在夜里发酵，夜色很浓，我不敢沉沦于这思绪里……也不知道，人老了以后会想些什么呢？

不论是在清晨还是在傍晚，你都静坐在门口，拄着拐杖，你是在望些什么呢？你依然在热闹的季节里孤独着，许久许久，你和黄昏心事一起老了。

花儿与少年

2013级广播电视新闻学1班　龙官清

“南湘……南湘……你受伤了……”

“我要跑完……”

“时代姐妹花，我们爱你！”

《小时代》第三部的电影画面：操场上，激烈的赛事进行着，南湘拖着受伤的脚坚持要把剩下的接力赛跑完，林萧、顾里、唐宛如上前搀扶却被南湘拒绝，最后她们肩并着肩，互相支持着跑下去。

偌大的操场，阳光洒在她们身上，仿佛是舞台上的聚光灯，四个主角，用她们的坚持与信赖演绎着她们的友情，未来很遥远，不知道会发生什么变故，但此刻却成了永恒。

那些属于我的永恒呢？时间慢慢地在我的脑海中倒退，一个个身影好像在屏幕上回放，稍纵即逝。那些匆匆的过客，那些熟悉的陌生人，那些有着几面之缘的人，只留下一个个模糊的背影。

回忆放映戛然而止，屏幕上的模糊面容渐渐清晰，牵引着我内心的感情。我的姐妹花们，一个个笑靥如花，正对着我做出各种异乎常人的表情，看着这些仿佛外星来的生物，忽然想起她们说过的一句相似的话：“在你眼里，我是不需要形象的，难道你还不了解我这个人吗？呵呵……”

如潮水般袭来的记忆冲破了我情感的堤坝，那些年，这些年，未曾分开的我们。

有一个女生，她叫唐宛如。但她有一个现实的名字，小云，“云”是“云彩”的“云”，不是“晕车”的“晕”（粤语同音）。可是我们觉得她永远都在晕车的状态，走路姿势太过“销魂”，当然这是反话，可常常连老师都忍不住数落一番：“这位同学啊，咱们得好好走路啊，脚得抬起来嘛，你看你又擦着地板走路啦。”她每次都会解释说，“这是与生俱来的个性没法改”，我们只能无可奈何地闭嘴了。我想，她的属性可以用“man”来形容，有着一颗和唐宛如一样“钢铁般”的心脏，打进男生内部，到处称兄道弟不在话下，效忠她的“死党”一箩筐，我们敢不叫她“哥”吗？

唐宛如能够为了南湘和那些凶神恶煞的坏人们搏斗，她也一样义薄云天，每次我们遇到困难，她都愿意尽力帮忙。

．但她也有侠骨柔肠的一面，她会翻箱倒柜地找出一个苹果或者其他零食来递给没吃饭的我，她会硬拖着那个生病却不肯去看医生的我去医院，叮嘱我要按时吃药，注意饮食，那个时候的她真的不“man”，反而像细心的妈妈一样体贴动人。

唐宛如是一个能装“性感妖娆”的女人，而她却将“man”进行到底，装不出“性感妖娆”，打不赢肌肉壮汉，更没有一颗装满红心炮弹的花痴之心。她就是她吧，我想，无人能替代。

有一个女生，她叫南湘。初恋是美好的，但是初恋也能成为梦魇。早已分手的前男友席城并不肯放过南湘，像魔鬼一般寄生在南湘身上。爱过了，伤过了，恨过了，到最后已无任何痛的感觉。她是我的姐妹花，她叫子怡，也有过一段噩梦般的初恋。

他足足追了她两年，一开始以朋友的身份慢慢接近她，不久，道明他的心意，然而，她拒绝了他。高三那年，他们的事早已不是秘密，当然也逃不过班主任的火眼金睛，班主任也“睁一只眼闭一只眼”。他的朋友劝她说：“虽然他以前很花心，但他对你绝对是认真的。”她依旧摇摇头。高三的学习如上战场前的练习，大家可能把这件事当成了解压的话题。谁也没有想到，毕业那天，他手拿一束蓝玫瑰再次向她表白，可她并没有改变心意，拒绝了一次又一次。成绩出来后，他们谁也没有考上理想的大学，都选择了复读。大四结束后，我所了解到的是，他们竟然在一起了。她跟我说，她并不喜欢他，在一起的原因她也搞不清楚。后来她告诉我她分手了，她厌倦了这样的感觉，而且她觉得在毫无感情的基础上，异地恋简直是天方夜谭。

他依旧不肯放手，死缠烂打或许是他惯用的伎俩。或许对子怡来说，她是幸运的，至少她没有受到伤害。充满魅力和正能量的她，幸运之神怎么会不眷顾呢？她是一个明媚的女子，她让我多笑，说笑容能融化一切；她愿意当我的听众，耐心听我的抱怨；她体贴入微，有着如南湘一般的温柔。

有一种霸气，叫做顾里。顾里与生俱来的气场足以压制一切，她的霸气也让人不寒而栗，但我的朋友她却有一个温柔似水的名字——婷婷。她没有显赫的家世，却是我们中生活得最幸福的一个，父母都是医生，她是家里的独生女，但没有一点独生女的娇气。

她曾任班长时的威风，至今仍在我脑海里挥之不去，她一踏上讲台，就能瞬间把整个教室的气氛控制住，让女生佩服，让男生折腰。让人羡慕的是，虽然她不是顾里，却有着一个像顾源一样的蓝颜知己。她常常否认，说他们俩只是一般朋友，可是“旁观者清”，我们默默地祝福他们早日修成正果。说到这朵花啊，嘘，不要张扬，连我都害怕她的超强气场。

我的花儿们，正以向日葵般的姿态，脸朝着太阳，积极地追求着心中的理想，无论在何处，我们的心都在一起，在阳光下沐浴着友情。

我的少年们，如今也忙着追寻他们的梦想，不要误会，他们只是我的好弟兄。可怜的是，正值青春年华的他们，却被可恶的我硬生生地冠上“叔”的称号。

他不胖，只是虚胖，却无辜地被他的“死党”们叫做“阿肥”，而我更是火上添油，直接把一个不及弱冠之年的少年叫做“肥叔”。他不老，只是长得着急了点，当然一开始他抵死不接受，后来才无可奈何地妥协于我们的口舌大战之中。

在其他人看来，他来上学只是混日子，确实，高一、高二的他让人无法产生好感，但是高三的他却似乎像变了一个人，开始问我学习上的问题，开始学会顾及别人的感受，可是有一样东西他却没有改，就是挑毛病的习惯。他老是鄙视我的身高，让我想揍他一顿。高三确实是一段难熬的日子，但是互相的调侃和玩笑却让我们多了一抹阳光的朝气。

我的另一位朋友，他不胖，长得也不着急，但是为了公平起见，我们也封给了他一个外号——“天叔”，“天”是他的名字。他是一个具有文学气质的男生，曾经是艺术班中的一员，不知道什么原因来到了我们文科班，问他原因也一直不肯说，于是我们认定他为“一个有故事的男人”。

天叔给人的第一印象是“老实”，个性不像艺术生那般张扬，偶尔会傻乎乎地冒出几个冷笑话来逗我们开心，或者在冬天的时候脱下他的外套给忘了带外套的我们，或者在他苦闷的时候愿意透露他的心声给我们听。我们曾说他拥有诗人情怀，说不定他上辈子是个诗人呢。

我的花儿与少年，在青春的路上奔跑着，追逐着自己的梦想，一路上有你们，我从来不孤单。

屏幕中他们的笑脸渐渐淡去，我好像回到了现实，又好像没有离开过他们。青春是一场旅行，旅途中会遇到很多不一样的人，什么人让你刻骨铭心，什么人让你捕捉不到，每个人心里都会有答案。有人说，回忆只是思念的一种借口，我从不否认，那些在我心里留下烙印的朋友，让我时刻感受到，我的青春不散场。

路，外婆，我

2013 级汉语言文学 1 班　王　颖

外婆家门前的那条小路，虽然和其他的乡间小路一样曲折，却伴我成长，承载着我无数的记忆，无数的怀念，无数的感伤。我也见证了它在光阴的雕刻中由一个意气风发的小伙子变成了暮景残光的老人。

曾经，作为村里唯一用小石子铺设的小路，它也是通往村口的唯一通道。它是那么不可一世，那时的人们也都喜欢它。那里曾经人头攒动、车水马龙。当太阳调皮地从地平线窜出来时，我们的耳边总是回荡着疾驰而过的汽笛声和路边商贩的吆喝声。而当炊烟四起之时，从田里干完农活的村民们会扛着锄头，哼着小曲儿，踏上这条小路，回家。

曾经，我在这条小路上蹒跚学步，它让我由一个看到如猎豹般呼啸而过的摩托车就手舞足蹈的小孩变成了如脱缰野马般的青年，肆意地奔走于路边的各家各户。曾经，我那慈爱的外婆能用矫健的步伐追逐我那顽皮的背影。曾经，在这条路上我因骑车摔倒而哇哇大哭时，我那听觉敏锐的外婆总能闻声而至。曾经，当那绚烂的晚霞布满一望无际的天空之时，我们总会漫步于那喧闹的小路上，而外婆总会用她那布满老茧的大手牵着我柔软细嫩的小手。曾经，在这条小路上，我可以无忧无虑地与邻家小孩嬉戏，自由自在地奔跑，听那风儿轻轻地在耳旁说悄悄话。

二十年过去了，村里修建了许多纵横交错的水泥路，那条小路失去了独尊的地位。岁月将它勾勒成一位历经沧桑的老人，它的肌肤不再如鸡蛋般光滑。阳光明媚之时，空气中总是弥漫着尘土的味道，而细雨漫飞之时，路面坑坑洼洼、泥泞不堪，疾驰而过的车总会溅起泥潭中的水花，路人避之不及。久而久之，人们不再从这里经过，它立在那里就像一位落寞老人，只有蓬勃的朝阳、朦胧的余晖及零星的路人陪它度过最后的时光。

而今，我的外婆也已是耄耋老人，皱纹和老人斑爬满了她的脸庞。她不能再如以前那般追逐我的脚步，只能拄着拐杖，步履蹒跚地走在这条陪她度过人生中最美好青春年华的小路，到村口的车站迎接她的外孙女。岁月已把她那聪旷之耳夺走，她再也不能听清楚我跟她诉说的生活中遇到的苦和乐。她只能日复一日地坐在家门前的矮凳上，看那来往的行人和眺望村口那从靠站的客车走下的乘客中是否有自己孙子、孙女的身影。我早已长大了，既不再是那个咿呀学语的小孩，也不是那个无拘无束带着一群孩子四处捣蛋的孩子王。我跨入了成人的复杂世界，世俗的因子充斥其中，我不再如儿时般纯真。

在年轮的转动中，所有的一切都变了，那路和我的外婆都在时间的穿梭中慢慢老去，而我也在那路的陪伴和外婆的护佑下慢慢长大……

缘渡孽

2013级汉语言文学2班　张文华

缘生三世，孽生三世。三生三世，缘不逝，渡孽逝。三生三世，缘不尽，再遇故人。

缘起入梦，梦一卷诗画买尽一宿情动，梦一宿情动伏就一枕重梦。重梦，压着字字句句，“……诗画书尽，尽处言为君……”重梦，模糊双双眼眸，诗画书未尽，梦已醒，留一人轻叹：真假不过如梦沧幻。

真假之间，我只如一篇偶然拨动你心弦的文章，博了你的叹，你的惜，你的爱。我只如从烟水里、从蒹葭旁路过的一抹微风，撩拨了你伫立岸边的心绪，博了你的抚，你的疼，你的温柔。我只如漆黑中划过你心坑的星，亮了又匆匆消逝，留了念，留了思，留了等待。

真假之间，你的声线穿越电磁波，清晰地住进我的心里。一生一世的跨度，对未来孤注一掷。严冬凛冽的风，吹刮着空寂草坪上的身影，鼓胀着你的衣袖，那一宿等不到的期望，却等来了惆怅。枯零着盘曲错落的枝丫，见证了树影下的身影，有相依，有相离。圆了又缺的月，抖落了一地的银光，照你眼眸，清澈如水般溢着情柔，覆着如水的温度。红线一梭，串珠为心，你轻言待我青丝垂腰便绾一束绿云。一句珍爱，用一生宠，执着地守护。

真假之间，又入梦，梦黑夜古寺，梦前世今生。前世轻巧入梦，附耳呓语，前世孽缘为奢靡艳丽，今生虽故人遇，恐是重蹈覆辙。今生孽，悠悠徘徊，三载光阴已先欠。抱一把无弦琴，终究与世难入。系一叶扁舟，纵洒脱如庄周，身侧又谁伴？古松悬壁任风吼，卑红低谷寂幽空。天地浩大，却装不满岁月酿就的思绪。若有孽成今生，便赎于今生。不必花开，不必成果。只愿随岁月老去，换年少痴念。此生孽，又欠三载愿予君。观你的舞，赏你的字，闯进你的世界，亦扰乱你的轨迹，却未能一颗素心依附于你。前事均有，后事难定于谁。你从菊月走来，一身灵动的舞。你从露月重现，嵌我名字入言。你从冰月渐入我的世界，馈我以一生的祝语。你从端月融进我的视野，指月赋意。你从桃月又重至，伴我高楼眺远。而我却言断四月携乱绪刹车。自舔一沓剪不断理还乱的惆怅水。留君一场伤醉。

这生孽，若说无奇缘，今生均欲北上，却又成南遇。名里复涵同心字，命里同得一字符。若说有奇缘，为何心事总虚化，暗影两伤添？缘孽之间，忧惧生。缘深可渡，缘浅又怎渡？

西窗雪，飘于北；江南水，流于南。雪化汩汩水，却不一定越北南下；水成缕缕蒸烟，却不一定抵北遇寒，成雪。孽缘尽不尽，占卦亦难说。柔情断不断，由心随缘。我的世界永远敞开，随你进出。我终究不过是人间惆怅客，缘渡孽，亦不过待岁月由谁把我普度，待岁月由谁把我收纳。

缘，你若未尽，放流三载，孤寂三载，理我迷乱，梳我心绪，明我来路，如何？缘，你若未尽，三载重归，洗尽孽劫，圆你抱负，圆你心中曾赋的月，如何？若尽，天涯各安，付我祝福如月，穿越千年，清辉依旧，赎尽三生劫，渡尽三生孽。

稻香年代

2013 级汉语言文学 2 班　梁诗敏

秋风凉、落叶飘，又该是稻谷飘香的季节了吧。可我已觉我回不到过去了，回不到那个禾苗壮、谷子黄、人欢笑的年代了……

大清早，断断续续的犬吠声打破了黎明的寂静，村民们开始起来活动了。他们简单吃过早餐后，便带上农具赶到田里。在地里，他们隔着一条条阡陌热情地打起招呼，相互高声问早，每个人脸上都挂着满意的笑容，像被太阳亲吻过，暖暖的。这时候的天还是灰白色的，田地上空早已响起轰隆隆的打谷声了。

过了些时辰，太阳开始缓缓露出金光。沉睡中的万物慢慢苏醒，鸡犬相闻，矮房上的烟囱也冒起了白烟。田里的人们越发忙碌了，他们要赶在太阳落山前完成这些农活，不然割下来的稻谷来不及收回家就会被田鼠吃掉。所以在这秋收的季节，我们常常会看到男男女女光着脚板，面朝黄土背朝天，任凭豆大的汗水浸湿眼睛，仍旧手执锋利镰刀，重复着割苗的动作。实在累极了才伸直腰，顺手抓起沾满泥巴的衣角，抹抹眼角的汗水。他们麻利地割完手中一把又一把的禾苗，然后把沉甸甸的苗子放到打禾机里。伴随着脚踩出的轰隆隆声，转动着的齿轴把金黄色的谷子打落到箩筐中。一筐又一筐，满满当当的。

大人到田里干活了，中午时，家里的孩子就会把饭菜、水壶提到田里。孩子们常常趁大人坐在田埂上吃午饭的时间，脱掉鞋子，欢天喜地地跑进地里装模作样地踩着打禾机。

接近太阳下山，天气没那么闷热了。田地上空响着的机器声也渐渐停下来了。这时，大伙忙得差不多了，肩上挑着沉甸甸的谷子，笑盈盈地陆续回家去。纵横交错的阡陌上，印着他们大大小小的脚印。

我家以前人少，而田地多。每次丰收季节都忙得不可开交。有时候要打着手电筒或别的灯在夜里干农活。夜晚的地里，只有我们几个稀疏的身影在昏暗的光线中走来走去，打禾机发出的声音也特别响亮，我们就在这轰轰声中相互催促着："快点!"此时，到处都是蛙叫声，头顶的星月特别温馨。忙完后，我们就收好工具拿着手电筒，跟在大人后面，踩着田埂回家去了。

稻香的时节也是天气变换频繁的时期。这时的天气，出门时还是烈日，转眼便是阴雨了。家里的稻谷晒在楼面上，主人都不敢轻易出门。因为天气阴晴不定，赶不回来，晒着的谷子可能会被大雨冲走，而被淋湿的谷子则会发芽。我还清晰地记得发生在那个稻香时代的往事。那时我们还小，常常躲在屋子里看电视。刚刚还是艳阳高照，可是突然天就暗下来了。我们连电视也来不及关，就飞快地跑到楼顶上，不管三七二十一，拿起扫把就扫，拿起就往箩筐里装。一家人轰轰烈烈地在抢收干稻谷。有时候来不及了，就先把遮雨的大帆布盖上，再在帆布下抢收。一阵恐慌后，终于舒了一口气，才发现出了一身大汗。

每家都有人时不时跑到楼顶，两手杵在栏杆上，认真观察天象。还时不时和对面楼顶的人讨论着：有没有雨下，哪个方向快来雨了，要不要收谷子？还会听到这样的对话，一个人高声喊道："有雨哦。"另一个说："不怕，雨来不到我们这。"可是当大雨真的要来临了，家家户户的楼顶上便噼哩啪啦地响起来，是木枝扫把刮到楼面的声音，是大谷斗摩擦楼面的声音，是人们吆喝的声音。大家都在急急忙忙地抢收谷子。儿时的丰收季节留给了我无尽的记忆。以前，家里晒了稻谷，到傍晚要收时，发现大人都不在家，姊妹们也都没有主动想去收的，但又怕被晚归的大人责备，于是就会猜拳决定分工。赢的人在楼下煮饭，输的人到楼上收谷子。还有几次，我家信了天气预报说的不会下雨，结果半夜下雨，我们只得开着灯起来抢收谷子，把邻居都吵醒了，大家也纷纷来帮忙。

稻香时节，也是我们最快乐的时候。正值农忙，学校总会放几天假，让我们在家帮忙干农活。而每次农活结束后，我们便会成群结队地到田地里打泥仗，或者躲在一大片草垛里藏猫猫。我们就这样光着小脚丫，迎着秋风在地里奔跑着、欢笑着……

如今，许多田地被改建成楼房了。高高的楼顶上，眺望不到远方的绿水绕青山，尽是高楼林立，隔绝视线。延伸着的水泥路，来来往往的私家车在呼啸而去后，扬起一片尘埃。难道现代化就意味着抛弃过去吗？文明或许意味着要失去某些淳朴的民风。但我仍然很怀念那个稻香年代！

梦江南

2013级汉语言文学3班　陈晓婷

不知为何，这几日梦里老是出现穿着一身旗袍的江南女子，她撑着一把油纸伞，站在岸边招呼着过往的行舟。江上的行舟伐渡依旧，却未曾有一只为她停泊……

那女子若风般清淡的眸光，似有似无间沾染了几许傍晚的惆怅与惘然。一种似曾相识的感觉又一次透过历史与岁月的沧桑直抵心房，泛着苦涩的味道。像是被海水浸泡过的空气，在肺部发酵、氤氲，再轻轻地掠过，撩起思情。

一直觉得自己与落满闲情的江南有着一种隐秘的牵扯。那里，似乎有着一场前世未曾来得及赶赴的约定，注定成为今世的纠缠。每一次邂逅江南女子，仿佛都能从其温婉的眸中读懂其中蕴藏的柔和与清淡。那是一种心与心的召唤，只消一眼，恍若隔梦。许是血液里流淌着同样的温婉，又或是前世的彼此都是在湖上伐舟采莲遥歌相和的水乡女孩，便用今生，续了前世未了的相遇。

梦里的那片土地，驻足了太多文人墨客的旖旎与离人骚客的愁怨。尽管她承载了千古的墨客风情，却清朗妍丽依旧。万花丛中莞尔一笑，天地霎时失了颜色。她的清丽脱俗，让人不忍玷污。只敢轻轻地携清风而来，足泛清风，翩跹而过，唯恐踩疼了江南傍晚的烟雨朦胧，踏碎了碧湖的风过无痕。只消轻轻地来，再轻轻地离去，掬一把前世饮过的清流，尝一口白嫩鲜美的莲子，听一听江南深处的呼唤和吟哦。

江南多古桥。如画般的情景里，婉转曲折的小河缓缓地流经两排被时光染成青墨色的农舍。唱起水乡傍晚的歌谣，唤起阵阵炊烟袅袅。这时的古桥是喧嚣的：先是下了学堂的孩童，一遍一遍地吟诵着先生新教的词曲，那一首应是戴叔伦的《兰溪棹歌》，他们学着先生手执戒尺摇头晃脑的样子吟着："凉月如眉挂柳湾，越中山色镜中看。兰溪三日桃花雨，半夜鲤鱼来上滩。"书声一遍又一遍地响着，直到他们的身影渐渐隐入远处的炊烟。再走上来的是买卖归来的小贩，挑着空担，一边哼着歌，一边筹划着明天的活计：应是再早起点儿，往田里摘些新鲜的蔬菜，赶在初阳新起的光景来到集市占个好地，开始新一天的美好生活……再回得晚些的，便是渔夫了。他们在港口吆喝着，一同卸下一筐筐鲜肥的大鱼，再扛着它们踏上古桥，一步一步，沉重的脚步声，宣告着他们今日的丰硕收获与满满的欢喜。而古桥宛若一名知世老人，微笑着细数每一个人的脚步，拾起掉落满地的经年往事，再私藏起来，待它们经受岁月的洗礼之后，逐渐沉淀为桥的一段记忆。它们如微风细雨渗入桥的骨髓中，融入水乡人的血液里。于是，这曾经的欢笑过往，成为今日的隽永深远。

江南的草木房舍，小桥流水，都被时光染上了颜色。在斑斑的锈迹里，探不出你我曾经驻足的痕迹。曾经的故事，都被尘封在泛黄的岁月里。就像暮年时翻阅年轻时的记忆一样，曾经鲜艳的过往都被时光颓洗成一张张黑白照片。昔日跃动的轮廓逐渐模糊成隐约的线条，勾勒出似是而非的青春年少。有太多太多以为终生难忘的曾经，在历经岁月的磨砺与洗礼后，逐渐化为今日长长的叹息。总是在历尽世事变迁后方顿悟：人生若一场又一场的戏，华丽开场，最终还是寂寞落幕。所经历的都经不住时间的漂洗，化为颓丧的颜色。看客们也终会离去，自始至终，都只能依靠着自己演绎自己的人生。不少人总是喜欢在终场后的空寂里，悼念昔日高朋满座的繁华与光鲜，平白地蹉跎了年华。当细数青春落下的梦想，想重拾昔日美丽的错过时，才发现这一场戏在恍惚中已是最后一折。

我就在这素淡的风景里穿行，体味着这一片土地的岁月悠悠流转与人事的绵绵不绝。梦里的暮色四合，印证着时间的真实。江上的一抹残光渲染着大地衣着，显得殷红如血。船中还剩下稀稀落落的人依旧在忙碌着，暮色遮掩了他们的身形，只是看见隐隐约约的人影晃动着。他们似乎在追赶着，或是留恋着旧时，或是在奔向未来。而那依旧在岸边摇手招船的女子却光鲜如炽，深深地灼痛我的眼睛，似有泪光流动。只为那名依旧在岸边逗留而无法得到普度的女子，依旧在昨天与今天的边缘挣扎飘摇。

想上前问她一句，可是倦了往事的沉重？可是想要前进，却又摆脱不了昔日的牵扯？而我终是不能，在这一场久久不愿醒来的梦里，我亦是沦陷了心神，迷失在江南的风月里，又有何资格指点别人的人生？我只是一名过客罢了，她的人生总是需要她自己体悟与演绎的。

或许，这一场追寻的梦，就是人生。每个人的人生中都有着一场相似的江南旧梦，在浸满岁月沧桑的青石小路上走走停停，从若有若无的痕迹中，触摸岁月的智慧，得到人生行走的智慧。可是还有太多的人，在磨砺与挫折中贪恋昔日的光鲜，沉溺着不想挣脱或是无法挣脱。只是那如梦如戏的一生，适才还奏唱着开幕，如今却又在一个回首间匆匆结束，雁过无痕。恰恰是在这回首的时间里，要背负的是久久的寻觅和挣扎。当下才是正道，每个人都应该从不同的人生站点出发，只有抖落一地的烟尘过往，才能遵着曙光的指引，刺破昨日的黑暗，踏向鲜红的明天。

像我，明明是向往着江南水乡的水墨淡远，明知道睁开眼睛就是水泥钢筋的冰冷，却依旧遵循着生活的呼唤，在天明时，出了梦。

阿婆的蜜枣又甜了

2013 级汉语言文学 4 班　梁权虹

在我的记忆中，阿婆的蜜枣给我的印象最深。阿婆的蜜枣不是用糖浆直接熬成的、黏黏的，而是干燥的，表面裹着一层白白的、薄薄的糖霜蜜枣。那是我最喜欢的干果零食。

我在 5 岁之前是跟阿婆和大伯家一起住的，因为那时还小，我几乎对那段日子没有记忆。5 岁之后我跟着父母去他们工作的地方生活，只在每年暑假才回老家一次。

现在我很清楚地记得阿婆第一次拿蜜枣给我吃的情形。那是在我 7 岁那年的夏天，我刚跟父母回到家乡的第二天，阿婆悄悄地把我带到她的房间，从一个瓷缸里拿出一袋不多的蜜枣，然后塞到我的手里，一脸慈祥地说："阿虹，这是我偷偷留给你的，别给阿三他们看见了，你自己吃。"那时我很感动，感动的不是因为有东西吃，尽管那是我第一次吃这种蜜枣，而是因为我在外面，家乡还有人时时记挂着我，哪怕是一点点的蜜枣都专门留下来给我。当时的我捏起蜜枣就往嘴巴里塞，满嘴的甜直达心底。

随着时间的推移，我在每年暑假蜜枣的甜味中成长着。直到 11 岁那年暑假，因为在家里没什么事情好干，我坐在妈妈旁边，听妈妈和村子里的其他妇人谈话。女人之间的话题永远离不开家庭八卦。她们聊着聊着就聊到婆媳关系上面去了，我在她们的聊天之中听到了我一时无法相信的事情。那个我一直认为慈祥的阿婆在年轻时对我和我妈妈做了如此多无情的事。我善良、勤劳的母亲在生我前后居然还要整天忙于暑天的抢收而不能好好休息。在我出生前，阿婆没有来照顾我妈妈；我出生后 11 天，阿婆都没有来看过我一眼。还有我隐隐约约地感觉到，当初父母接我出去和他们一起生活，不仅是因为不放心这么小的我离开他们，还因为我留在乡下没人好好待我。我知道在大伯家的两个孩子出生前后，阿婆都会亲自照顾。相比之下，两者的差别如此明显，阿婆在我心中的慈祥形象荡然无存，更不用说还有其他伤害我妈妈的行为了。我当时是如此气愤，在心底一遍遍地说："阿婆怎么能这样呢？太过分了。"我多么想冲到阿婆面前，听她亲口说说到底是因为什么。可当我真的站在她面前时，看着她现在已不是年轻时刁难我母亲的那副面孔，而是被岁月摧残后慈祥温和的脸，看着她伸着给我蜜枣的枯槁的手，所有的话语都哽咽在喉头，吐不得、吞不下。我接过阿婆手里的蜜枣，小小的蜜枣像是有千斤重，而含在嘴里更是苦涩蔓延，不复之前的甜了。后来的蜜枣我几乎不再吃，就算吃，也只剩下一嘴的苦涩。

时间还在继续，我16岁的时候，阿婆的身体开始变得羸弱，这时我早已经在家乡的中学就读了。顾及阿婆的身体状况，大家商量过后，决定让阿婆在我家住。那时每月我从学校回到家，很多时候都能看见阿婆端着一把小凳子，坐在她的房门前，一个人望向大门口。看见我时，她会慢慢地扶着墙壁站起来，笑着对我说一句："你回来了呀，快进屋。"这时的我看着她更加削瘦、虚弱的身躯，心酸不已，不禁想："算了，让一切都过去吧，别去追究谁对谁错了，这已经不重要了。"之后那一年，也是阿婆在世的最后一年，我从阿婆手中接过的蜜枣又甜了，那甜味一直被我记忆至今。

人生的起与落

2014级汉语言文学1班　李艳妍

窗外一轮残月隐在云雾之中，稀疏的点点星光为大地添上一层淡淡的忧伤，推门而出，我独自行走在那幽静的小巷中，抬头低头之间，想起了那句“人有悲欢离合，月有阴晴圆缺”，刹那间记忆如潮水般涌来，泛滥在我的心头，浸湿了我的双眼……

往日家人温暖的笑容，仿佛历历在目，那些动人的笑语似乎还萦绕在我的耳边。犹记得，那些年的春天我们置身百花丛中，与蝴蝶嬉笑，与蜜蜂游戏。这一切不是画卷，却美如画卷；那些被风吹过的夏天，我们一起在水中嬉戏，在海边看潮起潮落，在树下听蝉鸣鸟叫；那些宁静的秋天里我们一起走在忧伤静美的落叶上，弟弟为自己想到那句“落红不是无情物，化作春泥更护花”而骄傲的神情还那么清晰；那些不曾下雪却依旧寒冷的冬天里我们围绕在火炉边听妈妈唱“心若在梦就在，天地之间还有真爱，看成败人生豪迈，只不过是从头再来……”那些平凡而幸福，普通而满足的小片段如电影般不断地在我的脑海中放映，刺痛了我的双眼，明媚了我的忧伤。一滴泪轻轻地掉在地上，淡淡的月光下那小巷只留一股莫名的忧伤。微风吹拂着我的长发，轻轻地掠过我的脸庞，微微的刺痛惊醒了我美丽的梦，我美丽的曾经。

树叶缓缓地随风飞舞，发出沙沙的声响，幽静的小巷失却了宁静的本色，宛如平静的水面，被掷下的石子激起一层涟漪。老人疲惫而无奈的叫卖声由远而近，淡淡的药草味轻轻地沁入鼻中，前方楼阁下朦胧的灯光中那个朦胧的身影越显瘦弱。风继续吹，但梦已不再，这一夜注定不平静。我推门而入，在一片狼藉之中缓缓地走进小屋，耳边充斥着叫骂声、哭声，还有那痛苦的咳嗽声和无奈的叹息声，入目的不再是往日温馨的画面，而是一室凌乱，父母横眉冷对，药罐子凄凉地躺在地上，被药水浸过的地板泛着黄色，是那么的刺眼……不知何时起，叹息与哭泣取代了往日的欢声笑语。生活磨平了我们的棱角，柴米油盐酱醋茶的繁杂变成了生活的主题曲，唱出的只有悲伤的曲调，不温暖，不动听，却又令人无法忽略。我弯下腰来捡起那零散的药罐碎片，明明很轻，但心中的沉重却让我无法站起，只是静静地蹲在那里听着眼泪滴落的声音，这改变不了现实，这个家早已不再是原来的家了。屋外的风声越来越大，却也盖不住那忧伤的抽泣声，吹不散满室的沉重。淡淡的月光洒在一方小小的地上，为那个“黑暗”的家带来零星明亮。“吱呀”一声，小木架上的书散落在地却没有盖住那方小小的明亮。我突然明白生活的苦难不会淹没我们的人生，但我们的心会让我们沉入深渊，就像黑暗遮不住光明，除非光明放弃了自己。我突然明了，若我们心存希望，明日的这里将铺上阳光，一切的黑暗都会过去，一切的忧伤终将消散……

我微笑着站起来，走进房间，拿起那本厚重的书，我知道我无法改变生活的喜与忧，但仍希望通过自己的努力带给父母一丝安慰……

人生的沉浮与兴谢就像固定的历史轨迹，我们的人生从来都不会圆满如秋月，总是先几度沉浮，再几番兴谢。我们需要一直微笑，微笑着走过那些春花秋月，即使踏着一路的荆棘，但某一天蓦然回首，你会发现那些曾经的哭泣、叹息甚至是抱怨，都不是痛苦，而是珍贵的经历。

所有的痛苦都会过去，快乐也不会永恒，任日升月落，我们要微笑着面对人生的起落，只有我们笑对生活，生活才会回以微笑，我们要坚信希望就在前方……

梦的足迹

2014 级汉语言文学 1 班　符锦登

梦似搏击长空的雄鹰，展翅高飞，掠过云彩，留下一串串脚印；梦如挥动翅膀的天使，张开双臂，抚摸大地，洋溢着灿烂的笑容；梦像细小缠绵的雨丝，随风潜入夜，润物细无声，滋润大地，焕发生机。

梦的足迹，从我的身边轻轻飘过，舞动着梦想的翅膀，转动着婀娜的身姿，翩翩起舞，像美丽的蝴蝶在空中飞舞。每次，当我困顿、迷惘，在人生的十字路口迷失了方向时，梦萦绕着我的思绪，拨动着我的心弦，引领着我前进的方向，指引我走向成功的殿堂。

小时候总是怀揣着青春的梦想，憧憬美好的未来，对长大后的自己充满期待。梦是心灵深处最真挚的呐喊，梦是一直以来理想的殿堂，梦是对未来自己的期待。聆听内心最真挚的声音，为此不懈地努力拼搏，为了最初的梦想而努力奋斗。

十几年的寒窗苦读因为有梦的支撑而格外令人回味，十几年的默默奋斗因为有梦的字样而格外让人留恋，十几年的光辉岁月因为有梦的陪伴而熠熠生辉。梦的足迹见证了我的成长，我的蜕变。我由懵懂孩童变成现在的勇敢少年，梦就像我的良师益友，时时刻刻都在鞭策着我，勿忘初心，为了最初的梦想而努力奋斗、执着追求。

每一株小草都有钻出泥土的梦想，每一粒种子都有长成参天大树的梦想，每一只蝴蝶都有破茧飞向天空的梦想。而我从小就梦想着自己能够成为一名教师，成为孩子们的指路明灯。教师是一份神圣的职业，承担着教书育人的责任，在自己的岗位上默默地奉献自己的青春和汗水，用善良和真诚去培养国家的未来，用春风化雨的爱心去塑造教师的形象，为教育教学添砖加瓦，用爱为学生筑起一道独特的风景。

梦的足迹伴随着我经历了无数的风风雨雨，成为我坚强奋斗的理由。好好奋斗，愿梦想成真。

却道天凉好个秋

2014 级汉语言文学 2 班　高毓聆

还记得吗？初秋凉风里，有一个小孩紧紧地攥着粉色无袖连衣裙的一角，哭着不肯放手。圆滚滚的小脸早已涨红，和不远处满墙的爬山虎开始泛红的叶子倒有几分相像。身上的开衫毛衣也被泪水微微打湿，但倔强的脸庞却一如爬山虎那般朝着太阳，向上扬起，不作丝毫妥协之态。那个小女孩，就是你呀。

记得小时候的你，对秋天没什么好感。当别人逗着你问，最喜欢哪个季节时，你总是撇撇嘴奶声奶气地说，“反正不喜欢秋天”。那样子就像秋天抢了你最心爱的裙子一样气愤。呵，不对，在臭美的你的眼里，秋是天真地剥夺了你穿裙子的权利呢。当秋风吹红了院里爬山虎的第一片叶子时，冷空气便开始悄然弥漫。即便只是隐隐约约、模模糊糊的，但对于小孩子来说，露出白嫩皮肤的连衣裙已不可触碰。这讨厌的秋天，真是不解风情呢。扯着毛衣的你这样倔强地想着。

再长大些，曾经那么固执的你突然发现，当天空变得晴朗无云，空气干爽透净时，大自然便悄无声息地把周围的树木像染云锦一般浸染成了不同的色彩。明亮的红色在墨绿的叶子间犹抱琵琶，偶尔不经意抬头，那崭新的黄色便飘飘悠悠地在眼前落了下来，在脚边静静躺着，衬着旁边微微低头的半绿不枯的草。棕黄的树枝沙沙地响着，皮肤适时地感受冰晶般的凉意，慢慢地，缓缓地，一点一滴、一寸一寸地沁入每一个角落。你抱抱仍着短袖的身体，才发现，秋天已至。秋天竟如此之美。你愣住了，伫立于红黄云锦中，不禁被满目的秋色所吸引、震撼。小小的心脏怦怦不停地跳着。这么久了，你第一次真切感受到秋天是如此的迷人、多彩。望着这片明净的透亮的只属于秋天的长空，不知不觉中，你已经爱上了那恣意渲染的秋色。

秋天来了又走。齐肩的短发已飘然长成浓黑的长发，曾经稚嫩的你也出落成一个可人的小姑娘。那生气蓬勃的你就像初升的朝阳，明而不辉、亮而不耀。像风中摇曳的红色曼珠沙华一样，正值花样年华，朝气的你，娇嫩的身体里也揣着一颗多愁善感的心。就像那代表着忧伤的彼岸花红色的落寞身影一般，娇嫩的心生出无数细小的触角，对世间的一草一木，一动一静，都能十分敏锐地捕捉到。眉头微蹙，初秋刚至，你早已在心中辗转了许久。薄暮初起，荒草席地。敏感的你，对清秋的萧瑟悲凉不胜惆怅。清光倒映着寒霜，皓月斜挂冷空，这样的萧寂秋景，让你忍不住直皱眉。秋天，太伤感了啊。捋捋被秋风吹乱的头发，你消失在了无际的漫漫秋景中。

秋天该是怎样的呢？当你换上开襟长衫再次踏入秋天的世界时，你不禁沉思。正在中国南方上大学的你，感受到的秋意已不像小时候那么明显。秋分已至，白露也姗姗地传来了秋天的讯息，但在大学的校园里，常青依然翠绿，紫荆依然娇艳，无法看到银杏落叶的你心头渗出一分落寞。

什么在轻敲着你的心房？如那共鸣的钟在心中回荡。“只要热爱生命，一切，都在意料之中。”多么庆幸啊，在这宽广无垠的世界中，你细细地感受了17个秋天。大自然的慷慨让你感受到了生命的美好。迷人也好，悲寂也罢，这就是大自然所为你呈现的秋天。有什么比得上在这世间安然享受上苍的慷慨赏赐呢？

少年不识愁滋味，爱上层楼。爱上层楼，为赋新词强说愁。
而今识尽愁滋味，欲说还休。欲说还休，却道天凉好个秋。

尚稚嫩的你愁苦滋味并未尝遍，但热爱生命的你却可以在飒爽秋风中，大声感叹：好一个凉爽的秋天！

红颜殇

2014级汉语言文学4班　李　旋

百年人生，回首沧海一粟。来也匆匆，去也匆匆，就这样一路风雨兼程。带着乐与悲，失与得，她们迈着疲惫不堪的脚步，走进了坟墓。古今中外，多少红粉佳人，都成了历史的过客。《佳人曲》仍被人吟唱，但明白其中意味的又有几人？

她们有的凤冠霞帔，轻轻一抖，泛黄的历史就落下了风尘。雪白的宣纸上，临摹着她们：一颦一笑，静若处子，动若脱兔；哭若梨花带雨，笑若三月桃花；青丝如瀑，半枝金钗，眉如翠羽，眼如秋水，朱唇皓齿，腰如春柳；冰肌玉骨，纤纤素手，绣衣罗裙，倾国倾城，沉鱼落雁，闭月羞花，凌波微步，罗袜生尘，衣袂飘飘，美得不可方物。

只是，红颜有时难得有个好下场，她们有的命薄如纸，转眼间，香消玉殒：与杨玉环朝夕相对，对其百般呵护的唐明皇，马嵬坡下，下了赐死爱妃的圣谕；以十斛珍珠换回的绿珠，在石崇触怒皇亲国戚时，留下一句吾愿以死报君，从阁楼上纵身跃下。有的青春如露水，日出东方时便枯萎，美人迟暮，容颜枯槁，遭人离弃。卓文君舍弃锦衣玉食的生活，最后得到的却是司马相如的负心相对；琵琶女曾是五陵年少争缠头，一曲红绡不知数，暮去朝来颜色改后，嫁给重利轻别离的商人，去来江口守空船。更有甚者，旧朝代土崩瓦解时，红颜总是背上祸国殃民的骂名，李闯王败北，吴三桂降清，陈圆圆便被世人痛骂“害了天下苍生”。

她们自小深居闺中，不得迈出大门一步，谨记“女子无才便是德”，日复一日地学着刺绣、礼节。婚姻大事，奉着父母之命，媒妁之言，情愿或不情愿地穿上自己缝制许久的嫁衣上了花轿，红盖头遮住了她们或喜或悲或木然的脸。嫁鸡随鸡，嫁狗随狗，她们恪守三从四德，相夫教子，至老至死。只是，夜深人静在梳妆台边时，看着日渐憔悴的自己，想着做女孩时日思夜想的檀郎如今何在，是否夜夜有人为其红袖添香。有情人难成眷属，生不能同衾，唯愿死后同穴，可她们生是夫家人，死是夫家鬼，花落人亡后，埋进陌生的坟地。

因为一夫多妻，她们同是为人母，为人妇，身份却有妻妾之差，所生孩儿，又有正庶之别；又因母凭子贵，后宫和后院，成了没有硝烟的战场。花容月貌，嫣然一笑，霓裳羽衣，成了最锋利的斧戕。她们钩心斗角、尔虞我诈，算计了别人，也算计了自己，耗尽了花样年华。一生步步为营，反落得步步惊心。赢了，强敌益增，无法退身，寝食难安；输了，虎落平阳，伤痕累累，委曲求全。佳丽们都没有笑到最后，机关算尽，反误了卿卿性命，真是可恨又可怜。然而，是非成败转头空，弹指一挥间，香玉不知何处，绿波依旧东流。

晚风和唱，月光如洗，千年往矣，那些历史里的美人，是否还手执画扇，蛾眉轻皱？

给四年后的自己

2014级汉语言文学4班　龙　雨

此朝花开，四载夕拾。

四年，在到来之前对我们来说只是两个字眼。但是，一如过去那高中三年，不经历不明白，走过了就刻入心怀。今日，我在时光这一头遥望茫茫彼岸尽远，也茫然也不安，我不知道世事的流沙终究会把我打磨成什么模样。我不知道四年后的今日，当我回头，留下的踪迹是否与当下预期的一般，毕竟世事难料，谁也不知未来归宿。但，人总要有个目标，哪怕一枚孤零零的叶也有要去的大地，有了方向内心才有寄泊的乌篷，不至于在纷纷扰扰的遭遇里茫然失措，惶恐终日，随波逐流。

鲁迅的几部经典——《彷徨》《呐喊》《朝花夕拾》，似乎浓缩了一段步履匆忙的人生。

初入大学，各种社团活动让我跑得晕头转向，深夜里偶然走过寂静的校道，一阵阵疲惫与迷茫涌上心头，堵得心口发闷，仿佛溺水一般彷徨无助。我在想，我的大学到底该干什么？这样的日子是不是我想要的？我没有答案，也没有人能给我答案。脚下的路会延展到哪个终点，而那里又是否有我想要的东西，诡谲的命运没有给我留下丝毫启示，时间的魔掌又催促我马不停蹄地上路，剥夺我思考的机会。大学的迷茫，让我彷徨。

呐喊，是觉悟刺破迷雾的声音。而今，事情渐渐有了眉目，我脑中已勾勒出理想中它的轮廓。大学，是象牙塔与江湖的渡口，我是此刻的渡江人。滚滚红尘如江流，面对咆哮的流沙我轻笑，内心发出呐喊，彼岸花开三千朵，待我横江信步游！四年，我要造出一艘风雨不阻的利舟，修炼一颗游仙心。但这其中必定阻难重重，何止九九八十一难。贪嗔痴慢疑，佛门讲究空，以一颗琉璃心不惑于红尘，因无欲而刚，但这不是我的道，我的刚是千锤百炼、浴火重生的坚。我要把自己融进大学，熟悉它、掌控它！

最怕一年深秋时，千凋万落暮阳残。大四之时已是弥留，犹春尽。望流年匆匆，待伤残，夕拾朝花，淡笑无憾，这一朵蜕变四年的花的香无须蜂蝶齐拥，但求清香动己，经久沉香！

随风荡漾

2015级汉语言文学1班　劳　婷

不回家的时候，我就会常常想起家，那个时而远、时而近的小乡村。

在高处看景，真的是风光无数。循着天际一直望去，都是望不尽的高楼，熙熙攘攘，似在争个你高我低。一阵又一阵的风直面吹来，吹乱了发型，穿透我的衣裳。真好！烦恼也被卷走了。

这高处的风，也那么喜欢争强好胜。我还是喜欢那个小乡村的风，那里的风专属于那里。它只是轻轻地、柔和地游走在那个小小的村庄里，唱着歌儿，跳着舞，穿过每家每户，谁也不落下。

我最喜欢站在矮矮的平房前，张开双臂，任由那柔和的风吹拂我的衣裳，亲吻我的脸颊。感受着它从遥远的天际缓缓游来，拂过这片厚实的土地，多么惬意啊！在风的世界里，是柔和包裹着这疲惫的躯体。风使躯体的血液得到正常的循环，使得燥热的因子得以平息。心也被它感化，这疲惫而沉重的躯体也融化在风的怀里。

那里的风总是那般洒脱。它不喜欢空穴而来，不喜欢和伙伴钻空子，它总是从一望无际的天边歌唱而来，坦坦荡荡，昂首挺胸。它不喜欢咄咄逼人，不喜欢显摆，它总是轻轻地来、悄悄地走。它坦率、热情，从不拐弯抹角，它喜欢你就会给你一个暖暖的拥抱，带走你的疲惫与忧虑。

它是蓝天白云最好的盟友，它常常伴随着蓝天白云而来。它也是水蒸气最好的舞伴，舒缓了水蒸气狂躁的心。它缓缓地穿梭着，穿过稻田与蔗海，穿过番薯、玉米、木薯、花生的叶子，惹得它们嫣然一笑，好不热闹！它喜欢与蜻蜓嬉戏，喜欢与不知名的小鸟共舞，喜欢“调戏”一树又一树的叶子。

它不在乎太阳火热的炙烤，也不受高层气流的诱惑，它就是那样自由地缓缓流动。它既不在乎流言蜚语，也不在乎耀眼的光芒。即使有流言蜚语，即便在黑夜里，它也怡然自乐。

潇洒、自在、淡然。

随你怎么去想，它自有自己的快乐！

记忆里的那份纯真

2015级汉语言文学1班　肖海燕

时光荏苒，转眼我已高中毕业两年，踽踽独行，在母校里闲逛。校园里的丁香花被连根拔起，一片狼藉，往日的欢声笑语已不复存在。亲切熟悉的和风吹散我们落英般离碎的流年，青春的微笑以昂扬的姿态，肆意地绽放在记忆的彼岸。

那个我们曾经牵手散步的操场，曾经挥洒汗水的跑道，曾经疯狂吼叫的篮球场，曾经……如今都没有了，徒留我一个人独享寂寞。

前几天在初中同学的聚会上，我见到了你。你头上顶着夸张的波浪卷，手上是炫目的镯子，挎着硕大的单肩包，已经变成了我不认识的模样。自从初中毕业后，我和你的交流变得越来越少，我留在了原来的学校，而你去了二中。不一样的学校，彼此都有了新的圈子，你不找我，我也懒得联系你。你不问，我不说，或是我问得尴尬，你答得敷衍，就这样，友情淡了。我也只是在QQ空间和朋友圈里看到了你的动态。如今看来，你变化很大，你以前是个安静的女生，现在倒是学会了圆滑世故，可以和一大群人谈一些无聊的话题。在聚会结束的时候，一个红头发的男生骑着一辆帅气的摩托车来接你，你立马坐上去，揽着他的腰飞驰而过。我顿时就愣在了原地，没有想到你的变化居然这么大。我想到了从前，从前的你对我说过，你讨厌那些流光溢彩的首饰，你也曾将男生为你写的情书毫不留情地撕毁，你不会是那样的人，可如今……人最大的悲哀就是变成了自己曾经讨厌的模样，纯真的心灵被染上了色彩。

人总是会变的，这一点我明白，但我想不到你会变成自己曾经讨厌的模样。我想起了我们从前的时光，从前你总是三天两头地往我家打电话，现在我却连你曾经的电话号码都记不住了。从前我们总爱凑在一块，现在见面却连打招呼都变得吝啬，是不是蛋糕放久了味道就会变？

昨天，我又经过了那个奶茶店，你一定还记得吧，从前的我们总是爱在这家奶茶店里喝奶茶，那里经常播放周杰伦拍的广告。我就问你：“我是你的什么？”你也挺配合我的：“你是我的优乐美。”我就装作很失落的样子说："原来我是你的奶茶呀!"你"嗤"的一声笑了，拍一下我的头说："奶茶有什么不好的呀？天热了可以加块冰，让你凉爽，天冷了就去加热，给你温暖，就像我们。"我们就乐呵呵地傻笑。而今，我只身一人站在这个我们曾经留下无数欢声笑语的地方，往事如电影般重新映入脑海……

有时候，人与人之间的关系，就像流星瞬间迸发出令人羡慕的火花，却注定只能匆匆而过。时间真的是个很强大的东西，再深情的友谊经过时间的摧残，久了也会变淡。踏入大学更是如此。但我觉得，在大学这样的小社会里，每个人都应该保持自己的本色，保持一颗纯真的心。我希望每个人在社会上，都不去做一个圆滑的人，而选择做一个圆通的人。

你有你的选择，我不会怪你。但是，我多么希望我们能回到从前，回到天真无邪的过去，去寻找那个单纯可爱的你。记忆里的那份纯真，甚是怀念!

等待回家的灯

2015 级汉语言文学 2 班　梁榕容

街道两旁的路灯只有几盏亮着，昏黄的灯光撕不开夜幕的黑暗。冬天的冷风呼呼地吹着，道路两旁没有叶子的树发出嘎吱嘎吱的声响。与白天的热闹不同，冬日的夜晚很安静，连远处传来的狗吠声都能听清。

我紧了紧身上的外套，微弱的月光下看到不断呼出的哈气，我加快脚步，往家的方向走去。我已经跟妈妈通过电话，让她先睡不用等我。将近一年没回过家了，一切却依然那么熟悉。妈妈照常在门口亮着一盏黄色的灯，门前依然放着两张小板凳，挂在两棵树上的秋千依然在，只是颜色似乎又浅了些。

我放下行李，翻出钥匙，“咔嗒”，是钥匙碰到锁的声音。我尽量放轻脚步，不想吵醒熟睡的妈妈。只是客厅里依然亮着一盏小灯，我暗自想，妈妈的记性又不好了。提着行李走进客厅，准备关好灯，回房睡觉，路途的疲惫已经让我快睁不开眼睛了。

我正准备关灯，突然出现一个人影。我吓了一跳，行李啪地掉在了地上。仔细一看，是妈妈。“妈妈，你怎么在这，不是叫你早点睡，不用等我吗?”我把客厅的灯全打开，整个空间就亮了起来。我抬头看了看钟，已经三点半了。我看向妈妈，她不适地揉了揉眼睛，身上穿着厚实的毛衣，盖着的毯子因为快速起身掉落在地，她拢了拢微乱的头发，灰白的头发在灯光下看得更清楚。

鼻子突然就发酸，我捡起行李，“天这么冷，你快回去睡吧!”转过身就准备回房间。妈妈快速走过来，接过我的行李，拍了拍我身上的衣服，似乎要拍去我一路的风尘与冷意。妈妈笑眯眯地说：“你回来啦！妈妈不冷，真的不冷，你饿不饿，累不累？我去煮碗面给你吃，暖暖身再睡觉。”说完把行李放在沙发上，转身去了厨房。

我坐在饭桌前，看着妈妈熟练地下面、打蛋。十几分钟后，铺着青菜、荷包蛋的面条在灯光下冒着热气，缓缓升起，暖到我的心里。

已经习惯了在满城的霓虹灯中，背着一天的疲惫，以陌生的姿态走在街上，与这个城市格格不入。路上的行人匆匆，没有谁会为生活在同一个城市中的人驻足。满大街的灯，却依然让人感受到黑暗中的寂寞。来来往往的车辆与人群，却依然是一个人的道路。

走到自己的住所，只有楼梯灯彻夜亮着。那么多亮着的灯，却没有一盏为我而开。走进房子，只有一室的孤冷与寂寞。冷掉的水，空空的冰箱，就连空气也跟房子一样冷。

我起身抱住妈妈，她身上的味道就如这浅黄色的灯一样，给人一种温暖的感动。

小时候，爸爸妈妈工作忙，总是踏着夜色归来。他们匆匆给我做饭，一家人围着饭桌吃饭，暖黄色灯光下，有相互陪伴的感动，是一家人相守的温暖。饭桌变成书桌，爸爸陪我做作业，妈妈收拾衣服。那块小天地，是我记忆中最温暖的地方。

离家在外念书，每到周末，准备回家时街道都已经华灯初上，妈妈总是这样，开着客厅的灯，在我踏入家门的那一刻替我取下沉重的书包，跟我说："回来啦，妈妈给你热饭去。"外面世界带来的寒冷，在踏入家的那一刻全部化为乌有。

后来，黄色的灯泡越来越不常用，即使妈妈的眼睛越来越花，可在我回家的时候，家里总会打开黄色的灯。只是因为我曾经说过，黄色的灯光温暖，看到它就知道妈妈在等我。

即使时光不停流逝，可我依然记得在一个地方，有一盏等待我回家的灯。无论何时，只要我打开那扇门，都有比那灯光更温暖的微笑以及这世上最动听的话迎接我："你回来啦!"

无论我身在何处，家里永远有一盏为我而开的灯，在等待着我回家。

故乡的雨

2015 级汉语言文学 2 班　刘金娇

不同季节，雨，给人不同的感受。

春天是一个万物复苏的季节，一切都是那么可爱而富有生机。喜欢春天的细雨，会给大自然增添一种朦胧美。

雨，温柔地打在芭蕉树上，落在房檐，落在一个个充满生机的花园里，打在向日葵刚刚长出来的绿叶上，我很担心娇嫩的叶子能否承受得了春雨的热情。雨，悄无声息地滋润着万物，涵养我心爱的玫瑰。很想看看我的花园在雨中会是怎样一番景象，于是我便和妹妹打着雨伞，走进花园，园子里的花儿羞答答地笑，正享受着雨的热情。我继续打着雨伞，牵着妹妹的小手，沿着一条泥泞的小道走，静静地听雨打在花儿、叶子上的嘀嗒声，觉得一切是那么和谐，生怕这一首美妙旋律会被打断。

雨停了，太阳又露出了可爱的小脸蛋儿。在阳光照射下，玫瑰那本就鲜嫩的叶子显得格外翠绿，花瓣上沾着的雨点在阳光的斜射下像一颗颗璀璨的夜明珠，很美，我恨不得将它们摘下做标本，精致地保存起来。

夏天的雨，是突如其来的暴雨，令人又爱又恨。

六月，是忙碌的时节。忙于收割稻谷时，奶奶总是让我晒稻谷。晒稻谷既容易又艰巨，天气好，把稻谷晒到烫如火炉的楼顶上，便可安心看书。若天公不作美，时不时下小雨，便需要将全部的稻谷小心翼翼地收好。等我快收完时，太阳又不知道从哪儿冒了出来，看着那些被雨淋湿了的稻谷，我又得将它们摊开在地板上，让它们再次接受太阳的热情招待。六月的天像小孩子的脸说变就变，我还没来得及坐下歇歇，就听到奶奶说又要下雨，只能赶快去收稻谷，待收完，满头大汗，雨水也打湿了衣服，已分辨不清哪些是汗水，哪些是雨水。

夏天的雨是猛烈的。雨，越下越大，打在芭蕉树上，将那一片片本就被调皮小孩子捣坏的叶子拍打得更加破败，让人不免对那芭蕉树产生一丝怜悯之心。暴雨中，芭蕉树不停地扭动着瘦弱的身躯，东歪西倒，发出吱吱的声响，好像在祈求雨待它温柔一些。

换了衣服，顺手倒一杯清茶，安静地坐在窗边一张古色古香的椅子上，静静地看着这场让人爱恨交织的雨拍打着窗台，看着茫茫大雨中人们急着回家的背影，觉得一切都那么唯美。

雨，渐渐地变小。听着雨声滴滴答答，那么有韵律，那一刹那，我觉得自己是幸福之人。

秋天，是一个秋高气爽的季节，在这样的日子里，偶尔也会下一场秋雨，让人觉得微冷。可是，我们爱下雨，谁也拦不住我们对雨的热情。

在美丽的青春年华里，我们不失本性，随心所欲地做自己喜欢的事。初中是段美好的时光。我们常常一手打着雨伞一手推着自行车，沿着校道慢悠悠地走，任凭大雨的洗礼，强忍大雨拍打在脸上的疼痛，以及雨水沾湿发丝的不适。又常常索性放下手中的伞与自行车，像一只刚刚从笼子里逃脱出来的狮子般疯狂地奔跑在偌大的被雨雾笼罩着的操场上。与朋友肩并肩地走在那塑胶跑道上，静静地望着眼前的雨景，那时我们才真正看清楚原来雨中的校园是那么美。

或许，雨懂得我们的心思，丝毫没有要停下来的迹象。

天空拉下黑色的帷幕，大雨仍旧继续着它们精彩的表演，热情地拍打着淡黄色的叶子。我们恋恋不舍地推着自行车离开那带我们追逐梦想的摇篮。

宽大的马路上，偶尔有三三两两的行人路过。银杏树林立，它们也抵挡不住雨的热情，一片片鹅黄色的叶子像一只只黄色的蝴蝶在空中飞舞。

夜，越来越黑，将整个村子包围住，依稀可以看到零星的灯光。

冬天，这是大多数人最不喜欢下雨的季节。因为一旦下雨，就会变得十分湿冷，而且冬天下雨，一下就至少是一个星期。

冬日，茫茫细雨，村子被雨雾笼罩着，望不见远处的山与那参差不齐的房子。

喜欢在冬天里下着小雨，只有在这样的日子，我才有更多的机会与爸妈相处。与爸妈一起坐在温暖的沙发上聊天，一起看电视剧。又或者我们安安静静地坐在窗边，认真听爸妈讲我们小时候的调皮事，然后开心地傻笑着。

冬日里的村子，不乏以往那份活力。人们各自都在家里忙碌，有的邻居不嫌麻烦就包粽子、做糍粑，有的邻居则亲自用那最古老的方式做豆腐。

四季更替，春去秋来，不同季节，都有专属于它们的美。是雨，装扮了春夏秋冬。

前　行

2015 级汉语言文学 3 班　吴丽平

车慢慢地启动，徐徐地开往目的地。

这是一次有目的的旅行，也是一次带着希望走向远方的旅行。有人在笑，有人在哭，但都是因为向往远方，为了心中的理想而出发。挥别熟悉的街道，熟悉的家，熟悉的人群，心中的落寞与欢喜交杂在一起，五味杂陈。

车缓缓地离开了，树木、房屋、大山也在往后倒退，一切事物都慢慢地淡出了我的视线。而梦想慢慢地浮现。心想，离开是为了更好回归，轻装出发是为了满载而归，我期待着前行的每一个脚印。

车上很安静，只听见一个年轻的女孩在打电话，“我自己一个人搭车去一个很远的地方我都没有紧张，为什么你们却好像是自己一个人搭车似的，弄得气氛这么紧张。其实你们真的不用担心啦，我到了那里会给你们打电话的……”一段超长的对白飞进了车上每一个人的耳朵里，或许还融进了一些人的心中，引发了一些人的情思，因为没有人去打扰这段长而柔情的对白，仿佛每一个人都在与自己的家人打电话诉离别。那一声声的“要注意”道出了家人的关心，那一声声的“不用担心”，其实也是为了彼此的安心。

曾几何时，每一个人都是懵懂的孩子，家人每时每刻都在关怀着他们的心肝宝贝，生怕他们的孩子有任何闪失，每一个孩子都是家人捧在手心里的宝贝。曾经以为这种爱是理所当然的，到后来才发现，那是来自血浓于水的爱，他们的付出不是理所当然的，而是内心深处的自然流露。所以，我们要带着这份深情、这份爱向着远方出发。

或许这一通电话勾起了很多人的回忆，因为人们为了家人，为了生活，为了理想，必须背井离乡，远走他乡，寻找出路。所以，在离开大山时，他们也背负了好多情感，尤其是来自家人浓烈的爱。因为爱，所以让你离开，这也是家人的伟大之处。明明知道这是一段相思的苦日子，但是为了让你去寻找你的生活、理想，他们必须狠心地放手，让你离开，让你展翅飞翔。

外面的世界真的很精彩，但是色彩斑斓的世界也需要有理想与梦想的人去装饰，需要每一个人去书写未知的未来。正因为有了追求理想和梦想的人，这个世界才更精彩。也正因有了放手让追梦者去追求的人，才会有很多人去感怀每一份感情，感谢每一个爱他们的人。有了那一种深情的爱和为了不辜负爱而付出的努力，前行的道路才不会那么孤独，那么晦暗。

为了梦前行，也要为了爱前行。

浮世间，淡雅一生

2015 级汉语言文学 4 班　冯珊珊

清晨，一抹明媚的冬阳悄悄透过窗棂，暖暖的，柔柔的，在室内投下了浅浅光影，我知道，那是属于你或我的淡淡光阴。

我轻轻地伸出手，贪婪地想要握住那一束透亮的阳光，暖阳却把我笼罩在时光的轴轮里，让我与过往的浮躁告别。浮世里的流年何尝不如这一束阳光，我们无法把它捧在掌心，正如，我们永远也无法牵住时间的衣襟。

既然尘世匆匆又浮躁，锁不住流年，躲不过宿命，何不在浮华里淡雅一生，在纷扰中细水长流。

清，是自然的本真状态，也是人世间最真的味道。生活之清，如茶，微甘，却唇齿留香。

淡，不是心灵的浅薄，是去尽繁华的傲然风骨，是漠视逐利的超然脱俗。

浮世间，须留下生活的一抹雅韵。美梦若与你无关，不妨让浮躁化一蘸砚墨，在素笺上放笔江山；功利若与你相悖，亦可让势化为一盏清茗，在书卷中洇染惬意。

清其嗔，淡其欲，雅其行，生活无须太多附属品。浮世清欢，也要懂得善待时光。

拿破仑豪壮一生，权力、荣耀与财富尽收囊中，却对圣海琳娜吐诉：“在我的一生中，从来没有过快乐的日子。”海伦·凯勒被置于无色无声的世界里却仍能待之以情：“生活是多么美好啊！”

岁月之静好并不在于我们拥有什么，也不在于你是谁，有时候车马太喧嚣，你何不结庐于人境？用淡泊以明志，方能宁静而致远。

繁累之余，别让浮云隐匿了时光，学会偷得几枝梧桐疏影的慵懒，用白昼的露曦落定夜幕的星辰，让过往的温存在心间流淌。

寂寂的时光，静思，与一纸素淡的文字坐老时光，或品茗，青碧于生活之间。一花一树一吟赋，一事一物一感慨。浮生若梦，不如淡雅一生。

三毛在《梦田》里写道："每个人心里一亩田，用它来种什么？种桃种李种春风。"播下利俗的种子，欲壑难填，终日舞榭歌台，声色犬马，惶惶而不得终日。我的心中也有一亩田，种十里桃花，看灼灼其华；盖两层小屋，楼上阅书，楼下烹茶。抛却尘世累累，只为笑看流水盈盈。

一壶淡酒一盘棋，一盏清晨一杯露，浮世清雅，淡然一生。如此，便好。

一抹化不开的芋香

2015级汉语言文学4班　刘付玲

今天，午梦初醒，周围一片寂静，偶尔有些小声响，舍友们陆续起床。灵起床后，一直呆呆地坐在床上，她眯着眼睛，似乎沉浸在未醒的梦中，可是梦已经不在了，却不知是什么蓦地让自己仿佛闻到了一抹芋香，心也不觉微微颤动了一下，思绪也有些飘远了。

她不知道应该如何让自己平静下来，因为那抹芋香是从记忆中那所房子飘过来的。她还是愿意努力去记起。

在一个普通小镇上，有一所老房子，一直没有装修，粗糙红砖墙面已经爬上了一些青苔，不过，一切还好，房子是结实的。它的右面是一块空地，虽说是空地，也早有主人，听说是要留下来增值的，所以没盖房子，一直空着。这块常年被厚厚的绿植覆盖的空地，被划分为两块，被灵的家人和隔壁家邻居用来养鸡和种菜。空地上的土很薄，一锄头下去，就会发出“噔”的一声，混在土里的石头被磕得惨白，锄头尖锐的一角也粘上了少许白色粉末。可是，现在，这里已经变得越来越肥沃。

空地里的小菜园新围了一些黑丝网，小鸡们也不再自讨没趣，眼巴巴地望着鲜嫩的绿色菜叶，却无从置喙，只能扭身走到一旁芋丛中，伏在地上消气。芋叶像一把撑开的沿伞骨破开布条的绿伞，不太能遮光，但如果是一丛并开，地面上星星点点的光影，倒也不会打扰到小鸡们的午梦。

入秋时节，是灵觉得最馨香的一个时期。她犹记得，念初中时，由于学校离家较近，自己不用像路远的同学一样，隔几个星期才回一次家。这一点好处，直到现在她还很感激。每一次回想起芋艿层层的叶子在秋日傍晚的阳光下微微摇曳的情景，她的嘴角就不自觉地流露出一抹笑，就像久驻心中的那抹阳光，在无云的蓝得发白的天上闪耀着七彩光芒。

现在，她说不上是快乐还是感伤，只想伸手抓住那抹芋香。她知道还没煮熟的芋艿的汁液会使人的皮肤出现短暂的过敏反应，但这并不妨碍家人，尤其是小孩子们对它的热情。清晨，吃完早饭，她和妹妹便把刚从土中挖出来的芋艿挪到门前的青石板上洗干净，当白嫩的手触碰到它们那布满小疙瘩的表皮时，总有那么一瞬间会愣一下，仿佛这才想起她们在做什么，于是就加快了速度。偶尔，打路旁经过的邻居也会笑着说：“这芋艿长得挺大的，不错……”清洗过后就开始给它们“宽衣”了。这个重大的任务，灵往往会让妹妹独自完成，因为她的皮肤是极易发生过敏反应的，而妹妹却不会。在这个过程中，水依然是不可缺少的，这时，她能做的只是时而拧开一旁的水龙头让水流盛满一脸盆，时而帮妹妹把快要沾到水的长袖子卷起来，时而呆呆地看着妹妹拿着小刀的白手麻利地削着芋艿厚厚的有些褶子的皮……她还注意到树荫下的妹妹的身影，一棵高大的龙眼树，一旁的青石板。偶尔一块阳光的碎片正巧落到妹妹的头上，她有些懊恼，为什么龙眼树的叶子不能长得更浓密一些？不过，没一会儿，她便转身从屋里拿出一顶草帽盖在了妹妹头上。

“宽衣”也完成得差不多了，米黄色呈长条状或卵石状的芋艿在绿色的洗菜盆里亮出了它们清凉的身姿，这会儿，轮到灵来把它们切成块，准备下锅了。芋艿须切得大块一些才好，因为大块才禁得住慢火几个小时的炖熬，既不容易变形，也能保持原味。黄里透红的芋艿被切成了不规则的块状，足足有一大盆，看来只能用灶台上的大锅煮了。这时，灵拿起瓜瓢，往洗干净的锅里倒水，然后端着一大盆芋艿，先是小心地放几块进去，后来不知是不耐烦了还是怎么的，一股脑儿地全倒了进去，水珠顺着芋艿落水的节奏纷纷蹦跳着跑上了锅盖、灶台，还有灵渗着薄汗的脸……

最后一道工序，当然也是最漫长的等待过程。看着柴火燃起的火舌在忽上忽下地舔着锅底，就像小孩夏天时奋力舔着快要融化的冰激凌，灵的心中充满了期待，期待着这次的大锅煮会给自己带来意想不到的惊喜。厨房的小窗敞开了半边，从里面可以看到邻居家围墙上插着的碎玻璃，傍晚的阳光就在那里洒下，正巧落到灵微微眯着的眼睛里。

芋香在整个小厨房里氤氲着，似乎还可以听到锅里翻腾的热浪在不断地外溢的嗤嗤声。加了几块橙黄的蔗糖后，再盖上锅盖，把火调小一些，使糖融化而不至于让锅底烧焦。这时候，厨房里开始热闹起来了，小孩子们总会在厨房和大厅间的过道里来回跑着、笑着。饭桌上，他们的小碗已准备就绪，齐刷刷地摆好。不久，芋艿出锅了，奶黄色的香气在这个不大的空间里甜丝丝地流动着，那些嘴馋的小家伙也逐渐聚集在它的周围，一边咂嘴，一边等着灵把冒着薄烟的芋艿糠水一勺一勺地盛入碗中……“小心点，有些烫嘴，慢点吃，锅里还有很多呢……”这样“稚嫩”的提醒，似乎已经是很久以前的事了，又似乎是在昨天，刚从嘴边溜走……

灵回过神来，发现那一抹芋香似乎已经慢慢结成了一个种子，如今，在心里的那片陌生而又熟悉的荒原里扎了根。

庄生梦蝶

梦里花开

2012级汉语言文学1班　陈凯盈

现在是2012年三月，距离阿志高考还有一年零一百天。

阿志是一名高二学生，在学校住，除了放长假，很少回家。

在老师眼中，阿志是个问题学生，吸烟打架，逃课旷课，无所不为。在同学眼中，阿志是冷酷孤独的代表，即便同窗三年，也未有人为他驻足停留，真心了解他。似乎从知道阿志开始，他就是没有朋友的怪人，永远留给别人一个孤傲的背影。

可最近，令人诧异的事情发生了。突然从某日起，阿志不再逃课旷课，不再冷酷孤独。他虚心向每位老师、同学请教问题。在长达一周的时间内，阿志竟然没有缺过一次课，简直跟换了个人似的。原本冷面无情的阿志居然也会主动和同学打招呼，会主动和同学们交流种种话题。同学们惊奇地发现，似乎好久都没有看到阿志违反纪律，或跟老师唱反调，或看到阿志与不良的社会人士行走在一起，或是打架酗酒了。

阿志这是怎么了？怎么突然变好了？难道是高考的压力，让误入歧途的阿志迷途知返了？但这仅仅是众人的一个猜测，其中的原因，恐怕只有当事人才知道。虽然大家都百思不得其解，不过，大家更喜欢现在的阿志了。

现在是2032年。

阿志是一名建筑工人，在工地住，除了春节，很少回家。

现在的阿志，在生活重担的折磨下，昔日的张狂傲慢之气早已消失，双目浑浊，永远只有一个呆愣的表情，阿志在生存和生活的双重打击下变得麻木。不管风吹雨打还是烈日当头，阿志永远都穿着一套深蓝色的工作服，推车，装卸砖头水泥，运走工地垃圾。阿志没有毕业证书，不能做一名真正的建筑工人，只能做一些打杂的粗活，还时时面临着失业的窘境。生活重压下的阿志，疲惫不堪，面对父母失望的目光、朋友转身离开的背影、兄弟毫无征兆的背弃……阿志不知道生活为什么会变成现在这个样子。

种种的烦闷和苦恼一浪接着一浪，重重地拍打着阿志的心。无处宣泄的阿志只能借酒消愁，妄图通过酒精麻痹自己，暂时忘记一切苦闷。这是阿志唯一能想到的宣泄内心苦闷的方法，所以阿志每日都会喝醉。只是……

今夜的月，皎洁而明亮，亮得有些诡异。今夜的阿志再一次醉了，昏昏沉沉地走在空无一人的大街上，猛地，一束刺眼的强光出现在昏暗的街道上，一声尖锐的刹车声响起，尚未反应过来的阿志犹如一条完美的抛物线，从路的这一头飞往到路的那一头，长长的刹车痕迹在昏暗的灯光下尤为刺眼，“砰……”一声巨响，灼眼的红色如同一夜盛开的野玫瑰，蔓延大地。阿志的双眼无神地看着皎洁的月光渐渐蒙上淡淡的红色，恍惚间，阿志看到了自己短暂的一生。

阿志看到了还穿着校服的自己，年轻的脸庞上不可一世的表情，阿志不明白自己为什么绷着一张帅气的脸。阿志想，若是笑起来，自己该有多阳光啊。阿志看到了酗酒斗殴、逃课旷课的自己，他不明白自己为什么要这样浪费青春，挥霍宝贵的时光。阿志想，若是认真学习，他可以比很多同学出色吧。阿志看到了辍学后的自己，终日流连在网吧、酒吧，终日跟随着所谓的“大哥”在社会上无所事事地游荡、勒索钱财，阿志不明白自己为什么会自甘堕落。阿志想，若是自己能认真学一门技术，或许接下来的生活会轻松许多。阿志看到了为“大哥”顶替罪名而无辜入狱的自己，每日在四四方方的房子里劳作、休息，阿志不明白自己为什么会遇人不淑。阿志想，若是自己能认清事实，不为所谓的江湖义气逞强，也许可以活得自由一些。阿志还看到了劳碌于工地上的自己，每日重复着繁重单调的工作，阿志不明白自己为什么会屈从于现实。阿志想，若是自己没有前科，也许可以找到一份更好的工作。过往的一幕幕浮现在眼前，阿志甚至还看到了父母因失望转身离去的背影，看到妻子伤心落泪的身影，看到了同学们避而远之的态度。

熟悉而又陌生的画面在空中悬荡飘浮着。阿志终于明白，原来是自己！是自己毁掉了自己！将原本幸福的生活变成苟延残喘地活着！是自己让自己的心这么累!

阿志累了，看了一眼模糊而皎洁的月光后，缓缓地闭上了双眼，心里只有一个声音在回荡：“我后悔了，真的后悔了。”

夜更深了，无垠的天际，皎洁的月光散发出更加柔和明亮的光芒，满地的殷红在月光的映照下，透着一股说不出的诡异。

现在是2013年。

阿志很久都没有这么好的睡眠了，一夜无梦，好似自己睡在一团棉花里，软软的，很舒服。阿志想："我这是到了天堂吗?"睁开双眼，阿志看到的是白白的天花板，环顾四周，一切既陌生又熟悉，阿志忽然想起，这是自己高中时候的房间。阿志懵了："我不是出了车祸吗？怎么会在这个房间里?"阿志看到书桌上放着的日历：2013 年 2 月。阿志不可置信地睁大双眼，怎么回事？"咔"的一声，房门开了，进来一位女子，阿志呆呆地看着这个还未被岁月侵蚀的女子，大脑停止了运转。"好些了吗，阿志，还有哪里不舒服?"女子温柔地问，其间，她用手碰了碰阿智的额头，"嗯，没有发烧了。起来吃些东西吧。"女子的声音再次响起。阿志小声地喊了一句："妈……"生怕眼前的一切是一场梦。女子揉揉阿志的碎发，说："好了，起床了。这么大个人，还撒娇。"说完就走出了房间。阿志看着房门关闭，还未回神："天啊！这是怎么一回事？我是在做梦吗?"他用力地掐自己的大腿，是痛的，这不是梦！这是真的！阿志瞬间被兴奋冲昏了头脑，快速下床穿鞋，走到镜子前，一张年轻的充满朝气的脸出现在镜子中。阿志看着这个年轻的自己，有些不知所措，或许是因为他一时间无法接受这样的现实。

阿志坐在自己的书桌前，看着一摞摞厚厚的书和练习册，慢慢地平复了心情。平静下来的阿志，拿出自己的日记本，缓缓地写下：既然我的脸庞还这么年轻，既然我的身体还这么有活力，那么，是不是就意味着我能够重新来过?

日子一天一天地过去，所有人都发现阿志变了。老师发现阿志不再逃课旷课、打架斗殴，同学们发现阿志不再勾肩搭背、吸烟上网。他们发现，阿志上课变得认真了，作业也按时完成，甚至还能向每一位同学请教问题。父母发现阿志长大了，懂得沟通了，学会分享了，学会了关心父母、关心自己了。父母从心底里觉得"阿志懂事了"。

周围的人重新接纳了阿志，阿志也成功融入其中，他下决心努力改变自己的生活，改变未来的命运。

后来，阿志在自己的某一篇日记中写道：只有我自己知道，重来的机会是多么的不可思议，没有人知道，当我醒来的那一刹那，是多么的幸福，我有一种置之死地而后生的感觉，而且这种感觉是那么强烈。我深深地感悟到"命运就掌握在自己的手中"。现在，趁着一切的糟糕还未萌芽，一切的苦难还未开始，我要努力学习，努力改变自己的命运。我相信，此刻起，等待着我的，将会是光明的未来。

交　易

2012 级汉语言文学 1 班　罗伟琪

深夜两点，旅馆的房间都没有开灯，其中一个房间里只有一点从窗户透进来的零星的光，偶尔的一两声汽笛声夹杂着风吹树叶的飒飒声，在这样的夜晚显得更加诡异。

“笃、笃、笃”的敲门声打破了旅馆的宁静，房门里传来一个粗糙而沙哑的声音：“谁?”

“我。”一个年轻的声音从门外传来。

“你是谁?”

“生意人。”

房门打开了，从里面露出一张带有刀疤的脸，他向四周张望了一下，确定没人后赶紧侧身让年轻人走进去。“没人跟着你吧?”刀疤脸谨慎地问。

“你放心，我很小心。你呢，没有被他们看见吧?”年轻人说完还一脸害怕的样子望着门口，生怕他们在下一刻就闯进门来。刀疤脸听了这句话后“哼”了一声，睨了一眼年轻人，得意地说：“笑话，小子，我干这行都多少个年头了，你以为我是吃白饭的吗?”

年轻人没有再说什么，但是刀疤脸的话明显让他提起来的心略放下了。他在床沿上坐下来，跷着二郎腿，从上衣口袋里掏出一根烟点着，那星星点点的火光映衬出他不安的情绪。“怎么，不开灯?”年轻人疑惑地问。刀疤脸不以为然地说：“没开，怕引起他们的注意。”年轻人明了地点点头，重重地吐出一个烟圈后，又问：“货都带来了吗?”

“早就在了，就等你来付款。”刀疤脸一边说一边倒在房间里唯一一张沙发椅上，脸上的神情是那么自在。

“你知道的，按你们这行的规矩，我要先验货。”年轻人回道。

“也行，”刀疤脸弯下腰伸手往沙发底一摸，拿出来一把枪，嘟哝了句：“错了。”借着月光，年轻人也看见了手枪，他愣了一下，很快便反应过来，惊慌地说：“你想干什么?”

“误会误会，年轻人，这是我的防身物，不是拿来对付你的，”刀疤脸说着把手枪插入腰间，“我信得过你，这枪只是拿来对付他们的。”说完又将手探进沙发底。

“他们……你一个人，对付得了他们吗？”年轻人吐着烟圈，似不经意地问。

“怎么不行？”刀疤脸一脸的愤怒，“老子当年就毙了一个，想抓老子，没门！”刀疤脸突然笑起来，为自己的风光史狠狠地骄傲了一把。

“哦，是这样。”年轻人似乎对这个话题并不感兴趣。

“当年那个‘叛徒’居然带上警察来抓我，哼！”刀疤脸像是在说着什么笑话似的，竟自己一个人笑了起来，“最后还不是让老子给逃了出来。”

“噢，叛徒，叛徒……”年轻人喃喃自语。

刀疤脸似乎没有听见年轻人的话，一副不高兴的样子，似乎还在诅咒着那位“背叛”他的客人。刀疤脸想了想，突然转过头来惊慌失措地问：“对了，你是新客户，是怎么找到我的？”或许是重提背叛者的事让他谨慎了起来。

“朋友介绍，”年轻人回答完后催促道，“好了没有？我急着要。”说着便不耐烦地掐熄了烟。

“好了，”刀疤脸捧着一个箱子走向年轻人，“你验验吧，”说着就把货小心翼翼地放在了床上，同时递给他一张纯白色的纸片，“以后要买货尽管找我。”

年轻人接过名片瞄了一眼便随手放进上衣左边的口袋里，然后打开箱子，拿出一小包货，用手指蘸了一点放进口里，过了一会儿满意地说：“没错。”

“那你的钱呢？”

“钱，哦，对了，钱，我这就给你。”年轻人说完转过身来背对着刀疤脸，貌似不经意地抬起左手，借着月光，扫了一眼手表。

“你到底有没有带钱？别耽误老子的时间。”刀疤脸不喜欢这个年轻人的拖拖拉拉，这情况总感觉似曾相识。

“当然有，我是有诚意要跟你买货的。”年轻人也着急地解释，像是怕被刀疤脸赶走一般。

“笃笃笃”，突然响起的敲门声吓着了房间里的两个人。“你赶紧把货藏回去，我去看看怎么回事。”年轻人说完抬脚便往门口方向迈，刀疤脸也不自觉地听从了年轻人的话，捧起货便跑向沙发。

年轻人开了一条缝，露出一双眼睛，生怕外来者会闯进来似的，慌张地问："谁?"

过了一会儿，年轻人又走回床边，早已藏好货物的刀疤脸此时在床上坐着，问："谁?"

"是喝醉酒的房客，走错房了，我已经打发他离开了。"年轻人神色淡定地说。

"那我们赶紧进行交易吧，免得夜长梦多。"

"不急，厕所在哪里？我想先上趟厕所。"

"真麻烦，"刀疤脸低吼着，"在沙发那边。"

年轻人向沙发那边移动着，忽然"砰"的一声，刀疤脸被年轻人撞倒在地。年轻人赶紧站起身来，同时脚下踩到了个东西，他随后用力一踢，把那个东西送进了床底。刀疤脸愤怒了："搞什么鬼，真倒霉。"

"不好意思，这不是没开灯嘛，太黑了，看不见。"年轻人赶紧赔礼道歉，"唉，这趟厕所不上了，我们赶紧交易吧。"

正当年轻人准备掏钱的时候，门被撞开了，涌进来几个人，向着他们的方向奔过去。

"举起手来，"涌进来的几个人把房间里的两个人包围了，刀疤脸转着那双狡黠的眼珠子，右手从背面偷偷地探向腰间，忽然，他惊呆了，枪呢？趁着刀疤脸惊疑的时候，来人扑上去抓住了刀疤脸的双手。就这样，他们带着两名正在交易的男子、货物以及床底下的那把枪离开了房间，月光洒在刀疤脸手上那副闪亮的手铐上……

早上八点，太阳升起来了，阳光洒满大地。监狱大门被打开，一个年轻人走出来，他似乎还不适应这能射进心灵的温暖的光线。监狱门口站着一个面带笑容的警察，他向年轻人伸出了手，年轻人咧咧嘴迎上去。

"小李，肯冒险去当诱饵，真是辛苦你了。"警察激动地说。

"别客气！我该谢谢你们抓住了他，为我完成了一个心愿。"年轻人笑了笑，"我还有事，就先离开了。"警察目送着年轻人走远："这场交易真是成功。"

烈士墓园里，年轻人站在一个墓碑前，看着墓碑照片中那熟悉的笑容，年轻人露出了笑意，"爸，安息吧，我已经替你完成了你没执行好的任务，为你报仇了"。说完，年轻人分别从上衣左右两边的口袋里拿出一张纯白色的纸和一张泛黄的纸，掏出打火机点燃，让它们在地上烧成灰烬，随后便离开了墓园……

莫知我哀

2012 级汉语言文学 1 班　吕　博

昔我往矣，杨柳依依。今我来思，雨雪霏霏。行道迟迟，载渴载饥。我心伤悲，莫知我哀！

——《小雅·采薇》

人群拥簇，那是别离时的温存。匈奴屡屡南下，侵扰大周，战事吃紧，周王檄文早下，今天便是村内男儿出征之日。古来征战几人回？征人妻儿，此刻皆赶来送别。出乎意料的是，送别时并没有过多的儿女缠绵，反而慷慨激昂。登将拜侯，征夫们豪情万丈，送别的妻儿同样隐隐期待。此刻正当立功时！

当然，包括我。

我也是征夫中的一员。我的妻子没有来送我，她已怀有九个月的身孕，即将临盆，行动不便。而且，母亲也不让妻子来送别，她自己也没有来。不过，我却记得我和妻子一同在庭院中栽下的薇苗，我们约定，薇苗成熟时便是我功成归来之际。

哒哒哒哒……

马蹄声响起，卷起一路风尘。我知道，时候到了。果然，在官兵的督促下，送别的人们陆续离开。这个时候，一两声啼哭入耳。不由地，我回过头，在簇拥的人群中四处寻觅。

母亲！

我看到年迈的母亲，拄着拐杖，在不起眼的老柳树下远远凝望着我。我心头一颤，正要叫出声音，立马又咽回了肚子里。母亲看着我，双目却出奇地空洞，仿佛带着岁月的沧桑。我突然想起，在母亲新婚次日，父亲也和我一样，成了奔赴边塞的战士。

妻子在家里还好吧？出生的孩子，不知是男是女？我没有多想，因为，我是战士，我要斩尽匈奴贼，在沙场上封侯拜相！不仅是我，所有的征夫都是如此！

“岂曰无衣？与子同袍。王于兴师，修我戈矛。与子同仇！”

“岂曰无衣？与子同泽。王于兴师，修我矛戟。与子偕作。”

战争已持续三月。军营中。

朔风凛冽，军旗猎猎，塞外月光分外皎洁，披着战甲的守夜军士还在来回逡巡。三月前，我们这支王师摧枯拉朽，屡屡获胜！可是，现在，军营中却笼罩着浓浓的悲痛与哀愁。感受着这压抑的气氛，我彻夜无眠。

“也不知秦将军生死如何？”

我喃喃自语。三月前，我们村庄的征夫收归秦将军麾下，随着秦将军征战匈奴。秦将军不愧是我大周猛将，我们在他的带领下势如破竹，屡屡重创匈奴，胜利已指日可待。想到这里，我顿时热血沸腾。大周是论军功行赏的，跟随秦将军，我们似乎看到了不久后的衣锦还乡！

可是，半月前，秦将军却消失了，换了一位萧将军。跟着这位萧将军征战，我们接连遭受两次大败，我的许多战友就此倒下，包括当初和我一起出来的同乡战友。我尤其记得王二狗，昨晚，他还激动地和我说：“我一定能活着回去。因为跟随秦将军立下的军功，已经够我衣锦还乡！”

可是，今晚我身旁的位置却空了。二狗不可能回来了，不能回来的还有我许许多多的同胞。

秦将军哪里去了？为什么战功赫赫的秦将军会突然消失？后来，军中有很多流言。有人说，秦将军是被调遣到了另一战线；有人说，秦将军串通匈奴造反，被周王处决；也有人说，秦将军遭到萧将军父亲陷害，萧将军其实是周王室的外戚……

“呜呜——”

低沉的号角声响起，原来是点兵时间到了。我步出军营，乘着月色开始了演练，两天后，我们将又有一次大战！

“呜呜……”

隐隐有妇人啼哭之声传入耳中，我双目不由黯淡。据说，那妇人是前来寻找丈夫的，可是军中根本就无此人，或者是曾经有过？于是，这妇人便被搁置在一处破烂的军营中。我不知，一介妇人是如何跋山涉水，跨过漠漠黄沙，孤守这苦寒之地的。我也不知，我远在故乡的妻子可好，孩子也出生了吧，那薇苗也应该成熟了。

月光洒落，清清浅浅，渲染着生命的悲哀。

又一年。

大雪纷飞的山道，我踽踽独行，这是回故乡的路。战事在两个月前就已结束，以重大的伤亡换来了最后的胜利，我最后一位同乡战友也在决战中死去。他曾经对我说，“我们无论谁活下来了，都要用自己的军功去抚养对方的家中老幼”。可惜，到现在，我都不知道我所立下的军功究竟去了哪里。

我包袱中的干粮，是我唯一得到的“军功”。当年，我们征夫雄赳赳赴战，如今只剩下我孤身返乡。

耳畔突然回荡起二狗高声的吟唱，我不由得狂笑了起来，在漫天的风雪中癫狂地笑。封侯拜相？报国与权力？个人与国难？天地一片白茫茫，我突然感到无比迷茫，无比可笑。

我累了。我坐在一棵柳树下，冰雪将柳树覆盖着。

柳树……朦胧中，我似乎看到当年拄着拐杖的母亲，在老柳树下凝望。这一刻，我终于明白了母亲那空洞的眼神。

年迈的母亲、素未谋面的父亲、守家的妻子、长大的幼子……

我回头看了一眼雪地上的脚印，蜿蜒曲折。我知道，我不是最早走上这条路的征夫，也绝不会是最后一个。

玉　米

2012 级汉语言文学 1 班　张少丽

玉米和我似乎在上班第一天就已经交上朋友了。

当我穿着不合身的大码促销服出现在超市里时，作为收银员的玉米站在收银台眼睛直勾勾地盯着我看了好一会儿，那上下打量的眼光把一向自信的我看得浑身不自在。玉米忽然大笑起来，指着我对旁边的另一位收银员说："你看她的衣服好好笑，那么大件，那布料看起来又硬邦邦的，穿着就像一个机器人啊!"说完，迅速地用手遮住嘴巴，仿佛意识到了自己的失礼。玉米大概没想到我并没生气，只是微笑又无奈地耸耸肩说："没办法呀，上班第一天，业务员规定必须得穿这套，码数又没有合适的，明天换一件就好了。"相对于我的淡定，玉米似乎显得更不好意思了。

没想到到了休息时间，玉米竟跑过来找我搭话。她用那口流利而且有点古味的普通话介绍自己："今天早上不好意思哈，我叫玉米，是这里的收银员……"

玉米，一个 17 岁的女孩，比我还小两岁。我也不知道玉米的本名是什么，只听别人都叫她玉米，玉米告诉我叫这名字并不是因为她是李宇春的粉丝，只因她的名字里有一个"玉"字。在这个年头，朋友之间总爱这样给对方取乱七八糟的花名。可是，看着看着，我居然觉得玉米长得很像一个玉米。她长相普通，不高，一米五多一点，比我矮了大半个头。微胖，整个身材看起来有点儿浮肿。当然，这想法我只放在了心里，没敢直接说出来。玉米话倒很多，笑的时候老是喜欢掩着嘴。

我俩后来热络了起来，因为上班时站的位置相近，超市没客人时，玉米经常跑来和我聊天。后来大家再熟一些了，便聊起了彼此的家事。玉米告诉我"自己的 17 年人生就像看到鬼一样倒霉"。

玉米才初三毕业不久，是自己偷偷跑出来打工的，她总换着地方工作，因为怕被父母找到带回家去。她告诉我她恨死那个家了，她是被父母打大的，也不知道有多少个夜晚是带着泪水睡着的，可第二天起来，照样还得帮忙干农活，给家里所有人煮完早饭后才能去上学。不然，她还得挨打。她不明白为什么家里的妹妹们干的总是轻活，重活就她一个人干；也不明白为什么同样是自己的孩子，父母却那么狠心地打她。再后来她长大了一点，叛逆心理也更重了，经常会在干活时故意捣乱。再被打时就学会了还手，但这样的下场往往是被打得更厉害。而她再被打时，也不会像小时候一样躲在被子里偷偷哭了。她只是盼望着自己能快点儿长大，快点儿逃离这个家。即使去当乞丐去流浪，至少也不用这样天天挨打。

那是一个冬天的午后，屋子里弥漫着卤汁的香气，玉米家来客人了。是玉米的二姑姑，据说嫁了个深圳人后就“飞上枝头变凤凰”了，日子过得可滋润了，逢年过节就回来这穷得叮当响的乡村看望父母，顺道“炫炫富”。小小的屋子里挤满了来看热闹的左邻右舍，叽叽喳喳吵得不行。不知道是谁说了句“这小玉长得倒是越来越像美满（二姑姑的名字）了啊”，原本沸腾的屋子瞬间陷入一片死寂，所有的人似乎都僵立不动了。窗外下起了雨，打在麦子上的雨滴声此起彼伏，但好像没人回应。角落里的玉米一脸茫然无辜，直到妈妈的叫骂声响起：“你这‘衰仔’就不懂跑出去收麦子吗？养你来干吗的……”

再后来，玉米隐隐约约看到二姑姑把红包塞到了村里左邻右舍的手中，还一脸神情紧张地在他们耳边嘀咕着什么。二姑姑在第二天就急急忙忙连夜搭车回深圳去了，带着一脸仿佛在这多待一会便会惹上瘟疫的惶恐。从那以后，二姑姑逢年过节依旧会回来，但逗留时间却比往年短得多，而村里，也再没有人说起“小玉长得越来越像美满”这类话语了。

那天的阳光灿烂、温暖，天空和远处的海都蓝得发亮。

“可怜小玉那孩子，一生下来就被美满抛弃，幸亏有美满大哥好心收养着。”

“可我看美满大哥一家也不是什么好人，每次小玉不听话就使劲打她，也不心疼一下。”

“始终不是自己亲生的嘛，但小玉那孩子也是自己不听话，脾气倔得很，平时说话、干活看着就让人来气，总是一意孤行，这点实在像足了美满。”

“就是呀，当年美满未婚先孕，生下小玉。小玉不足一岁，又不知道去哪里搞来了个深圳人，也不敢告诉人家自己已经是一个小孩的妈了，后来居然就狠心丢下小玉跟人家跑去深圳。现在回来也从来不过问小玉一声，怎么就像没生过这个女儿一样，做娘的怎么可以像她这么狠心啊？”

“哎，听说她嫁的是个有钱的读书人，她哪敢告诉人家自己有过一个女儿啊，人家肯定嫌弃她都来不及，哪还肯娶她啊？恐怕她这个老公到现在还被蒙在鼓里。

“嘘，好啦好啦，别说那么多，被人听见了多不好。毕竟美满那时还塞了个红包让咱们以后谁都不许提这事的呢。”

“是呀是呀，不说了不说了，只是苦了小玉那孩子呀……”

他们或许并不知道，当时玉米躲在篱笆后面完完整整地听完了这段话，回家后，她对着镜子仔仔细细地把自己看了个遍，越发地觉得自己与二姑姑长得像。大概因为从小就不被父母喜爱，玉米对自己不是父母的亲生女这一事实倒也不觉得伤心。只是，在往后见到二姑姑时，玉米眼中总是藏着一股深深的怨恨，那眼神让人见了就觉得寒心。

上了初中后，父母就很少打玉米了。玉米做了什么惹人生气的事，大多也只是骂骂而已，可这丝毫没有让玉米生出对父母的喜爱之感。初三毕业后，她因父母不让她继续上学而一气之下自己跑了出来。最初，她是到东莞做厂工，父母也不知道怎么打听到她的下落的，一路追过去，吓得玉米马上收拾包袱连工资都没要就走了。她告诉我，她父母来厂里找她时，她正躲在大门后面。那是她第一次看到父母如此紧张地向旁人询问她的下落，她也清楚地看到在保安说了那句“她不在这里做，已经走了”时父母脸上落寞的表情。那一瞬间，她觉得心里好像有什么东西被触碰了，暖暖的。那一刻，她几乎都想冲出来跟他们回家去。可是，转念一想，便又觉得自己这样跑出来回去后肯定要被打个半死，还要每天干那么多农活，干不好就天天挨骂。于是，玉米心一狠，带着几件衣服又跑到了别的城市。

最后兜兜转转来了这间超市，又过了大约一周，那天我见她没来上班。第二天一问，才知道原来她去街角那间小诊所看医生了。她说最近身体浮肿得越发厉害了，而且上班站久了就浑身无力酸疼，总是很想吐，可又吐不出来，实在痛苦。那医生嫌她年龄小，身上又没多少钱，就开了几剂药打发她走，叫她尽早回家让爸妈带去大医院看。我听了便赶紧劝她辞职回家去，告诉她即使不是亲生父母，也肯定不会这样眼看着她不理的。她在一旁没出声，许久，我听到了抽泣声。“其实我很害怕，我怕我得了什么怪病就这样死去，这两天我时常想起上次父母去找我时的背影和神情，我很想回家去。”此时，我看到了完全卸下面具的玉米，其实在她心里最深处，对父母还是有爱的。“那赶紧辞职回家吧。”“店长不给辞，他说得等找到新员工再批准，我两个月的工资都被扣了。”早听说这店长是出了名的老狐狸，对待员工特别苛刻，若不是迫不得已，没有人会愿意来这里工作。接下来的几天，我看着一天天浮肿憔悴的玉米越发无精打采，但又无能为力。

又过了一周，那天我去上班，习惯性地望向收银台，却没有见到玉米那熟悉的身影。一起工作的员工告诉我，今早玉米收钱时和一位顾客起了争执，还被那顾客掴了一巴掌。而一向要强的玉米自然也不认输，伸手回掴了那顾客一巴掌，之后便摘下身上的工作牌往桌面使劲一扔，丢下一句“老娘不干了”便潇洒转身离去。

后来，我只知道玉米似乎顺利辞职并且把两个月的工资一分不差地拿回了。我一直好奇小小年纪的玉米是用什么法子让店长这老狐狸屈服的，心里更是暗自为她鼓掌。再后来，从员工们八卦的嘴里得知，玉米身体浮肿其实不是因为得了什么病，而是怀孕了。而那天回宿舍后，玉米是拿着水果刀以死相逼让店长放她走的，据说刀已经割到肉里，都可以见到血丝了。

玉米后来怎样我不知道，但我宁愿相信，她安全顺利地把孩子生了下来，并且还成了一位好妈妈。我知道，她妈妈欠她的那部分，她一定会加倍还给自己的孩子。

拥抱星星的女孩

2012级汉语言文学6班　邓艳清

有一个小女孩，她从小就很喜欢星星。

记得那是一个不太寻常的夜晚，蟋蟀们和纺织娘们都在偷偷地唱歌，它们害怕发出声响从而打扰到人们努力“虚构”出来的所谓“美好的梦”。

小河发出低沉的流水声，边上坐着一个穿着红裙子的小女孩，她面无表情地听着流水和风吹的杂乱声音。

宁静得令人不安的夜空中点缀着几颗小星星，它们与这萧瑟的景色格格不入，它们是如此充满活力，它们向小女孩调皮地吐着舌头。

扎着两条小辫子的她，抬起小脑袋，伸出稚嫩的小手，第一次想要拥抱这些让她感觉温暖的星星。

她觉得这些星星闪着微弱的光芒，在这个冰冷的时空更显得温馨可人，就连人间璀璨的灯火也无法与之媲美，更重要的是，星星虽然不会说话，却愿意静静地守护着小女孩，一直陪伴着她。

于是，她原本流着泪水的眼眸顿时与这些星星定格在这一刻。

这一年，小女孩五岁。

也是这一年，小女孩变成了孤儿。

转眼间，小女孩长大了。现在的她已经蜕去了童年时的稚嫩与无知，变得成熟稳重了。

当初的两条小辫子已经消失不见，当初的小红裙子也已经褪色，当初的蟋蟀们和纺织娘们也销声匿迹了……后来，很多的事情都逐渐随时间的流逝而消失殆尽了，唯一不变的是——女孩仍然喜欢星星。

每个晚上，若非下雨天，女孩下班后回在公寓的路上，都必然会抬头看看夜空中的星星。

那是她精神的寄托，灵魂的依附点啊。

每次结束繁忙工作，拖着疲惫身躯回去时抬头映入眼帘的是它们，每次用泪水来浇熄心中的委屈时眼中闪烁的都是它们的光芒，每次在节日团圆时陪伴在自己身边的也是它们。啊，它们就像自己的亲人，总是不离不弃地守护着自己，陪伴着自己一路走下去，至少，她不是一个人。

有这些星星陪伴着自己，就足够了，不是吗?

命运之轮仍旧在向前运转，沙漏里的沙子还是在一粒一粒地向下流淌，女孩的日子过得很平静，仿佛万事万物都在悄悄地生长和消逝，不着痕迹。

一个男孩打破了女孩生活的宁静，仿佛这一切才是命运之神早有预谋的恶作剧。

男孩是女孩公司新来的同事，乐观开朗，喜欢阳光，是个外向的人。女孩在接待男孩的时候，两人不经意的对望，使女孩的心怦然一动。在接下来繁忙又紧凑的日子里，两人只是点头之交，聊不上一句话。

日子就这样悄悄地在人们习以为常的点头、转眼离开的步调中溜走，谁也不曾记得谁。

终于，命运之神对他们开起了玩笑，帷幕由此揭开了……

下班时间到了，男孩第一次走到女孩身边，这是女孩第一次单独地跟男孩相处以及交谈。

“你喜欢阳光吗?我很喜欢阳光，因为我就是在阳光底下出生的，尤其喜欢这种充满温度的东西。你呢?”男孩绽开了大大的笑容，露出白白的牙齿，给人感觉很温暖，没错，温暖得就像阳光一样。

“不，我不喜欢，我只喜欢夜晚。”女孩稍作冷静，不露一丝痕迹地答道，其实自己内心早已控制不住地小鹿乱撞。

“那你能告诉我原因吗?”男孩感到疑惑，但还是不好意思地问下去。

“没什么，因为星星在夜晚出现。”女孩说完就先离开了公司。其实女孩怕男孩问下去，自己会忍不住回想起那天的事，于是选择不说。

空荡荡的办公室里整齐地排列着桌子，甚至能听到饮水机发出的“滴答”声，男孩的心绪飘落在落地玻璃窗的外面，目光散乱。

就这样，时间又慢慢地流走了，一个夏天走了，又一个夏天到了，四季还是一如既往地、友好地更替。人们还是做着跟去年一样的事，见一样的人，说一样的话，生活还是这样来去交替。

今天和自己五岁那天一样，是个很不寻常的日子。

男孩今天要离开公司去国外发展了。女孩唯有在心底默默地祝福他。此时，男孩一定不知道女孩多么想跟他一起去国外。

可是，她凭什么呢?

男孩收拾好东西准备走时，眼光不由自主落在了女孩身上，可惜的是女孩正低着头，没感觉到他炽热的目光。

下班了，女孩傻傻地走回家，低着头，眼中尽是模糊的事物，她看不清前方的东西，就连穿过马路时行人身躯碰撞到她瘦弱的身子的疼痛都感觉不到。

忽然，前方一辆车子发疯似的向女孩驶来，女孩压根没有反应过来，就被一个身影推到了一边，“吱”的刺耳声划破了天空的宁静。

等女孩反应过来时，映入眼帘的便是：男孩倒在了血泊之中！

阳光下血红得如此光亮，像白雪上盛开的红玫瑰，那般邪恶而诡异，透着一丝丝的悲凉。

男孩在分别那一刻看见了若有所失的女孩，他放心不下，便一路跟在这个傻丫头的身后，他决定放弃出国的机会。看到女孩面前快速驶来的车子，他想都没想就向女孩扑去，推开了女孩，自己却不幸被车撞了。

男孩就这样眼睁睁地与天空对视，无力地躺在了路上，用尽全身的力量才隐约看见旁边最想守护的人——她——平安无事，那就够了。

他绽开了一个灿烂的笑容，露出白白的牙齿。

“别难过，我知道你喜欢星星，以后我会变成它们，你想我的时候可以伸手来拥抱我，我陪伴你，永远……永远……”男孩最后的话以及脸上的笑永久地留在了女孩心中。

满脸泪水的女孩紧紧地抱着男孩，透明的液体与血红的液体混在一起。天空一片通红。

定格了，时间的沙漏在此时停止了流动，命运之神也好像停止了自己的作弄。周围安静得令人恐惧，就像在深夜里被黑暗包围，窒息般的沉重。

这一年，冬天又不知疲倦地悄悄来临，人们还是做着相同的事，见相同的人，万事万物又在这个浩瀚无边的宇宙中，顺从命运之轮的转动而有条不紊地运转着，谁也抵抗不了时间的流逝。

唯一没变的是，女孩仍然喜欢着星星。

宁静得令人不安的夜空里点缀着几颗小星星，它们与这萧瑟的景色格格不入，它们如此充满活力，如此可爱，一如既往地向女孩调皮地吐着舌头。

愈发成熟的她，抬起脑袋，伸出双手，再一次想要拥抱这些让她感觉温暖的星星，那里有个值得她拥抱的人，他就是她的星星，一直陪伴着她，直到生命最后。

这一年，她已年迈，记不清许多人和事了。

这一年，白发苍苍的她，仍然像当初那个小女孩一样，仰望夜空，拥抱着她的老朋友——星星，拥抱着那个变成星星的他。

态　度

2013级广播电视学1班　潘　洁

“老马！你怎么又把这些货堆到路边，我这车都过不去了，我还赶着开早会呢。”

“李经理，忍忍吧，也不是一天两天的事了。”

“老赵，我这，今天还有早会呢，都要迟到了，哎！”

说话的两人和他们口中的老马一同住在惠仁小区，其中一个是小银行的李经理，另一个是开了一间小公司的赵总，而老马，是一名最近还算“勤劳”的货车司机。

“李经理，赵总，你们也晓得，我那婆娘有了，我这不是为了孩子的尿布奶粉钱才接那么多的活嘛。”老马摊摊手，不紧不慢地开始把堆在路边的货物搬上货车。

“这条路本来就窄，你看你的货都把道儿占一半了！”李经理生气地再次说道。

“这卸货装货嘛，肯定是要占点道儿的。”老马满不在乎。

“你这货要是摆好点儿，我们的车也不至于过不去！”

“我这人就这样，爱咋咋的！”老马不耐烦道。

“你！”李经理怒发冲冠，一旁的赵总急忙劝解道：“别气了，老马这人就这样，咱还是绕道吧，再说下去，你早会都改晚会了。”一会儿，两人便开车绕道离去。

“早该这样嘛，切！”老马撩了撩袖子，继续气定神闲地搬着货物。

一眨眼的时间，已临近中午，天气炎热得仿佛要将人烤熟。

“铃铃铃——”口袋里突然传来电话铃声。老马放下货物，喘了口气，摁下接听键：“喂，老婆，啥事？我干活呢。”

“老公，家里的灯管烧了，你去买个新的回来。”

“好嘞，老婆，等着啊！”

挂掉电话，老马擦了擦满头的大汗，“这鬼天气啊，热死人了”。说完，也不理会这堆摆在路边的乱七八糟的货物就抬腿要走。

“哎，老马，你这货，就这么放了，多碍事儿啊！”同小区的张奶奶看着不满地说道。

“您这不还能走过去嘛，管它咋放的，货没丢就好，再说了，我这货又重又大，也没哪个吃饱了没事干的偷我这货。”说着笑着转身离开。

“哎，你……这老马，还知道他的货又重又大，这要是发生点儿啥事，车可真过不去啊！”背后，张奶奶无奈地叹息，随后离去。

老马走进五金店，抬头一看，又看见那“高高在上”的液晶电视上播放着那恼人的广告。“为了您和他人的安全，请不要将货物或其他物件置放路边阻碍交通，以便发生火灾或其他事故时车辆可以顺利通行。”

切，咋的了，这路是公共的，就是大家的，我占点儿地放点东西，也不碍事啊，这广告，看了就让人烦！

老马随手拿了一个灯管，付了钱，再不看一眼那电视，走出店门，往小区走去。

老马正走着，忽然见路上聚着一大群人。“哎，老兄，啥事啊，这么多人？”老马向路过的一人问道。

“我也不知道，好像有个小区着火了，可是通往小区路上的消防车和救护车还堵在小区外呢！”

“咋的了？消防车还和救护车撞了不成？”老马忽地有些乐。

“说啥呢，当然不是，好像是往小区那路上被一货车和一堆货挡住了，现在正在紧急搬货呢，哎，你说，是哪个没公德心的，我看着时间，估计消防车赶去，人也活不成了！”那人生气道。

“瞧把你给急的，嗨，这啥时能完啊，我正赶回家吃饭呢。”

“谁知道呢，你说，这惠仁小区的居民也忒倒霉了点，这火大的，这次，死的人肯定不少，哎。”

听着那人说到熟悉的小区，老马看戏的笑脸顿时僵住，脸色苍白，大热的天却冷得发抖，浑身上下都冒着冷汗。

“老婆！”

堕天使·路西法

2013级汉语言文学2班　曾　鸣

她缓缓地走着，可能不是一个梦境，却胜似一个梦境。这里到处是片片白雪，成团成簇，辨不清方向，但她的视线却异常清晰。没有建筑，没有景观，只有成片成片的白。她只得任凭自己的脚步，战战兢兢地向着自己认为的正前方慢慢走去……一阵风吹过，带来浓重的凉意，她抱紧了伤痕累累的两臂。是啊，她，只有自己能给自己些许温暖。过去的某些时候她经常这样问自己：让自己依靠、给自己温度的人什么时候才能到来，并且永远留在自己的身边？

不知道她如此徒劳地寻找了多久，忽然眼前隐隐出现了一条金色的线，闪闪发光，仿佛很遥远。她没有多想，毫不犹豫地加快脚步朝着那条金线靠近。但越是靠近，越是有种心跳加速的感觉，像是感受到了强大的排斥力，使她不敢逾越。接着，金线慢慢变得明显，并渐渐变得刺眼，她停下了脚步，用微颤的手挡住了眼，目光却无法从那夺目的光线上挪开。她觉得自己的心已经快要跳出来了，额前的汗已经流到了耳际。

猛然一声巨响，她惊叫一声跌坐在地，仰头望着那不可思议的一幕。从金线当中闯出了一对庞大的羽翼，凌空而立，霎时眼前漫天飘洒着轻柔而洁白的羽毛，圣洁却绚烂，宛若生生不息开放着的白兰花。过了一会儿，金光消失，取而代之的是令人迷醉的柔和光芒。她一时间忘记了自己的目的，只是呆呆地瞪着眼睛。伴随着纷繁而下的羽毛，这双巨大羽翼下的轮廓慢慢变得清晰，待光芒渐退，她才看清是一位白衣男子稳稳地落到了地面。

她张了张嘴，但是没能发出声音。男子银色睫毛下的双眸微张，她瞥见了他金色的美丽的瞳，被惊到不能呼吸。

男子拍打着双翼，强劲的风将漫天的羽毛搅得好像四处逃窜一般。他的面容，他的眼神，与其说是俊朗温柔，不如说是凌厉逼人。想到这里，她又倒退了一步，打了一个寒战。

“你，叫什么名字？为什么在这里？”男子双唇微启，声音雄浑，响彻这整个不明的空间。

“我……叫尤菲，我……也不知道这是哪里，不知道为什么自己会在这个地方。”

“你，是人类？这里是圣地，你是怎么进来的？”

“我……不知道。”

男子终于把目光全都投注于尤菲身上，瞥见了她全身破烂的衣服和狼狈的神态，眼神里似乎流露出一种融合着讶异与怜惜的神情，“你，既然回不去了，就跟我来吧”。

尤菲怯生生地看了他一眼。“我能知道你是谁吗？”

男子笑了一下，“我是炽天使，路西法”。

尤菲再一次瞪大了眼睛，炽天使？神周围的六翼天使之首？她凝视着他的侧脸，天使吗？是那种遥不可及的大天使吗？为什么我会……

路西法抬起了右手，周围那一团团不可思议的白就在瞬间消失了。尤菲跟在他的身后，在一条大教堂长廊一般的直道上行走。最后他带她进入了一个燃烧着炉火的房间，在壁炉前坐下来。路西法的一对羽翼在背后竖起，如同一尊美好的雕像。

“呐，其实……我不是很想回去。”尤菲盯着跳跃的火苗，过了很久，喃喃道。

“为什么？”路西法露出了困惑的表情，随即金色的瞳孔闪烁了两下，“你，身上的伤，是怎么回事？”

尤菲垂下眼帘。“你是天使吧？你觉得，人类是善良的吗？”透过她的睫毛似乎看到什么在莹莹闪动。

路西法皱起了眉，“神说人类是善良而羸弱的，神要求我们保护你们”。

尤菲突然“扑哧”一声笑了出来，“炽天使的头脑倒是很简单嘛！人类才不是那么容易被描述的动物呢，比如我，可能我就不善良，我会憎恶，会痛恨，甚至有的时候想要杀掉那些人”。

路西法猛然低下头来认真地盯着她此时的表情，尤菲瘦削而苍白的脸庞微微有一些扭曲，更多的，是悲伤。这个女孩，或许曾经发生过什么，看着她的身影被掩映在重重火星的碎屑之下，紧紧地团抱着自己，瑟缩在一个角落，明明是稚嫩的颜，却挂着如此寂寥的表情，路西法的心就痛苦地揪成了一团。

路西法伸出一根食指，点在了尤菲的眉心。尤菲讶异地抬起头，本想看看路西法此时的表情，结果看见的却是自己的脸在路西法金色瞳孔中的投影。尤菲忽然微笑了，她相信此时的路西法也是微笑着的。在她笑起来的同时，与路西法带着温度的食指接触的那一小块皮肤突然燃起了一小簇红色的火苗，暖融融的。

“这叫，希望之火。”路西法扬起嘴角，对尤菲说。

“尤菲，我是炽天使，回去你的世界，我会看着你，一直。”

路西法只是希望尤菲能够在她的世界里好好生活，他的心对他说，他应该相信尤菲的世界，神说，“人类是美好的，是他创造出来的得意之作”。

尤菲看着路西法，没有言语，但是点了点头。因为路西法，她愿再相信世界一次。

但是，不论路西法还是尤菲，都没有想到，他们错了。

尤菲回到了人世间，带着路西法给的那份温暖，充满希望地重新踏上人间的土地。尤菲是孤儿，没有地方可以去，她回到了自己走进天堂之前的那个村落。然而当时村落里灾荒横行，人心惶惶。于是，村子里唯一无依无靠的尤菲没有悬念地成了祭品。尤菲被绑在华丽的高台上，用一把火，简简单单地燃尽了生命，最后化作一缕灰色的尘土，轻轻地飘落。

在尤菲逐渐消逝的整个过程里，路西法就在他们相遇的地方，眼睁睁地看着。他看见了她是如何奋力挣扎却无能为力，他听见了她如何哭喊到喉咙嘶哑却无人理会，他感受到了她无尽的哀怨与悲凉，他甚至可以体会到她的愤怒，使她血脉偾张的愤怒，她睁着一双血红的眼大声地诅咒着世界。但他不能为她做任何事情。他瘫坐在壁炉前，咬着已经破掉的下唇，浑身颤抖，无声地哭泣，“我错了，尤菲，对不起，尤菲……”

快要熄灭的壁炉发出的昏暗的火光映在了路西法美丽的双翼上，也映在了翼下的一摊银灰色的血液上。墙上的两颗巨大的钉子束缚住了他，即便他那么想要挣脱，一次次拉扯着那双翅膀，全然不顾那种撕心裂肺的剧痛。

路西法猛地仰起头，两滴泪顺着脸颊滑落，他再一次想起了村民们祭天仪式之前天堂发生的那件事。

路西法攥紧双拳，站在神座前，“神，我恳请您阻止祭天”。

神看着路西法，浅灰色的瞳孔动也不动一下，“灾荒祭神，这是法则，路西法，这是我们神应该得到的东西”。

路西法感觉喉咙一紧。“神，您说过人类是善良的，怎么可以毫无道理地杀死一个女孩?”

神说：“人的善良，建立在安乐生活的基础上。何况祭神，选的都是孤儿，孤儿不会使人尝到失去亲人之痛，这就是人类的福音。”

路西法身体里面的血液开始不断沸腾上涌。

他说：“神，我要阻止你。”

路西法张开了华丽的双翼，随即喷吐出两团火球夹杂着隆隆的巨响，笔直地向神的方向飞去。

世界，突然一片苍白。

自那次弑神未遂以后，在壁炉旁醒来的路西法就失去了自由，没有自由倒无妨，但那撕裂般疼痛的泣血怨悔，如同巨蟒不断啃食着自己的内脏。

路西法一直是一位默不作声的天使，但是现在的他却一直一直，不间断地仰天长啸，撕心裂肺般的哭喊响彻整个天堂。

终于，那一天，他金色的双瞳流下了脏污的血液。他再一次拼命拉扯被钉在墙上的双翼，这一次，他扯断了自己纯白的羽翼，强大的作用力使他重重地摔向地面，他大笑着，凄惨地长鸣着，这时他背后残缺的羽翼发生了变化，没有被扯掉的羽翼根部逐渐附上了浓黑的颜色，并开始疯长。

路西法还在不断大声凄惨地吼叫着，最后他站了起来，背后竖起了重生的乌黑的巨大羽翼，他走出了那个罪恶的房间，用力地张开并拍打着双翼，掀起一阵狂风，风中凌乱地飞舞着充满着怨恨的黑色羽毛。路西法腾空而起，以箭般的速度冲向神殿。

路西法带领了三分之一的天使背叛了天堂，引起了史上最疯狂的一次发生在天堂的战斗。

最终路西法还是失败了，他不再属于天堂，不再是天使。

路西法堕入了地狱，后来人类赋予他新的名字——撒旦。

撒旦是地狱的领导者，不断地向人间释放苦难、灾害和恐惧。

撒旦在人类千百年的骂声中一次又一次不断地实施他的复仇。

人们已经忘却了那个尤菲，更忘却了曾经有个眼神凌厉却不失温存的炽天使——路西法。

人们现在叫他——堕天使·路西法。

路西法是尤菲的路西法，撒旦是人类的撒旦。

但愿人长久

2013 级汉语言文学 3 班　关月嫦

一轮圆月高高地挂在天上，发出皎洁的光芒，似乎在温暖着人间。是啊，是应该温暖、喜庆一下，因为这一天是八月十五，正值中秋。她的泪痕还没干，两眼空洞洞地望着那轮明月，口中嘀嘀咕咕，时而笑，时而抽泣，好像有千言万语要跟月亮说。她就这样，盘腿坐在窗边，窗帘散开，晚风时不时地把窗帘吹起，像个顽皮的小孩，把她的头发弄乱，而她并不在意，只是直直地看着月亮，不停地嘀咕。月亮的清辉把她的身影拉得长长的，一直延伸到那一片狼藉的餐桌上，似乎上面还保留着她辛苦劳作的汗水。

那天晚上，我看到的，就是这么一个落寞的背影。直到她跟我说出缘由，我才体会到她当时眼神里的绝望。

老奶奶是一个人住的，老伴几年前去世了，儿女们搬出去住，一年到头也没有几次问候，奇怪的是，今年儿子们却打电话回来说要和妈妈一起过中秋节，老奶奶高兴得连声附和。中秋节前一晚，她兴奋得睡不着觉，第二天一大早就出去买东西，一边买一边唠叨，老二喜欢吃排骨，老大喜欢吃鱼，老三呢，不挑食，然后就挑了一篮子的菜，满心欢喜地回家了。一个人早早地便起来忙活，好似回到了当年。

儿子们傍晚才来到妈妈家。一进门，气氛就不太对，几个大男人冷冷地坐在沙发上，一声不吭。孩子们在屋子里乱跑，儿媳们则在教训孩子，一时间，屋子里热闹了不少，但暗藏危机。餐桌上，每个人都各怀心事，漫不经意地吃着饭，夹着菜。这时，精明的老二突然冒出一句话："妈，我最近手头有点紧，你能借我点钱吗？"

话音刚落，老大便斥道："你又问妈要钱，这几年你问妈要了多少钱，你有还过吗？你打算什么时候还钱啊？"老二抢着说："你还不是一样，瞒着妈把这屋子拿去抵债，你又好到哪去！"老三在一旁说："别吵了，大家都是兄弟，就不能好好说话吗？"老大刚刚憋着的气这次爆发出来了："老三，你就别再装好人了，你还不是惦记着老妈那些遗产，想着讨好老妈，遗产好分多一点，对吧！今天你让我们聚在这里，还不是为了劝老妈写遗嘱！真是黄鼠狼给鸡拜年啊！”说完，冷笑几声。老三也憋红了脸，默认这一切。这时，不知是谁的孩子不小心把碗摔到地上，啪！导火索由此点燃，一次暴风雨随之来临了！

伴随着孩子的哭声、女人们的骂声，以及那汽笛声的慢慢远去，一切又归于平静，留下的，只是哄闹后、吵架后、翻桌后的死寂。这种死寂足以让她窒息。“砰”，远处的屋顶上燃起了烟花，那绚丽夺目的颜色映在她的脸上，却看不清她的表情，是笑，是哭，还是呆。陷入沉思的她，突然间就笑了，为什么呢？或许，她看到了那个满脸幸福的儿子在她怀中咿咿呀呀的模样吧！是的，那时候，她的儿子还不懂什么叫遗产，只懂得眼前的这个人是最爱自己的。圆月渐渐地滑下去，而她也深深地陷入了那个美好的梦里。

相永好，不言别

2013级汉语言文学3班　林小洁

一

我叫秦隐川，但是我相信这个世界上已经没有人会这么叫我了，人们叫我“鬼手”，好像“鬼手”也是一个名字似的。就像人们总是管一个教书匠叫“夫子”，好像“夫子”也是个名字似的。我是行刑人，但我不是手起刀落的刽子手。我专司墨刑，一种让玉面人变成鬼面人的刑罚。很简单，用匕首在人脸上划出道道伤痕再泼上黑墨，刑成。我把行刑说得像孩子在墙上涂鸦般轻松，大概我已经没有恐惧、怜悯这些美丽的感情了。我长时间地看着一张张被刀尖和黑墨毁坏的脸，觉得它们像枯死的老树干，像斑驳的院墙。它们苍老、疲惫，但是我从不觉得它们可怕。是的，我总说，它们，我亲手毁坏的容颜，我已无力辨识，而且我记不得它们完好时的样子。我放心地忘掉形形色色的脸，同时相信我的容貌也在被遗忘。

我的一生中还没遇到过这样的女子。她本来没什么特别之处，无非是个美人，是个歌伎，且行刺高官未遂。但是，这个女人在我的刀尖快触到她的脸的时候，突然抬起眼睑直直望向我的眼睛。她毫无惧意，果敢得有些天真。这个女人居然对我笑，一种缓慢绽开的、有过程的笑。我慌了神，刀尖在她的脸上顿住。她的声音里有刀尖下的疼痛，却是轻快的。她说：“你能不能在我的脸上刺一朵荷花?”这个冷冰冰的女刺客居然用一种小女孩向兄长要糖果时的娇憨语气，让我在她的脸上刺一朵荷花。

我想她疯了。

我的刀尖在她的脸上毫不犹豫地游走。每一刀，都是一道皮肉翻卷的伤口，一小股流淌的血液。那一天，女囚白色囚衣上沾染晕开的鲜血，让我不停地想到盛开的红莲。因为这个女人，我大概是疯了。

她因疼痛和失血过多而昏迷了，尖俏的下巴无力地垂下。我托起那张刀痕累累的脸，试图回忆一刻钟之前她的样子。但我知道这是徒劳的。记忆如同她残破的脸般支离破碎，零星记起一双突然出现在我眼前的清亮眸子，一个奇怪的缓慢的笑容。我伸手拨开她额前的乱发，她眉心一小块皮肤完好如初。我握紧刀柄，向她仅剩的完好皮肤划去。

我着魔了。我用我行刑人的刀尖在那女子的眉心画了一朵荷花。我在她的脸上泼上黑墨，却在她的眉心小心翼翼地点上了朱砂。

女囚被带回囚室去了，等待她的还有其他的酷刑，敢于行刺当今吏部侍郎的刺客绝不会这么轻易被放掉。

但是我开始感到不安了。我总是想起那个女子，她眉心一朵红莲灼得我坐卧不安，她一个缓慢的笑容像是说了一个曲折的故事。我只得买通狱卒，去看她。

她背身立在我眼前，是少女亭亭的身躯。她转过身来，又是她的眼睛！我首先注意到的又是那双有着急切快乐的眼睛。她在盼望我。她的脸藏在面纱之下，面纱上面一双眼睛却是万里晴天，毫无杂质的明净。她看见我，眼睛弯成半月，孩童式的甜蜜笑容，眉心一朵红莲让她看起来妩媚极了。

她那样温柔地探询我："你怎么了?"我想我的目光在她的脸上停留的时间太长了。

在这小小的囚室里，我感到局促不安。我背过身去，不料衣袖被轻轻拉扯，回头，正对那女子楚楚可怜又狡黠的眼睛。

二

我似乎听到城墙倒塌的巨大声音，记忆潮涌而来。当年徐婉扬总是这样轻轻拉扯我的衣袖，一副楚楚可怜的样子看着我。这样，不管她做错什么，我都会原谅她。她笑起来眉眼弯弯，像只狡黠的小狐狸。多年后她容颜尽失，那双眸子却一如当年。

当年的徐婉扬一身灵气，举着从徐府荷花池摘下的荷花，贴着粉嫩嫩的脸颊，弯着一双清亮的眸子笑得神秘："隐川哥哥，你不知道吧，其实我就是荷花仙子。"

扬州刺史徐正年的女儿徐婉扬，出生在七月荷花盛开的时节。一直坚信自己是荷花仙子下凡。这个荷花仙子曾是我父亲的学生。当年，父亲在世时，我跟妹妹隐河随父亲住在徐府，父亲教婉扬认字习文，我们兄妹也在一旁听着。徐婉扬最爱用手指在我后背写字，让我猜。她坚持对父亲说这样她就能记得牢。其实她只是在我后背胡乱画画。父亲病逝后，徐大人收留我跟妹妹住在徐府。

徐婉扬爱荷成痴。她曾对我跟隐河说："有一天要是我走丢了，我就在脸上画一朵荷花。见到我的人都能看到我脸上的荷花，这样，你们去找我，问见过一个脸上有荷花的姑娘吗？人们就会告诉你们。现在她真的面带荷花回来了。”

“隐川。”狱中的女子婉扬在叫我。现在她站在我眼前，可我却只是想念隐河，小小的来不及长大的隐河。我跟妹妹在徐府的第三年，妹妹八岁，我十岁。这一年，徐正年因勾结包庇贪官，欺君罔上，东窗事发后，被处以最残酷的刑罚——满门抄斩。在这件事里，因为他的私心，我无辜的妹妹被当成他的独女送上刑场，而真正的徐婉扬却活了下来。

我始终无法面对隐河的死。小小的隐河瘦弱苍白，跟在我身后细声细气叫我哥哥的样子，每次想起都让我心如刀绞。在这世上她只有我，我却没能保护她。

因为徐婉扬，我妹妹死了。行刑后，八岁的婉扬来找我，满脸泪痕，摇摇晃晃像块易碎的玻璃。失去爹娘的婉扬和失去妹妹的我，各自形影相吊地站着，彼此都不靠近。是我，把徐婉扬送的玉佩，在她面前一摔为二，然后转身离开。徐婉扬曾经送我跟隐河环形玉佩，告诉我们，她有三枚一样的玉佩，我们三人一人一枚。我偶然看了我们三人的玉佩，我跟婉扬的一样，妹妹的却有细微不同。徐婉扬永远有使不完的小心思。

但一切都结束了。隐河死了。绝人以玦，地上的碎玉就代我告别吧。后来我流浪至此，成了行刑人。我从未想过这一生还能再见到婉扬，此情此景，此时此地。

徐婉扬背靠着墙，肩膀耷拉着，整个人像只病恹恹的小猫。似乎她一如当年的聪明灵秀只是为了让我记起她。此刻她的眼睛空茫茫地望着某处，声音飘忽得厉害：“我多么希望当年死去的是我啊。爹娘疼爱我一辈子，却忍心留我一个人在这世上。”

“隐川，你还恨我吧？”她望着我凄凉地笑，说：“我父亲是清白的。当年我父亲掌握了他私开金矿、私自养兵的证据，他反诬我父亲。我父亲是被陷害的……我潜在他府里当歌伎三年，也抓不到这个老狐狸的把柄。我也……没能亲手杀了他！”她突然跌坐到地上，号啕大哭。

我感到了当年失去隐河时的疼痛，几乎不能自持。我把那女子拉起来拥入怀里。可是她的身体在我怀里无力地往下坠，我感觉要被她汹涌的绝望淹没了。我不顾一切地抱紧她。这个脆弱得像片枯叶的女子让我感到恐惧，害怕她随时都会消失。

两天后，传出婉扬暴毙狱中的消息。他杀了她！这不是偶然，行刺未遂罪不至死，但是婉扬知道了一些事情，就这样死于非命。我曾想，这一生没有什么比失去隐河更痛苦的了。直到婉扬死去的时候，我才明白痛苦对于绝望而言，简直是上天的恩宠。哀莫大于心死。

狱卒把婉扬交给他的荷包递给我。我打开，是那一半碎玉。当年我摔碎玉佩与她诀别，却在转身离开后又返回。她已经离开了，地上只有一半碎玉。我把那半玉佩捡起，多年来一直随身带着。并不是系在腰间，婉扬喜欢用红线穿了玉佩挂于胸前。多年来我对隐河的愧疚虽不曾减少，但我仍将那半块玉佩依着婉扬的性子挂于胸前。我想起那天行刑时，婉扬给我的那个缓慢的笑容，她必定看到了我胸前的玉佩，认出并确定是我。她给我留了一句话：反绝以环。“绝人以玦，反绝以环。”原来婉扬的愿望不过是我们在一起。我们本该相依为命，却一别多年。

我以族亲之名认领婉扬的尸体，把她的骨灰撒进荷花池。我住的地方虽小，却一直有不小的一片荷花绽放。

当年徐府的荷花池边，一明眸皓齿的女孩子，折一枝初绽粉荷半掩面，眉眼弯弯像只小狐狸。她是我见过最美丽的女子。有美一人，清扬婉兮。邂逅相遇，适我愿兮。婉扬，等我。

没有如果

2013级汉语言文学3班　冼艺媚

这天清晨，老人拿着一束百合花，迎着晨曦，步履蹒跚地爬上了郊外的一座小山，走向山头的那一座孤坟。这似乎用光了他所有的力气，他喘着气弯下腰，颤颤巍巍地将手中的百合花放到坟前，扒拉了一下地上的杂草，随意地坐在地上，靠在坟边安适地歇着。

阳光暖暖地照进卧室，百合花的清香和早餐的诱人香味混合着飘散在空气中，他伸了个懒腰，揉揉惺忪的睡眼，洗漱一番，坐在餐桌前翻开了今天的报纸，她回头看了一眼西装笔挺的他，端着煎蛋吐司和咖啡走了过来，“亲爱的，早安！”他拉过她的手轻轻一吻。短暂的早餐时间过后，她把他送到门口，轻轻地抚平他衣角的小褶皱。他把她圈进怀里，给了她一个深吻，见到她脸上泛起了不自然的红晕，他扬起了笑脸。她把公文包递给他，不好意思地推着他出门。“今晚早点回来吃饭哦！”

看着他发动汽车渐渐消失在道路尽头，她转身回到屋里，关上门，抱起客厅中插着百合花的花瓶，在瓶底抠出一个刻着神秘图腾的银牌。换上轻便的衣服，挎上包包，拿起环保袋，走去车站等那辆三十分钟一趟的公车，她要坐一个小时的公车到镇上最大的超市去。今天是他们结婚七周年纪念日，她要给他做一顿丰盛的晚餐，即使他可能会忙到忘记了今天是个特别的日子。

公车总算到站了，她下了车，走进小巷，路过一间卖二手货的小店时，突然停了下来，盯着橱窗里的一个旋转木马音乐盒。正看得出神，手机却突然响起，她拿起来一看，屏幕上显示着一串熟悉的数字，滑动屏幕挂了电话。回头又看了一眼音乐盒，她径直走出了小巷。看着她的身影走远，一个男人走进了小店，买走了那个音乐盒，他走出小巷，一辆吉普车从超市停车场转了出来，和他擦身而过。

中午，吉普车开进了一座废弃的工厂，良久，车门开了，下来一个身材娇小的女人，她穿着黑色紧身衣，一张很薄的银色面具遮住了她所有的神色。走过一间间昏暗破旧的厂房，走近亮着灯的办公室，拉开房门，“老板，请您让我退出。”她对桌子后边那个背对着她的人说。椅子缓缓转过来，男人扬起一边嘴角笑了笑，递给她一张任务卡，说："好，这是你的最后一个任务，完成任务之后你就自由了。"接过任务卡，她掏出那个象征着身份的银牌放在桌上，桌上还有另外一个银牌，她很好奇但始终没问出口，推门走出了办公室。

翻开任务卡，上面只写着"格斗场，老规矩"。迈着沉重的步伐，她走向那个熟悉又陌生的格斗场。

她是个孤儿。十几年前的那个寒冬，她差点冻死在街头，是老板救了她，她的命是老板给的。老板给了她读书的机会，要求她课余时间必须练武，同时学习各种军事技能，老板告诉她，她要努力成为一名出色的杀手。和她一起学习的是十几个同龄的女孩，但老板规定她们私底下不能交流，因为杀手不需要同伴。十八岁那年，她们被带到格斗场，场上有各色的冷兵器，老板告诉她们，她们之中只能有一个最出色的杀手，最后只有一个人能活着走出格斗场。十几个女孩脸上流露出不可置信的神色，她漠然地看着大家，一个女孩拒绝这样的杀戮，冲向了格斗场的出口，"砰!"女孩胸前绽开了一朵血花。其他人都吓坏了，于是都拿起了武器。终于，她浑身血淋淋地从那里走出来，对，她赢了，从格斗场里走出来了，踏着一个个倒下的躯体走出来了。

十年过去了，她又回到了这个格斗场。这次，里面只有一个男人，他脸上同样戴着一个银色的面具，全身的黑色，是死神的颜色，场边的兵器依旧冷冰冰，一派肃杀之气。她抽出一把软剑，猛然刺向男人，看似毫无准备的男人反手一刀隔开她的剑，刀来剑往一百多个回合，她的体力终究不敌男人，脚下一个趔趄让男人找到了可乘之机，一刀砍向她的颈侧，她慌忙抬手一隔，却猛然看到了男人手腕内侧的痣。她的一个失误，让男人终于有机会突破她滴水不漏的防守，攻击由远而近，男人闻到了她身上的百合花香后稍有点慌神，但此时，刀已经扎向她的左胸，他听到了刀尖扎破衣服、穿透肉体的声音，她的心跳通过冰冷的刀传到他的手心，她的手一松，"哐当"，剑掉到了地上。

他接住她坠落的身体，揭下了她的面具，轻抚着她苍白的脸庞，"如果，你为什么要放弃!"她看向场边的狙击手，说："对不起，我今晚不能给你做饭了。"他把她横抱起来，走出格斗场，老板漠然的声音震痛了他的耳膜，"好！杀手就得招招致命！你们俩是我培养过的最出色的杀手，只是杀手不能有感情，可惜了。"她吃力地抬起手抚过他刚毅的侧脸，"辰哥哥，带如果回家好吗?"

十年前，她这样一个没有家的人，洗干净了身上的血污，走出基地，出国深造后得到了一个颇有含金量的学历，成为一位室内设计师。那天，他翻看着人事部经理拿来的几份精挑细选的简历，“如果?”经理马上回答：“总设计师，这位应聘者实力不错，名字也很特别哦。”面试的时候，他就把她认出来了，还是和当年那个小女孩一样，只是眼神中透露着一份漠然。她通过了面试，人事部经理让她留下来，说总设计师要见一下她。见到总设计师时，她发现他脸上莫名透露着些许兴奋，他试探着问：“如果，你还记得辰哥哥吗?”她眼中的漠然淡去，浮现出期待，“你认识他吗?”“十几年前，那场大火，整个村子都没有了。”“辰哥哥，你还有如果。”

不久，他们结婚了，婚礼上只有他们。他说：“如果，我爱你，我要一辈子陪着你。”“如果，不怕，辰哥哥在这里陪着你。”抱着她坐上吉普车，他就这样静静地紧紧地抱着她。他不敢把刀拔出，他止不住她的血，也止不住她和他的泪。“如果，如果没有那场大火，如果我们不是杀手，如果你没有重新认识我，如果……”“辰哥哥，没有如果。这几年，够了……”她的微笑静止了。“如果，我们回家吧。”

他把她埋在了那个山头，在那里她可以看见她最喜欢的小镇。他在山顶上陪她看日出日落，斗转星移。终于感受到生命的慢慢流逝，他闭上了疲倦的双眼。

疲倦的双眼闭上了，又睁开了，一群去郊游的大学生发现了他，经过医生的极力抢救，他活过来了，但他的世界里，已经没有如果，也没有了辰哥哥。有一个人告诉他，他叫辰，是一名室内设计师，一直单身。而那个人，是他的老板。

从此，她一个人孤零零地守候在那个山头看日出日落。但，有一个男人，每年总有一天会拿着一束百合花爬上山顶，陪她一个日夜。他说，他也不知道为什么要在这个日子爬上山，坐在一座无名的孤坟旁，也不知道为什么要买百合花，只是内心有个声音驱使他做这些事。当第二天太阳升起时，他又回到他的小镇里，还住在那间房子里，屋里所有的摆设都和从前一样，但总是觉得好像缺了些什么，而他又想不起来。

“我都想起来了。”落日的余晖笼罩着他和她，他轻抚着这座孤坟，像抚摸她年轻的脸庞一样，“如果，你知道今天是什么日子吗?今天是我们结婚六十周年纪念日啊！你一定以为我忘记了，才没有呢。看，这音乐盒是不是跟你小时候吵着要买的那个一模一样?你一定很喜欢吧。抱歉，这份礼物迟到了五十多年。”

阳光再次洒满山头，他和她重逢了。这个世界终是没有如果，也没有辰哥哥了。

慕尽笙华，唯剩流景

2013级汉语言文学4班　陈嘉嘉

塔希提岛，被称为人间最后一片净土，苏流景简直不敢相信，她真的来到“天堂”了。走下车，站定，她的视线停留在一片澄滢的大海上。早就知道这是一个美若仙境的岛屿，早就知道塔希提岛一直沉浸在蓝海的甜蜜拥抱中，早就为这一片圣土心醉神迷。但是，苏流景仍然深深地陷进这份独一无二的美景中去了。不管收藏了多少张图片，不管观看了多少描述它的视频，都无法和身临其境相媲美。她从第一次知道这个地方开始就为它沉迷，就像她小时候对电视里美丽的萤石一见钟情那样。她一直努力攒钱想要到此一游。可是，她只是个普普通通的网络小说家，除了维持自己的生活之外还要照顾父母，攒够钱，谈何容易啊！

原以为这一辈子都无法圆梦了，可是从来没中过奖的苏流景，这次不知道为什么，竟然因为喝瓶饮料而成为周年庆第一亿位客人，获得一个自由行机会，而且还是自己梦中的天堂——塔希提岛！苏流景到现在都还有点晕乎乎的，她难以置信地捏了一下自己的小脸蛋，“好痛”，她开心地说着，“竟然是真的！不是做梦呢。果然平时多做点好事是对的”。

苏流景一边像个“没见过世面的土包子”那样为这里的一草一木大呼小叫着，一边蹦蹦跳跳地像只小兔子那样游览着。突然，她停住了脚步，目不转睛地看着一家咖啡店的招牌上的字样——Fluorite，那……那是她的英文名字，也是萤石的意思，难道店主也喜欢萤石？她觉得奇怪，轻轻摩挲着颈上的链坠，按捺着内心异样的悸动，慢慢地走进了这家特别的咖啡屋。一走进去，她就知道了店名的由来，看来这个店主和自己一样非常喜欢萤石。店面的每个角落都点缀着清丽的散发着淡淡光芒的各种材质的萤石，宛如衔缀在天幕上的星星，光芒流转，营造出一种梦幻的氛围，好像进入童话世界一般。可她终究不是灰姑娘……苏流景唇边漾出一抹苦笑，“自己又在做白日梦了”，她暗想。纯净度高的萤石价格不菲，她颈上的那颗清透晶莹的紫萤石就相当昂贵，昂贵到不是她所能消费得起的。她平淡的人生有两个最美丽的意外，一场旅行和一条项链。她拿出手机，打开

QQ，凝视着那个灰暗的头像，眼眸中流露出苦涩的爱意。那是他们之间唯一的联系方式，可永远灰暗的头像仿佛在说那只是个名存实亡的 QQ 号码。苏流景抬头，满目的光华将她带进了回忆的漩涡……

那年的毕业晚会，是童话主题的化装舞会。舞会现场光华流离，可她比现在还穷，所以只能扮演灰姑娘，而且是变身前名副其实的灰姑娘——旧衬衣，洗得发白的牛仔裤，白得发灰的布鞋。她怕被取笑，就默默地站在角落里，仰望着宛若来自童话世界里的被众星捧月的完美王子——何慕笙。苏流景单恋何慕笙好久了，她想方设法拿到他的 QQ 号码，尽管他的 QQ 头像从来都是灰暗的；她历尽艰辛又打听到他的电话号码，可是从来没有勇气打给他，只敢偷偷地仰望着，一直仰望着他。何慕笙暗笑，想："她是不是只会偷看他？连一句话都不敢说。她不来，那我只能过去了。"他信步走到她面前，薄唇微启："你是灰姑娘吗？"苏流景被这突如其来的状况吓到了，脑子一片空白，全然不知所措，眼睛睁得圆圆的，像只受惊的小兔子，"我……是……不不不……是……"何慕笙低笑，注意到她的鞋子，他用颇具磁性的嗓音说道："你还欠双玻璃鞋。"于是，在众人不解又嫉妒的目光下，他拉着发愣的她走了，来到一家装修高雅的鞋店里，挑选了一双透明材质的"玻璃鞋"，替已经彻底被惊呆的苏流景穿上。苏流景被温暖的触感惊醒，想说什么却又不知说什么，只觉得混乱惊慌。她傻傻地说道："鞋子……很漂亮，发亮的萤石……很漂亮，能摘下来给我吗？"接触到何慕笙疑惑的目光，她又急急地摇头："不，不是……那个……不是……我……"他搂她入怀，而她，连声音都发不出了，黑夜在静谧中流淌……第二天，她收到了一条紫萤石项链和一张纸条，潇洒的笔迹跃然纸上——等我。第一次打出了电话，成了空号，后来听说，他出国了……

一阵悠扬的钢琴声唤醒了回忆中的苏流景。"怎么是婚礼进行曲？有人结婚吗？"她碎碎念着。正打算退出 QQ，刹那间，一直昏暗的头像亮了起来，仿佛一直黯淡的世界也亮了起来，一条信息映入眼帘：我的灰姑娘，喜欢我给你的旅行吗？喜欢这间属于你的"Fluorite"吗？如果喜欢，那就转过身来。苏流景整整呆滞了五分钟，才缓缓地转过身来，那个侧倚在门上举止优雅、风度翩翩的俊美男人，不是何慕笙，还能是谁！何慕笙打开手上的盒子，拿出一双银光闪烁的玻璃鞋，微笑道："苏流景，灰姑娘，嫁给王子，好吗？"

周围的一切停滞了，时间也停滞了，搏动的只有苏流景怦然不止的心跳，流动的只有那碧蓝清甜的海水。塔希提岛，确实是见证苏流景幸福的天堂！

遥远的他

2013 级汉语言文学 4 班　杨　铃

一

她，曾经无数次，爬上天台，坐在地上，双手抱着双膝，抬头仰望着漆黑的夜空。

如果认真地听，就能听见她的呢喃声：你，在哪里……

微风轻拂着她的脸颊，站起来，俯视这个车水马龙、喧闹繁华的世界。

她的心，却只装得下那个清新而强大的、遥远的他。

二

故事的开头，很老套，却满足了林冉然对爱情的所有憧憬。

那会儿，刚上大一。

在还没展开大学的美好生活时，要先承受难以忍受却不可逃避的新生军训。因此，每天早上，在 Z 大的各个角落都能看见一排排穿着军装，脸被晒成黑炭般的新生队伍。

理所当然地，每天总有那么一两个因忍受不了军训强度而晕倒被送往校医室的女生，其中就包括林冉然。那天，太阳比平常炙热许多，在听到教官向左转的口令后，林冉然还没来得及转身，就已经失去意识，整个人往下摔倒了。

林冉然醒来的时候，天已经黑了。

女校医告诉她，她是因为中暑晕倒的。林冉然觉得好了很多，向女校医道谢后，便准备走，突然想起什么似的，她停住了脚步，转过身问："您还记得是谁送我来的吗？"

三

第二天中午，军训结束后。

林冉然没有跟随舍友一起去吃饭，而是慢慢走向远处那个正在喝水的他。当他注意到林冉然的时候，她已经走到他的跟前了。

“有事吗？林冉然。”程少宸有风度地先开口问道。

“我……昨天我晕倒了，是你背我去校医室。谢谢你，程少宸。”林冉然抬起头望着高高的他，轻声地说。

“哦，这是小事，那时候你倒在了我身后，所以没想那么多就背你去了校医室。”

“嗯。”

“还好你不重，不然我也背不动你。”程少宸开玩笑地说。腼腆的林冉然即使再怎么拘谨，也被他逗笑了，她放开了胆子说：“那我请你吃饭吧，权当谢谢你。”

四

爱情是甜蜜的，是可贵的。

每对恋人在相爱时所投入和付出的，都值得双方用余生去回味。

而能够在千万人中，遇到自己所爱并且爱自己的人，更是一种幸福。

后来自然而然地，林冉然每次军训结束都会和程少宸说说话，甚至一起吃饭。那些情愫在林冉然和程少宸之间慢慢发酵，成为两人心底的默契。

2012 年 5 月 2 日。

林冉然直到现在还清晰地记得那天，她 20 岁的生日。

或许每个女生，都曾经无数次幻想，会有一个高高大大，眼睛深邃，笑起来有小酒窝的男生，慢慢凝视着你，捧着一束花走向你，向你深情地表白。

而林冉然无疑就是那个梦想成真的幸运儿。

当舍友在宿舍走廊，大声呼喊林冉然下楼时；当林冉然看到楼下用点燃的红蜡烛围成的“生日快乐”时；当程少宸捧着她最爱的满天星，凝视着她时……

“林冉然，生日快乐。”

程少宸捧着那束满天星，慢慢走向林冉然，深深地注视着她那双明亮动人的眼眸。

“我……谢谢你，少宸。”林冉然不由地傻笑着，手有点儿颤抖地接过了那束满天星，原来他记得她无意中提过她喜欢满天星啊！

“怎么哭了呢？我还没对你说，林冉然，我喜欢你，你可以做我的满天星吗?”

一向冷静的程少宸看到林冉然哭了，顿时慌了手脚，急忙用手帮她擦眼泪。林冉然反而抓住他的手，说：“你怎么那么笨，我是开心到掉眼泪!”

“那你就是愿意，对吧?”程少宸说完，没等林冉然回答，已经用力地把她紧紧抱住，仿佛一松手就会失去她。

周围朋友们发出大声的欢呼声，似乎比当事人还要激动。

抬头望去，今夜的天空，是那么美。满天的星星，是那么璀璨夺目。

五

年少的我们，总是那么冲动。

明知无法预测未来，却仍然勇敢地许下誓言。

只是，结局往往，苍凉得不留余地。

“冉然，我走了，不要想我了。”

林冉然看到程少宸最后留给她的短信的那一刻，没有掉眼泪，心里却像被刀割了一般，好疼好疼。她跑遍了整个校园，找遍了程少宸所有的朋友，都再没有他的身影和消息。

忽然，林冉然的幸福就被宣告不再来了。

程少宸走后，林冉然才发觉原来校园那么小，小到无论她去哪里，都可以想起和程少宸往日一起相视而笑，一起牵手、亲吻的画面。

在程少宸离开后的日子里，林冉然每天睁开眼用手轻轻触碰脸颊，都能摸到凉凉的未干泪痕。心里莫名地多了一份怨恨，恨程少宸不辞而别，恨程少宸不遵守诺言，恨自己仍然会想他!

六

岁月总是最温柔的，因为它教人学会释怀。

有些时光本就该沉淀在岁月的无眠当中，静静的。

三年后。

林冉然已经褪去了稚嫩，成为刚毕业的Z大工程师。因为林冉然能力过人，找工作似乎是再简单不过的事。朋友们都说，很羡慕林冉然，能力好，样貌好，想做的事从来没有失败过。可只有林冉然自己知道，心里那根刺还在，三年来无间断地疼。

两天后，Z大校庆。

林冉然和朋友一起回去了，再一次在礼堂里面听叶教授的讲座。

“林冉然，你回来看我啦?”叶教授曾经是林冉然大一的老师，因为林冉然聪明活泼，所以对她的印象很深。

“叶老师，您又取笑我了。”林冉然又像以前一样对叶教授撒娇。

“看到你现在那么好，我也安心了。当初要不是程少宸的父母突然因为车祸去世，他被迫退学出去打工还家里欠下的债，我就能看到你们一起来了，果真世事无常。”叶教授看到如今的林冉然，不禁感慨万千。

没人知道，此时的林冉然，心里那个一直藏着爱与恨的地方，轰轰烈烈地倒了。

微风轻轻拂过，林冉然独自一人，再次把整个校园逛了一遍。“那一年，遇见你，教会了我怎么去爱。几年过去，你走了，我还在这里。程少宸，遥远的你，过得还好吗?”

海 风

2013级汉语言文学5班　陈思敏

“噼里啪啦”……厨房里的锅碗瓢盆被一双骨节分明的大手狠狠摔在深红色的土砖地板上，那响亮清脆的碎裂声，划破了狭窄空间里压抑无助的短暂沉默，杂乱且令人不由颤抖。大手一把扯过对面女人的长发将她带至眼前，细碎的瓷片扎进女人赤裸的脚底，血沿着脚掌纹路蔓延至地面，深深浅浅地渗入她的心里。女人毫不畏惧地看着男人爆出血丝的眼睛，同样的愤怒里却带着隐忍。大手猛地将女人推倒在地，“我警告你不准多管闲事！老子娶你回来不是让你当管家婆的！”男人大步跨过碎片，径直离开。女人撩开粘着血汗的头发，扶着墙，缓缓起身坐在餐桌旁，麻木地看着周遭的狼藉。

这不是珍晴第一次被打。她被那个曾经信誓旦旦地说会好好待她的贾益家暴，这在邻居们的眼里是可悲可怜的遭遇，却没人会出声。那群长舌妇只会用刺耳却故意压低的声音兴奋地讨论：“喏，听说贾家的老二又要出去赌，愣是被他老婆拦着，现在好了吧，又被打了！”“哎，听说是他媳妇藏私房钱不给贾家老二才被打的！”“管他怎么样，不过说也奇怪，贾家老二都这样了，他老婆也不哭不闹不上吊的……”“谁知道呢！怕是孩子太小，离了男人她一个女的什么都没有，怎么养孩子？”……

女人听着闲言碎语，默不作声。她甩了甩头，处理好伤口后打扫干净屋子，躺在床上望着房顶上的瓦。那几块玻璃瓦并没有使房间显得光亮，阴霾的天空沉得让人无法呼吸。

赌钱在村里不是什么见不得人的事儿。小渔村嘛，渔民在休渔期出不了海，又没其他事做，十几个人找个空屋子凑上几桌，摆上麻将或是摞上几副扑克牌，就开赌了。什么七鬼五二一、红点、鱼虾蟹……吆喝声吵闹声在安静的渔村里格外突兀。哗啦啦的麻将洗牌声一整夜无休无止，输了钱的吐着唾沫星子骂人，赢了钱的拍手大笑再来一局，经营赌坊的老女人适时地端上茶水，赌局一轮接着一轮，有的觉得小赌不过瘾，便叫了几个人来次大的——两三千块在他们眼里算是玩的大数目了。贾益没料到自己失了手，积下五千块的债。他手里拿不出这么多钱。

珍晴抹了抹眼角的泪，大敞的窗吹入咸腥的海风。贾益知道她手里有点钱，那是她起早贪黑风吹日晒织渔网、晾鱼干得来的，是要存着给孩子的。从她进入这个家那一刻起，她就下决心不让旁人说她珍晴只会生不会养。她看隔壁家阿乙嫂的娃去了镇上的学校，人变得精神，模样也齐整了许多。有时她在阿乙嫂那里织网，听她娃讲学校的趣事，幻想着自己的孩子以后美好的光景，不由得笑出声来。

可是她现在笑不出了。贾益硬逼着她拿钱，她死也不肯。之前他赌输了也是这样逼她，后来还是出海打到鱼才还了钱。现在他赌上了瘾，什么都顾不得了，那帮人也不是好说话的。贾益恶狠狠地骂："父债子偿，等我哪天出海没了我看你怎么办!"

珍晴默默地想着，她不是不会闹，也不是有着嫁鸡随鸡嫁狗随狗的心理。她还是念着贾益的好的。这个男人能吃苦，打鱼有一手，却偏偏好赌，小渔村的人是没几个钱的，他要是跑去外头赌，没准家里两天就给败光了！这个隐忍的女人现在也只能空洞地睁着眼睛，过了好一会儿，眼里才慢慢出现光亮。她绾好头发，梳洗一番，出门上镇上买碗去了。

"是，是……对……知道知道……"贾益低着头，满脸愧疚地应着。珍晴去镇上请回了族里德高望重的老人。她知道在这个家族传统观念浓厚的地方，贾益是十分看重长辈的教训的。况且，她知道贾益本性不坏。老人召集了村里的那帮聚赌之徒，和他们在祠堂里谈了一天，出来的时候那些不惧海浪的大汉们全都一脸敬畏地看着前头的老人。珍晴一看这景象，就知道老人是请对了的。

女人放眼望去，海燕不知疲倦地伴着海浪翻滚，阳光照耀着重归平静的渔村。咸腥的海风依旧呼呼地吹，湛蓝的天空映在海水里上下起伏。她想起贾益向她诚挚的道歉。日子总得过，又到出海日，又是新的一天。

拾荒者

2014 级汉语言文学 1 班　黎倩婷

屋子突然上下摇晃起来，整个地板都在上下翻动，窗上的玻璃呼啦一声全碎了，砂石都落了下来，嘎吱一声，门口的大槐树就倒在了脆弱的屋子上，在几十年的生命中，他第一次感到这么恐惧，他感觉到他紧紧握着的小儿子的手在颤抖。又是一阵强烈的震动，他连忙蹲下，这时他发现妻儿头顶的预制水泥板已经开始裂了。不要！老李惊叫着从梦中惊醒，他又做了那个梦。他心中最隐秘的角落还是忘不了那一切，他摸了摸头上的细汗，缓了缓神，坐起身来。刚刚在梦中他似乎感觉到了地面的震动，这让他的心慌乱不已。

“哎，真冷呀!”老李不由得往被子里缩了缩，但是马上又一个哆嗦直起身来，他得赶在环卫工人上班之前把垃圾桶里的“宝贝”掏出来。他在漆黑的屋中摸索着开了灯，慢慢地爬下了床，就着小灯泡昏黄的光，伸展了下自己略微僵硬的四肢，胡乱地抓起木板上的衣服和裤子麻利地穿上，仔细地用绳子把裤腿扎紧，用头巾把领子封好，再把他刚刚淘到的一顶毡帽戴上。全副武装好之后，他推开了屋门。天还没亮，北风的凛冽让他不由地缩了缩脖子，他慢慢地扭开水龙头，哗——水慢慢地流了出来。老李把手伸进水中，不由得哆嗦了一下，他吸了吸已经被冻红的鼻子，就着夹着冰碴子的水开始洗漱起来。一切忙完后，老李带上蜷缩在墙角的蛇皮袋，走出了门，他今天的工作又开始了。

在冬日清晨中的小城显得冷清而萧瑟，偶尔呼啸而过的北风，街道旁萧索的树木……老李就在这单调的画面中忙碌着、忙碌着，他翻过一个又一个垃圾桶，细细地寻着“宝物”。他偶尔抹抹额头沁出的细汗，看着脚边渐渐鼓起的蛇皮袋，脸上露出满足的笑容，老二今日的伙食费又有着落了。老二是老李的小儿子，正在小城里读高二。他孝顺且成绩优异，老李把希望都寄托在了他的身上。想起老二老李不由加快了翻找的速度。

太阳不知不觉间就升上了中天，晌午了。老李摸了摸咕咕作响的肚子，走到街角坐下准备吃午餐——他刚刚淘回来的包子，老李最爱坐在这条街道，街上的商户都认识老李，他们有空时会和老李拉拉家常，他们从不同省份来到这个小城谋生，机缘巧合下都选择了这个街区，这里也渐渐成了外商聚集地，发展成小城里最繁华的一条街。老李现在正对着一块大的液晶显示屏，里面总是轮番播着新闻时政以及小城里发生的大事，用老李的话来说就是，俺要了解咱们中国每天发生了什么，神舟飞船什么时候又上天，俺生活的这片土地又发生了什么咧。可是今天老李在街角怔住了。液晶屏上正播着某市特大地震的新闻。

老李眼前一黑，那一幕又重现了。地动山摇，整个房屋都在颤抖，屋顶开始坍塌，人们开始呼喊，他猛地拉起已经吓蒙了的小儿子，那一刻头顶的水泥板开始松动，他大声喊着要大儿子和妻子离开，可是轰的一声，血花飞溅。

老李怔怔地起身想走开，他扶着墙慢慢地走，发现人们正在发动为灾区捐款。鲜红的捐款箱排成一列，志愿者讲述着灾区的状况，捐款者激动地挥着手中猩红的票子，热烈的捐款场面让他的脑袋一阵阵地发涨，他扶着墙慢慢地走开，不知不觉便走回了家。他呆呆地坐上了床。

他原本是一个老实巴交的农民，守着家里留下的祖田，娶了个贤惠的妻子，生了一双可爱的儿子。老李为人老实，勤勤恳恳，妻子上得田间，下得厨房，儿子们更是孝顺懂事，所以家里还算殷实，是村里闻名的幸福家庭。但是一场地震毁了一切，幸福的家庭瞬间支离破碎。家破人亡之痛让他不忍再留在那个原本想相守一生的小村庄，于是他带着小儿子离开了那个悲伤的地方，来到了这个小城开始新的生活。他每日走街串巷拾荒，慢慢地融入这个小城，用微薄的收入在小城里为自己和儿子筑起一个家。

回想起往事，老李的双眼不禁流下了浑浊的泪，泪的冰凉让老李马上回过神来。他用被北风吹出道道裂口的手背抹了抹泪水，起身掀开被褥，翻出铁罐，细细地翻找。不一会儿，老李又坐回了床边，这时他的手边已多了一沓翻起毛边却整整齐齐的花花绿绿的票子。钱不多，但已是老李全部的积蓄。他攥着钱，像下了个大决心似的坚毅地出了门。

他拐到街口，远远地看着街上捐款点络绎不绝的人群，看着人们涨红了脸抢着捐款，看着高中生志愿者们在向人们介绍灾区的最新情况。老李不由得停下了脚步，那瞬间他想到了他的儿子。他踱到儿子的学校，他从熟悉的后门溜到了儿子的课室，儿子正低着头默默地学习。他的小儿子成绩优异，班主任曾对老李说，“这孩子勤奋谦虚，应能考上重本咧”。儿子明年就升高三了，就要高考了，到时候不是还得用钱吗？大儿子已经飞上天堂了，小儿子是他唯一的希望，是他的心肝呀。他欣慰而惆怅地在校园里逛了一圈又溜回了捐款的街口。人群依旧沸腾。他只好默默地伫立在街口看着热闹非凡的捐款现场，又默默地回到了家中。

那一夜无星，老李却在床上辗转，双眼一直睁着，望着屋顶，那灾难的一幕仍在他脑海中一遍一遍回放盘旋。他不由得叹息着翻身下了床，摸出衣袋里的土烟，那是他从前在小村里就吸惯的自制土烟，到了这小城里，他戒不了这土烟，仍继续抽着。他掏出火柴点燃了烟，却不吸，就着烟头的一星光亮，看着被烟熏得焦黄的手指，不由得重重地叹息。

恍惚中他似乎看见妻子和儿子朝他走来，他们脸上含着笑，他慢慢地起身走了过去……

天没亮，老李又开始忙碌地洗漱起来，睁着布满血丝的眼睛，精神抖擞地出了门，他的怀里揣着一沓厚厚的钱。他走到了昨日设置了捐款点的地方，开始静静地等待。这是他第一次这般安静而又亲近地观察着这个小城。路灯仍在工作，暖暖的灯光洒在他的身上。路旁有在冬风中仍挺立的小枯草，树梢上有鸟雀留下来的巢。慢慢地天亮了，环卫工人带着扫帚开始出来工作，学生们啃着早餐匆匆地跑过，出来晨练的老人面带微笑，白领们行色匆匆，老李新奇地看着熟悉又陌生的一切，他第一次觉得他感受到了脚下踩着的这块土地，他终于感受到了他的存在感。这时捐款志愿队出现了，他们穿着鲜红的制服，紧张而又忙碌地搭建着捐款点。他站在一旁静静地看着，心中莫名地升起了一股暖暖的温情。那熟悉的感觉让他在冬风中倍感温暖。不知不觉捐款点已经涌满了捐款的人群，他马上回过神来，挤进捐款的人群中，在熙熙攘攘的人群里，他奋力地挤到捐款箱前，却在那一刻被硬生生挤了出来。他又挤了进去，却被又一波捐款的人潮挤出。

也许谁都没有注意到他的存在，或是没想到他的动机，谁又会给拾荒者腾一个位置呢？

月明，星亦明

2014级汉语言文学4班　李梦玲

月稀星稀

在这晴朗的夏夜里，天空中没有一片云朵，皎洁的月亮高高地悬挂在漆黑的空中显得格外明亮，而星星却不知躲到哪里去了。在这美丽的夜晚，清风轻轻地拂过杨柳，夏蝉们有一声没一声地叫着，仿佛不忍打扰这美丽的景色。平常的这个时候，韦明都会坐在院子里仰望月亮，这让他仿佛回到了小时候。那时候，爸爸还在，总爱抱着年幼的他在院子里乘凉赏月，给他说孙猴子的故事。

可今天，在这样的夜晚他却犯下了一个错误，一个非常大的错误！因为他打架了，把隔壁班王强的肋骨给打断了，他有些后悔，不应该动手的，唉！

而这样的夜晚，韦明的继父一般都会坐在院子里，埋头把白天做好的木制品做进一步的加工，他很认真，认真到刚刚他的妻子叫他吃饭，他都没有听到，只有大滴大滴的汗水会让他的手偶尔离开他的木头，去擦拭额头。突然，急促的电话铃声响起，在这安静的家里显得格外刺耳。

“孩子他爸，阿明的班主任说他打架斗殴，现在要我过去一趟。”韦明妈刚走到门口就发现韦明的继父不见了，只听到一声“我去！”在静静的院子里盘旋，盘旋。

当韦明的继父气喘吁吁地赶到教导处时，看到被打得鼻青脸肿的韦明仿如虚脱一般坐在凳子上，像一个等待判刑的罪犯一样颓废。继父仔细地打量着这位平常斯斯文文的继子，心中缓缓地舒了一口气，幸好，幸好只是皮外伤。可心中的疑惑又升上来了，平常这么乖的孩子怎么突然就跟别人打架了呢？此时感到被一缕目光注视着的韦明抬起头，看向了门外，也就是他继父所在的位置，韦明的眼中闪过一抹慌乱，他立即站了起来，心里既害怕被继父骂，可隐隐又有一丝期待。

“叔。”韦明面对着这位冷着脸的继父，不知道该说什么才好，刚想解释，却听继父说道："你的班主任是在这里吗？"

"是的。"韦明黯然道。望着继父消失在门后的背影，韦明心中苦涩不已。这个继父太冷淡了，总是对他冷冷的，可这能怪谁呢？自己本来就不是他亲生的，他没有义务关心自己。想到这里，韦明不禁想起自己的爸爸，想起与爸爸在一起毫无顾忌、打打闹闹的日子。接着，他又把自己扔到凳子上，静静地沉沦在自己的世界里。

过了很久很久，继父还没有出来，韦明渐渐紧张起来了。他知道他这次犯的错误很严重，打架的时候出手太重了，居然把王强的一条肋骨给打断了，他能想到的最坏结果是被退学，难道还有更严重的吗？他心中不禁七上八下。当他再也忍不住要去开门的时候，门却被打开了。王强的爸爸神色古怪，颇有深意地看了一眼韦明，然后走了，他居然没有骂韦明！要知道他刚来的时候可是恨不得把韦明的肋骨也给弄断呢！可无论如何，韦明总算松了一口气。接着继父也与班主任走了出来，班主任刚想开口说些什么，却被继父抢先一步说道："已经很晚了，老师请回家吧！"说完便快步离开了。理亏的韦明也不敢逗留，赶紧追着继父离去。

橘黄色的灯光洒在乡间这起伏不平的小路上，这对貌合神离的"父子"一路默默无言，蝉鸣的声音时隐时现，有好几次韦明想问继父事情的结果如何，但想起继父那冷冷的眼神就却步了。不知道是不是灯光的原因，韦明总觉得自己的继父今夜老了很多。就这样，二人一路无言地走到了家门口。

此时，妈妈迎了出来，看到韦明鼻青脸肿的样子心疼不已，忙到屋里煮了个鸡蛋给他敷脸。妈妈问韦明为什么打架，韦明不肯说；问韦明的继父处罚结果怎么样，继父只说了一句"没事"，便再也不肯开口了。

吃过晚饭后，韦明回到了自己的房间，抬头仰望着空中的皓月，不禁又想起了自己早死的爸爸，想着："若是爸爸还在的话，我一定不会这么孤单吧！"想起王强今天骂他"拖油瓶""没爹养"的话，心里一阵剧痛。"也许，王强说得没错，我就是一个拖油瓶。"他想。

事情仿佛就这样翻篇了，谁都没有再提起。韦明是没脸再提，而其他人就不知道了。

月破云而出

时间如流沙，不知不觉地过去了，一转眼韦明就要上大学了，可问题来了，家里没钱怎么办？懂事的韦明知道家里没有钱供他上大学，就主动提出不上了。韦明已经把强烈反对的妈妈给说服了，因为年幼的弟弟还要读书，这也是一笔不小的开销啊！更何况，弟弟才是继父的亲儿子，委屈谁也不能委屈他啊！可没想到继父却死咬着不松口，只扔下一句话：“你尽管去读，钱我有办法。”母子二人都拗不过继父一个人，韦明只好背上行李去上学了。说不感动是假的，只是韦明弄不懂平日里对他漠不关心的继父怎么会突然来这一出呢？他真的想不通啊！

秋去冬来，一年又过去了，韦明上大二了，可就在这时家里突然传来了坏消息。母亲晕倒后被送到医院检查，居然查出是肺癌晚期，而且已时日不多了。

听到坏消息的韦明顿时感到头昏脑涨，脑子像被糨糊塞住了一般，已经不能思考，心里只剩一个想法：如果母亲走了，就只剩我一个人了，我就是孤儿了！继父一直都不大理会自己，母亲走后难道他还会管我吗？

浑浑噩噩中，他不知道怎样请的假，怎么坐上的火车，怎么回的家。看到面黄肌瘦的母亲躺在床上时，他才突然清醒。母亲原本还算圆润的脸如用刀割去了一半，显得格外刺眼，以往大大的眼睛也如同地陷，深深地凹了进去。他又看到了继父那短短半年就长出的华发，一时不知道该说些什么。

母亲看到韦明回来，眼里迸发出喜悦的光芒，她艰难地侧过头来对韦明的继父说：“孩子他爸，你先出去吧，我跟阿明说句话。”继父深深地看了母亲一眼，好像要把母亲的样子永远刻在心上一般，然后像幽灵一样飘了出去。

“孩子，过来。”母亲把枯瘦的手伸向他，韦明连忙过去握住母亲的手，到床边坐下。

“妈，你怎么了？”韦明的喉咙顿时如被异物哽住了一般，竟发不出声音了，几天都没休息好的他眼睛里充满了血丝，此时正强忍着不让自己落下泪来。

“孩子，妈妈快要走了！”母亲也红了眼睛，眼中蓄满了泪水。“孩子，你听我说，自从你爸走后，这些年我知道你过得很苦，也埋怨我改嫁了。可是，可是……”母亲的泪水终于落了下来，继续道，“我也没有办法啊！你爸在工地上掉下来摔死了，那黑心商人才赔了两万块，两万块啊！一条人命就值两万块吗？可是我们平头老百姓无权无势的，也斗不过他们，为了生活我也只能改嫁啊！”说到激动处，母亲开始剧烈地咳起来，韦明在一旁给她拍背。母亲平静下来，用一种讲故事的口吻向韦明叙述道：“在跟你继父结婚前，我就跟他说过，要他一定不能亏待你，而他，这么多年也做到了。也许你会说，他平常对你冷冰冰的，什么笑容都没有，对你一点都不好。可是你知道吗？自从你爸死后，你老是半夜惊醒，连我也拿你没办法。你继父不知道听谁说，隔壁村那片小竹林的露珠对治小孩子梦魇十分有效，那时我身体不太好不能去，于是他就每天半夜起床赶到那里去给你采露水，然后煮给你喝。也许是真的有效吧，喝了三个月，你就好了。”像是又看到当时的情景，母亲露出了淡淡的微笑。

“你还记得那年你打王强的事吗？”母亲的语气突然变得很忧伤，“你是不是觉得你打断了王强的肋骨，照他爹的粗暴性子居然没动你很奇怪？”

“嗯。”韦明点头。

“你继父那个傻帽，以为不说我就不知道吗？就在那件事发生后的第二天，我就去找了你的班主任。她告诉了我所有的事情。原来那天王强的父亲怒气冲冲地在教导处大吼大叫，扬言要断你两根肋骨，而且要告你。无论你父亲怎么道歉，你的班主任怎么劝说，他都不肯放过你，你……”母亲顿了顿说，“你继父为了帮你居然……居然给王强的父亲跪下了。不只你的班主任，连王强的父亲都让他给镇住了，而王强的父亲也不好再为难你了！”母亲此时轻叹一声道：“不然你以为王强的父亲怎么会放过你呢。”韦明现在已经完全呆住了，一句话也说不出来。

“还有，”母亲的声音又唤回了韦明的神智，“你继父在跪了之后，怕王强他爸还会找你麻烦，就把当年他母亲留下的檀香木桌给卖了，拿钱给王强买了营养品赔罪。你大学的学费是他借遍亲戚才凑够的，他还傻傻地以为我啥都不知道。唉！”母亲扬起了一抹苦涩的微笑，又说：“阿明，你别嫌妈妈啰唆，妈妈啊，也啰唆不了多久了。你听我说，你继父对你是真心的，你把心擦亮点，才能看清楚他是什么人，嗯？”听到这些，韦明当然懂得了继父这么多年的好，心里泛起了一波又一波的涟漪，对妈妈的问话也只以点头示意。

突然，母亲剧烈地咳了起来，脸上泛起了不正常的潮红，韦明忽然像感应到什么似的，连忙朝门口大喊：“叔！叔！”紧接着继父就像闪电一般冲了进来，从韦明手中抢过母亲的手，另一只手替母亲顺气，嘴里喃喃道：“你不会有事的，你不会有事的。”

“以后，以后你们父子三人要好好相处。孩子他爹，你以后要是再找老婆我也不怪你，可你一定不要忘了孩子们啊！”母亲哭着说。韦明已经说不出任何话来了，而继父通红的眼死死地盯着母亲的脸，好像这样母亲就会没事一样。看见继父如此，韦明更觉伤心，只求母亲能没事。可事与愿违，当天晚上母亲就去世了。

心明，月星明

韦明内心独白：

我忘记已经有多久没有抬头看过星空了。自从爸爸去世后，我的星空便是灰灰的一片，即使抬头看又有何意义呢?

小时候与爸爸在一起的时光仿佛还在眼前，还记得他说过：“小阿明，爸爸会像月亮一样守护着你。”可是他食言了，早早地就扔下了我和妈妈。于是，我再也不想看到那刺眼的月亮和那惨淡的星空。

那一年，那一天，妈妈带着继父出现在我的世界时，不可否认，我的心情很复杂，不知道如何是好。一方面，我为自己又有了父亲而窃喜；另一方面，我又怕他会取代父亲在我心中的位置。所以，我一直封锁着自己的内心，不让他走进来。后来，他对我冷冰冰的样子，让我不禁舒了一口气，这样，我就不会忘记我的爸爸了吧？我幼稚地想。而后，我对他也是冷冷的，我以为这样就两清了。可是母亲临死前的一番话仿佛一盆冷水当头泼下，让我彻底地意识到自己有多幼稚。

“你把心擦亮点，才能看清楚他是什么人。”母亲的话我记在了心里，把自己的心擦亮点，打开自己的心房，才能看清这个世界，才能真正看到那些对你好的人。

其实，我一直在自欺欺人，不愿意相信继父对我的好，然后用厚厚的城墙把自己的心圈住，用继父表面的冷淡来做借口。

对不起，我的继父，我的爸爸，一直以来是我任性了。

母亲走后，继父一直闷闷不乐，仿佛比以前更冰冷了。他仍如以前一般对我不冷不热的，可我却从他每个细微的举动里看到了他对我和弟弟的关心。而我那可爱的弟弟还小，如我以前一般误会了他，经常向我抱怨他一点都不关心我们。呵呵，想到继父偷偷为弟弟做的事，我不禁失笑。他还小，以后再跟他说吧！

五年过去了，夏日的星空一如既往地纯净美丽，晚风徐徐拂过人们的脸庞。我现在已经学会如何跟我这位外冷内热的继父相处了，像这样的夏夜，我不工作的时候会陪他在院子里乘凉，虽然一晚上我们谁都没有说话，但知道对方在不就行了吗?

我抬头仰望星空，在我的世界里它又恢复了原来美丽的样子，不再灰暗了。虽然夜空中只有繁星在跳舞，但现在的我，已经学会了透过黑暗看到隐藏其间的月亮了。

只要心里明白，繁星璀璨的晚上，你就依然知道月亮在那儿，从未离开。

疯　了

2014 级汉语言文学 5 班　李绮霞

一

“东西南北中，发财到广东。”

像无数内陆青年一样，年轻的爸爸和叔叔带着淘金的梦想和青春的激情以及各自的媳妇儿，告别家乡，踏上了南下的列车。

那是 20 世纪 90 年代，是个充满奇迹的年代，是个经济飞速发展的年代，只要你敢想敢拼，就是你的时代。

两年时光，爸爸从小小的车间操作工提升为车间小主管，工资为每月 60 元，外加补贴 5 元。小生活过得滋润了，喜气就会来临，年前我的姐姐就呱呱落地了。

女娃娃们就像约定好了一样，一个接一个地到来。

姐姐 7 岁的时候，我 5 岁，妹妹最小，她 3 岁。随着我们长大，爸爸的工资也涨了，那时候他被提升为厂长，一人之下三十人之上。但在这里我不是谈我的爸爸，我们小孩子不喜谈大人的事，大人们的发家史又长又酸，谈得不好就会惹来一阵打。

在我有记忆以来，我就知道我们住在一幢又老又旧的只有三层的大楼里。楼下是最让人不能忘记的“回味鸡”餐厅，小时候我们一直想进去，去看看那些会转动的桌子，吃吃那些诱人的食物。但，住了那么久，就去了一次，还是因为小叔叔看上了一个女孩，邀了女孩下馆子，约莫新手在这方面大抵有些害羞，拉上几个“小鬼”，胆子就会变大许多。进了餐厅，我们几个平日只知疯玩的“小鬼”（我的堂姐、堂弟和我们姐妹年纪相仿，两家人就是住在楼上楼下的关系）一下就如被绑住了手脚的鸟儿，没有了自由，又像刚刚被母鹰推到悬崖边的雏鹰，既害怕又好奇。现在的脑袋瓜大抵是锈了，再也不记得那光景里吃过什么菜，但女孩给我们五个送的可以斜挂的小钱包儿真真讨好了我们，事后小叔叔问我们女孩好不好，我们五个咧开嘴笑，点头点得如小鸡啄米般，现在想想叔叔和女孩能好上还是因为我们五个搭的“喜鹊桥”。

回味鸡门前有一大片停车空地，白天他家没生意的时候，或者夜里，我们就是空地的领主，我们在上面玩老鹰捉小鸡，比赛跑步，玩九宫格，跳皮筋，摸瞎子，玩花式跳绳……我们肆意地笑，肆意地流泪。但餐厅生意好的时候，车子就会填满空地，就像乡下的奶奶为了猪崽快快长大，死命地往猪崽嘴里塞东西，填得猪崽死饱死饱的，奶奶还为此受过爷爷不少数落。我们暗地里常常希望他家没生意，虽然之前我们一直渴望去他家吃饭，但吃过之后又没那么渴望了，不仅因为我们要捍卫空地的主权，还有另一层原因。有一天，我们五个无意间看见穿着白色厨袍的胖大叔将一大水盆的猪大肠扔在地上，一手抓了一大把盐抖到白花花、滑腻腻的猪大肠上，两手一抓，一揉，一甩，猪大肠又落在那大水盆里，那盆水混杂着猪油以及地上的黑灰，自此我们心里那团渴望的小火焰就一下子熄灭了。

我们五个在那幢楼里，年纪较大，人生经历多了，就可以称王了。

住在一楼的一个小女孩叫七七，她总喜欢黏着我们一起玩，但我们的大堂姐不喜欢她，所以常常欺负她。七七像个小猫咪，被欺负了就会躲在角落里偷偷掉眼泪，一会儿又屁颠屁颠地跑到我们跟前傻笑。

但每一个人都有生命不可承受之重。记得在一个大人们都外出工作的午后，我们五个在堂姐家玩“滑冰”，我们将洗衣粉倒在地板砖上，提了两桶水一淋，小小的家就是大大的滑冰场。我们滑呀滑呀，像在竞赛场上的种子选手，滑出了自己的天空。不知道是谁提议喊七七也来玩，堂姐起初不肯，但眼珠子一转，就同意了。堂弟将人带来的时候，七七是笑着的，嘴角上像缀着小小的花朵儿，特别好看。七七毕竟年纪小，“滑冰”这种事不是一下子就能学会的，堂姐牵着她小小的短短的手滑起来，七七穿着花裙子，一滑就像在跳着舞的花蝴蝶，两只抬起的手臂是翅膀，要展翅要翱翔。我们四个都停下来看可爱的小蝴蝶，但堂姐突然一把甩开了七七的手，两手一推，小蝴蝶便如断了翅膀般狠狠地摔在地上。七七忍不住无声地哭了起来，肩膀微颤，哭得很伤心。她向我们都投来一个眼神，渴求我们的帮助。堂姐把她的手伸到七七的眼前，七七怔了怔，然后绽出一个微笑，准备站起来，“啪”，一个巴掌落到了七七小小的脸上，是的，堂姐打了七七。这一次七七不知道哪里来的力量，推开堂姐，跑出了房子。

小孩子最大的本事就是不记事。我们又没心没肺地继续我们的“滑冰”，企图成为下一个冠军。“阿姐，你给我出来!”阿姐是堂姐的昵称，我们都叫她阿姐，现在急着找她的人不用猜就知道是婶婶。我们知道七七向她妈妈打报告了，坏事传千里，婶婶肯定知道了这件事，要来算账了。阿姐躲在厕所里，死活不开门。婶婶一定是气疯了，她在厨房里拿了一把菜刀，说要把阿姐砍了，说完还真的将菜刀从门下的空隙里扔了进去。

不知道什么时候，堂姐将门打开，腿间有一道长长的血渍，她跟婶婶说：“你砍了我一块肉。”婶婶听后脸色都变了，连忙拉阿姐去检查……

厕所里躺着一块极小的肉，半截手指甲盖般大小，泛着血红色。

后来堂姐和我们说，肉是她自己割下的，还真痛。

这个世界，还没疯，我们疯了，大人都不了解我们的疯。

二

大楼二层是一个神秘的地方。

每一层楼都有两个入口，一个在右边，另一个在左边。但二层右边的入口是被一个铁门关住的，那道铁门上的漆是绿色的，但时间久了，啪啦啪啦地往下掉，好好的绿漆就变成了铜黑色，黑铁门仿佛张着血腥的大嘴吞噬了门内的人。

妈妈告诫我们不要去二层。但小孩儿第二大的本事就是不让做什么就偏要做什么。我们五个又一次聚在一起，每一次干大事的时候我们就合体，团结就是力量。又是午后，午后是大人们最放松、最疲惫的时候。我们一个接一个地冲上了二楼，二楼并没有关着什么怪兽，反倒看见一个身上似穿似披着一件淡粉色薄纱外衣，若隐若现地透出里面的绿色小衣和光滑白嫩皮肤的女人，她看见我们了，向我们走来，那细细的腰和圆圆的屁股都同时跟随她的步伐有节奏地左右摇摆，抹了猩红色口红的两片唇微微向上翘着，带出一股摄人魂魄的魅笑。我们一惊，原本牵在一起的手刷刷地分开，五个人不约而同地逃跑了，背后是女人的笑声，格外明朗。

坏事传千里。有可恨的人向大人们告密了，我们两家联合召开了家庭批斗大会。我们站在大人们的跟前，头都要低到地里去了，大人就爱这样，一点儿小事就扩大，还爱算旧账。这批斗会进行了好久好久，久到站着的小妹都睡着了，久到月亮都将头缩到云里睡觉了。最后妈妈叹了一口气，说：“二层住着的都是一些‘小姐’，不要再去了……”

后来我们都没再上过二楼，但我们发现那些女人会在入夜的时候出去，走到对面的一座很漂亮的闪着金光的像城堡一样的房子里去。那时候我们都极羡慕那些漂亮的女人，希望长大了也和她们一般漂亮，找到心爱的男子。我们这般渴望，有一部分还是因为那时候电视剧《还珠格格》的热播。我的堂姐势力大，她当上了小燕子，我姐姐长着一双漂亮的大眼睛，她是紫薇。我是金锁，妹妹是香妃。大人们不在家的时候，我们会找来许多的被单往身上一披，在床上走宫步，那时候我们是“大大”的人儿，我们有一颗心，那里装着我们的梦想、我们的世界。

妈妈其实在生下姐姐后就没再工作了，她每天的工作就是在爸爸下班回家之前去搓几圈麻将，在妈妈怀着我和妹妹的时候也没断过。所以现在我们三姐妹打得一手好麻将是胎教以及环境影响而成的。那天妹妹被人抓走的时候，妈妈正计划着来一局十三幺。

案件倒带。我们五个就像混混一样横走在本来就不大的人行道上，东瞅瞅西瞅瞅，游手好闲。堂弟就是一人精儿，眼睛特别麻利，他发现还剩一大半的塑料瓶装的可乐夹在一辆蓝色货车的车轮里，他惴惴不安地朝我们望来，我看见他都流口水了，再瞧瞧堂姐，她用眼睛迫切地示意堂弟。堂弟费了好大劲才将可乐拔出来，抖着手儿拧开了盖子，仰天咕咚咕咚地喝了下去。他还没喝到多少的时候，堂姐一把给抢过来，差点把堂弟给呛死了，堂姐喝得很慢，一小口一小口地喝，我等待着，像等了一个世纪。好不容易从堂姐手中夺来可乐，我急得还没尝到什么味道可乐就直接灌到胃里去了，呛得我呼吸不上来。堂姐又一把抢走可乐，这时候小妹急了，她大喊着该她了。然而堂姐一把就将可乐扔到了马路边，说："不要喝了，不干净。"小妹哪里听得进去，她的眼睛红了，握起了拳头，像一头小狮子，猛地冲到马路边，去寻找那瓶遗失的可乐。我们不顾她，继续向前游荡。突然一个男人抱起小妹往一辆黑色的小轿车里塞，一下子就将车子开走了，我们急了，在小轿车的后面追，头发向后飞，眼泪也向后飞。

车子很快就消失在马路的前方。

我们累得想倒在马路边，再也不起来。堂姐拉着我们向家跑去，她擦擦眼泪说："快回家，回家找妈妈，妈妈会带妹妹回家。"我们又跑起来，用尽全身的力气，我们跑在后面，看见她的背影，高大得像一个超人。

找到了妈妈，她的眉头紧锁着，眼睛死死地盯着台面上的麻将子儿。我们带着哭腔告诉妈妈小妹被人抓走了，妈妈瞄了我们一眼，带着愤怒，我们不敢再吭声，偷偷地抽泣。"十三幺，给钱给钱！"妈妈麻利地收了钱后，立马跑到姐姐跟前着急地询问。知道事情的经过后，她就跑出了房子。

后来，不知道怎么的，小妹回来了，左耳朵后面缠着一个绷带。小妹回来后就傻傻的，问她被谁带走的，去了哪里，她都摇头，像个小傻瓜。她只记得自己去找可乐的时候，一辆车向后倒车，撞了她的耳朵，一个人抱起了她，她进了一个房子，白白的。

疯狂的是，小妹后来成绩一直很好，可能是被撞后撞出了住在脑袋里的智慧。

这真是个疯了的世界，我们都疯了。

女孩和女人

2014级汉语言文学5班　莫书琪

女孩，很倔强，有点小别扭，不擅言语。

女人，很要强，有点急性子，习惯口是心非。

两人的相处一直不愉快，经常发生争吵，有时甚至因为一些芝麻绿豆般的小事就争吵，冷战是常有的事，两人都死要面子，谁也不愿先低头，气氛就那样僵着。高考结束了，女孩的成绩不理想，只能选择二本学校。心中的期待就如突然被戳了洞的气泡，瞬间破灭。女人哭了，她失望了。两人之间生出了更多的矛盾，争吵的话题也时不时转移到她失败的高考上，紧绷的弦被拉得更紧了。

要填志愿了，女孩想去远方的城市，女人不同意。火山爆发似的争吵在两天的时间里经常出现，哭过，闹过，女人对女孩的愿望始终不予支持。最终女孩妥协了，填了离家最近的师范院校，那个她曾信誓旦旦地说坚决不去的学校，那个离她的高中只有一步之遥的大学。女孩觉得女人不理解她的世界、她的思维。女孩一直羡慕别人家的孩子，羡慕别人家的民主氛围，羡慕别的孩子能自由做主。然而，她们之间似乎总隔着一道跨不过去的鸿沟，虽然两人是世界上最亲的关系，但女人不愿意让女孩涉足女人的思维，女孩也不愿意女人干涉女孩的小宇宙。

终于，某天导火线被点燃，她们又吵上了，连带着以前的埋怨，这一次的争吵比以往的所有争吵都要激烈。甚至，女人一怒之下，打了女孩一巴掌，“啪”，两人都愣住了，女孩的泪瞬间就泉般涌出，她捂住脸看着女人，眼里满是被打的吃惊和恐惧。女人也僵住了，直愣愣地看着打了女孩的手掌，略长的刘海遮住了女孩的脸，看不清她的神情。最后女孩实在忍不住了，一言不发冲回了自己的房间，门被重重地甩上，连门框也震动了下，发出嗡嗡的闷响，一道门隔开了她和她。第二天，女孩出去找了一份暑假工，工作时间很长，从早上十点到晚上十点，整整十二个小时。工作很忙，很累，离家很远，下班时早已没有回家的公交。没有公交，她就骑自行车上下班，来回加上上班时间一共十四个小时，她坚决要做这份工作，只因为能让她在外面待着，能减少和女人见面的机会。

那次争吵后两人没再说过话，冷冰冰的气氛笼罩着整个家，除了沉默，似乎没有更好的方式，两人仿佛成了同一个屋檐下最熟悉的陌生人。早上女孩起床上班时女人已出门，女孩的午饭和晚饭都是在外面解决的，下班回到家早过了十一点。两人见面越来越少，甚至有时好几天都碰不上面。奇怪的是晚上女孩回家时也都看不到女人，每天女人都比她晚回家十五分钟，女孩虽然感到奇怪，却也不想去问。

女孩从工作地点到家的路途有点长，甚至有点偏僻。每次回家时过了闹市区，四周就变得很寂静，昏黄的路灯将女孩骑车的身影拉得很长，自行车轮胎摩擦马路的嘈杂声在安静的环境里被无限地放大。其中的一段路，时不时有流氓、醉汉聚在那里闹事，女孩每晚经过时都会把自行车骑得飞快，只为避开那些让她不安的人和事。

但越不想发生的事反而越容易发生。一晚，女孩的下班时间推迟了很多，一天的工作加上感冒，女孩格外疲惫，骑车的速度明显放慢了。不幸的是，那晚还遇上了一群流氓，他们拦下女孩的车，把她团团围住，身上满是浓浓的酒气，嘴里还说着流里流气的话。虽然女孩马上就要成为大学生了，但毕竟还是个刚脱稚气的孩子，遇到这种情况时脑袋里是一片不知所措的空白，女孩吓得只能紧紧抓住自行车的车把，仿佛那自行车把是她唯一的救命稻草。熏天的酒气成了一张吃人的网，缓缓扼住了女孩的喉，对酒精过敏的症状慢慢显现，肺部里的空气越来越稀薄，她逐渐产生了窒息感。粗糙的手掌如铁钳般紧紧缠住女孩的手。恐惧，是此刻女孩唯一的感觉。

突然，一个尖锐的女声插了进来，“放开她！”一股强劲的力量袭来，紧紧缠住女孩的手被狠狠甩开了，一只汗湿的手握住了她的手。女孩惊愕地抬起头，愣愣地看着眼前这个头发有点凌乱的女人。之后周围的声音她都听不到了，发生了什么她也不知道，唯一记得的只有那只紧紧抓住她的有点冰凉的手。

女人带着女孩拼命地奔跑，直到跑到家门前的操场。女人气喘吁吁地停下来，紧张地在女孩身上四处检查，嘴里絮絮叨叨地说着“有没有哪里受伤？不要怕，不要怕”。女孩一直呆呆地看着女人的动作。女人被女孩吓坏了，手上的动作更慌乱了，摸在女孩身上的手一直在颤抖着。看着女人的样子，女孩终于忍不住了，用力地一把抱住了她，狠狠地哭了起来，似乎要把刚刚的恐惧和不安统统哭掉。女人也用力地抱住女孩。女孩把头深深地埋进女人的肩膀里，突然她感觉到几滴冰凉的液体滑进了自己的脖子，女人哭了，那个在女孩眼里很坚强的女人竟然哭了。女孩的心瞬间如被抓住般，泪流得更汹涌了。

原来女人每晚都会跟在女孩身后，她担心有点傻乎乎的女孩，担心她会迷路，担心她会怕黑，担心她会遇上坏人。无论她们闹得多僵，她始终是她的心头肉。对于她的高考成绩她虽然有点失望，但女孩的努力她都看在眼里，女人始终认为女孩是自己的小骄傲，那是她努力的证明。不答应女孩去远方，是因为女孩有严重的慢性过敏性哮喘，她怕她没法适应北方干燥的空气，怕她病了不会好好照顾自己。女人也不擅言语，对女孩的关心也不会表现出来，只是习惯默默地付出。

听完女人的话，女孩的眼泪流得更厉害了，她没料想到女人的用心。女人一直很爱她，只是她的表达方式很沉默，沉默到让她无法感受到背后深沉的爱。今天过后，她知道女人的爱会如影相随，始终陪她成长，伴她尝尽人生的酸甜苦辣，走过崎岖小路与光明大道，直到生命尽头。昏黄的路灯拉长了两个重叠的身影，淡淡的温馨在夜里静静地流淌，温暖了两颗紧靠的心。

女人曾经也是女孩，她知道孩子渴望什么，她无怨无悔地付出，只是她的方式可能有些独特，你会看不出，甚至误会，但请别漠视这份爱，请闭上你的双眼，用心，用你的所有去感受她的爱，别让她受伤。

背　离

2015级汉语言文学1班　李玉肖

曼玉突然感觉如同有棉花堵在胸口一般，全身上下黏黏腻腻，恶心得要命。她面无表情地站在井边，一动不动。古井无波，辘轳一圈一圈地转。

她忽然间觉得有点烦躁。曼玉妈的大嗓门由远及近。

"曼玉，你在那磨磨蹭蹭地干吗呢？还不快点打水回来烧饭，等会儿你爸爸的朋友就要来了，要是等会有啥差错看我不打死你。""哦，就来了。""那还不快点？"曼玉妈瞪着眼睛虎着脸训斥，一脸嫌弃厌恶的样子。

曼玉的心沉了沉，叹了口气，放下手中的东西往回走，打算回家准备今天爸爸朋友们的午餐。随着曼玉的松手，辘轳慢慢往下坠落。

"你王阿姨家的孩子也真的是忒傻忒没有良心了，你王阿姨养她那么大，给她介绍了门好亲事她还死活不愿意，偏要去读什么大学。你说女孩子读那么多书有什么用？最后还不是要嫁人？还不如趁着年轻早点下手，早日找个合适的嫁了，还能多挣点彩礼钱孝顺孝顺她爸妈……""妈，其实我觉得王阿姨她女儿也没啥错，她也才初中毕业一年。""怎么？翅膀硬了还是怎么的？居然还敢顶嘴！初中毕业一年怎么了，十六七岁早就应该嫁了。吃我的，穿我的你还敢有意见啊？看我不打死你……"

曼玉摩挲着自己被扯得生疼的头皮，脸上却是拒人于千里之外的冷漠，她早已经习惯了。她的眼中似乎有什么闪了闪，快得让人抓不住。

曼玉妈是原是隔壁村里一个挺有名气的赤脚医生的独女，在医生去世前她还是一个骄傲的不知世事的公主。医生的医术挺高明，且心又善，慢慢地有了不小的名气，上门求治的人也就多了起来，几年之后积累了一定的资产，成了当地一个富裕人家。然而美中不足的是，曼玉的外婆生下了曼玉妈，不久之后又毅然离开了曼玉妈和曼玉的外公，没有留下一句话。所以曼玉的外公在曼玉妈几岁的时候决定再娶，不忍心亏待自己的独女。天有不测风云，医生在曼玉妈十岁左右的时候离世，随后家中钱财被继母洗劫一空，自此继母销声匿迹，不知所踪。曼玉妈从傲娇小姐变成了时不时流落街头受人欺负的打工妹。不知道是不是曼玉妈残缺的童年给了她太少正常成长的机会，以至于她变成现在曼玉眼中扭曲而不可理喻的母亲。

曼玉妈躺在长椅上，曼玉坐在小凳上，大厅里只有她们俩。曼玉妈用眼斜睨着曼玉："有的人就是傻。自己父母双全，还要认个干爹干妈来叫一叫，你说这人是不是脑子坏掉了！"曼玉妈看着曼玉，刻薄又尖酸地讽刺道。曼玉低头咬了咬牙，最终还是一句话也没有说，只是脸在瞬间变得通红，极度窘迫。她不由得握了握手中的缝纫剪刀，以缓解自己的尴尬。曼玉妈转动了一下眼珠子，从鼻子里狠狠地"哼"了一声，也不再说话。

曼玉的目光闪了闪，一瞬间又黯淡下去。

两人静默多时，相对无言。

"没有人在意你的人生，除了你自己！"脑子里不断回响着曼玉爸爸朋友的话。

"你阴沉沉地在那有什么意见啊？是没给你吃，还是没给你穿啊？"不知何时，曼玉妈坐了起来，面向曼玉，叉着腰，斜瞪着眼睛，一副不讲清楚就不让走的态势。曼玉缩了缩脖子，目光再次闪了闪。

曼玉妈最近很开心，曼玉就要初中毕业了。

曼玉妈看曼玉也顺眼了许多："养你那么多年，也是时候报答我们了。毕业后出去打几年工，每个月拿个几千块回家，或者是找个家境殷实的人家嫁了，彩礼啥的也有个几万块，也算是可以的了……"曼玉妈嘴角天天上扬，脾气看起来似乎也小了许多，只是每次看曼玉时眼睛闪闪发亮的样子让一个星期回一次家的曼玉感到有点恐慌。曼玉每次回来都能看见曼玉妈看她时如看珍宝似的令人毛骨悚然的近乎癫狂的眼神。

曼玉家离学校比较远，所以曼玉很小就寄宿学校了。曼玉知道自己最多读到初三，所以她努力地让自己的成绩名列前茅。

曼玉几乎年年都得到奖学金或助学金之类的奖励。这些钱足以支撑她的学费和其他支出。对于这一点，曼玉爸妈还是比较满意的，这不仅意味着曼玉上学不用他们出钱，还能时不时贴补家里，最重要的一点是，曼玉的好成绩给了他们在村子里或人群中炫耀的资本。他们会在曼玉得奖的大会上大肆喧哗，告诉周围的人讲台上站着的是他们的女儿。曼玉想，仅在这个时候我才是他们口中的女儿吧。曼玉在毕业典礼上作为毕业生代表与校长坐在一起等待着发言，时不时看一看台下脸朝上，一颗颗牙齿充分暴露在空气中的与他人聊得正起劲的妈妈。曼玉的目光又闪了闪。

曼玉把目光稍稍偏离了一点。

曼玉站在主席台上。她依旧有点羞涩，声音清清脆脆，一边做毕业演讲一边计算着自己不堪的未来。

曼玉失踪了。

曼玉是自己走的。

曼玉妈破口大骂，整个村子都可以听见她充满怨气的骂声。一开始有人以为曼玉妈伤心，担心曼玉，走上前去准备安慰安慰，然而还没有走近就被曼玉妈的强势话语给镇住了，大家这才发现关于曼玉的闲言碎语都是从曼玉妈这里流出来的。没有人有去安慰曼玉妈的心思了，都觉得曼玉离开了这样的妈妈才是最好的。

曼玉妈着实气愤，内心的不满在骂了那么多天后依旧没有一丝的缓解。曼玉的失踪意味着曼玉妈的一棵摇钱树没有了，好不容易养了曼玉十几年，一分钱都没有得到，她怎么可以一走了之？曼玉妈越想越恼怒，对着曼玉爸就是一阵拳打脚踢，之后才觉得心中舒坦了许多。

曼玉爸不是第一次挨打，但还是一声不吭，心却有点堵，在没人的时候会黯然落泪。那毕竟是他的亲生女儿啊！

曼玉失踪在村子里没有引起多大的影响，一切照旧。

后来，听说几年后曼玉爸忍受不了曼玉妈的拳打脚踢意图自杀，然而自杀不成反成了残废，终日只能在屋子里头躺着。曼玉妈要死要活地与曼玉爸离了婚，拿着家里所有的钱，带着曼玉的弟弟，一去不回。

听说曼玉爸的朋友在曼玉妈离开不久之后来了，把曼玉爸接到了城里的医院，悉心照顾。

听说也是在这一年，这个小山村出了第一位大学生，且是第一位考出国门的大学生。听说还是一个女娃儿。曼玉爸后来还听说，这个女娃儿是他朋友表姐的女儿，喜欢这里的环境，所以才转学到这里来的。

曼玉爸长长地“哦”了一声，看起来似乎有点落寞，又像是想起了什么一般：“唉，我家曼玉这娃，如果继续读书的话也差不多是这个岁数了。”说完苦笑了一声，像是在自嘲。

曼玉爸的朋友若有所思，只是看了曼玉爸一会儿之后，又把目光转向了窗外，不再说话。

曼玉爸在门口晒着太阳。黄昏落幕的色彩仿佛在曼玉爸的身上绕了一个圈，本就不是太高大的身躯显得更加瘦弱，整个人看上去比实际年龄更老。原本因自杀而受伤的腿因为截肢留下了终身残疾，现在只有空荡荡的裤脚在晚风中起伏不定，看上去甚是苍凉。

曼玉和曼玉爸的朋友站着看了一会儿。曼玉叹了口气，慢慢走到井边，顿了顿，目光有些闪烁。她弯下腰，开始摇辘轳，只是速度逐渐加快。曼玉爸迷茫地看着这一切，忽然间他感觉到有人拍他的肩，他回过头，一张满是皱纹的脸慢慢舒展成了一朵花。

曼玉回城了。曼玉衣着光鲜地回了乡下。曼玉开车把曼玉爸接走了。

不多时，小村子里关于曼玉的消息，铺天盖地。世界似乎和平美好。

“曼玉，快给我开门！你个赔钱货，不给我钱就直接走？消失了那么多年，你也不看看我们过的是什么日子，我不生下你你有今天吗？钱呢？你个没良心挨千刀的……”大清早，这毫无顾忌的敲门加骂声打破了街道的宁静。

许是早有预料，曼玉恭恭敬敬地打开房门，好茶好礼伺候着，把曼玉妈许多的话语都堵在了几张银行卡前，除了一句“您进来吧”之外再无话语。曼玉妈心满意足地走了，走的时候还在算计着可以从曼玉那里拿多少钱。

曼玉妈的牙齿暴露在空气中，肆无忌惮。

曼玉静静地倚在窗前，内心平静无波。曼玉爸、曼玉妈皆已经安顿好，给他们的钱足够他们在这个小城安稳地度过晚年。曼玉的目光闪了闪，恢复了当初的坚定，只是多了一抹决绝。

笼罩在烟熏色的滤镜中，红日余晖抖满了一身睡袍。

所有的获得都需要付出代价，行走既有鲜花也有伤疤。漆黑的午夜，曼玉独自前行，前方全是黑暗，只是逐渐靠近了黎明。

曼玉走了。

所有人都说。

“嗯，在昨天晚上走的。”

新声雅韵

长相思·一叶秋

2012级广播电视学1班　潘王华

一叶秋，两叶秋。
叶叶离情风不休，空枝残影留。
水长流，泪长流。
一惹薄情成苦囚，黛眉整日羞。

注释：
羞：指愁在眉头而收敛。

陶瓷对铁罐的表白

2012 级汉语国际教育　陈　梅

那些年，我平凡得连影子都没有。
每回西风走过，
总踩痛我的心弦；
每回雪花飘落，
总冰封我的全身；
总有一种声音在回响：
我是神，万人顶礼膜拜，也包括你。
犹如伤口上撒盐，滋滋作痛。

但是，我又深知：
我的平凡绝不平庸，
有天黑，就有天亮，
一切都会好的，正如每天的太阳都是新的。
因此，我选择年轻的笑，
去等待一坛甘醇美酒。

若干年，破土而出，
阳光、鲜花，簇拥而来，
突然发现过去的神不见了，
今日的风景也不一样了。

我只想说：
世上没有永恒的神话。

无花果

2012级汉语国际教育　张海玲

你我本是两条平行线
奈何，终究
躲不过命运之神的捉弄
黎明征服了黑夜
你我在那一瞬间有了交集
从此
我不再是我
黎明渐红过大地
你来，我走
匆匆一瞥
应是千言万语
竟无语凝噎
留下相思回忆伴我行

秋之日历

2012级汉语言文学1班　韦鹏冰

遥远的清晨，偌大的空荡校园，望得见秋的身影。

当夏之帝国咽下最后一口气时，秋，以盛气凌人的姿态，登上了富丽堂皇的宝座。

一夜之间，一只不知名的鸟衔来秋的果实。

一片秋叶，从树冠上温柔滑下，宣告秋的入席。

雨滴，邂逅脸颊，多出了片刻的凉意，如忧郁少女的手。

秋之落叶，甘于平凡，臻于泥土。

借助风、雨，又或是以原始的姿态，悄然滑落，寻找生命的归宿。落入根，储存坚贞不渝的情愫。

飞渡入海，惊醒畅游的鱼儿，誓死捍卫一方阴凉。

岿然不动，卡于枝头，亦站成季节忠实的信使，通报秋叶离席的信息。

飘落，飘落……

优美绝伦的舞姿，奇妙的旋律，成熟的象征，生命的归宿。完美的终结，自自然然，默默无闻，毫无保留，堪为大节。凡此种种，诠释况味人生。

在秋中穿行，风擦肩而过。那飘落的叶片，如一张张撕下的日历。俯身，捧叶在手，绯黄脸颊，灼伤眼眸，枯瘦的脉络，如此分明。枝枝杈杈，戳成铁戟，锋利，出鞘；亮剑而非潜伏，演绎一曲啸歌，笑傲江湖。

风过天地肃杀？

不！秋叶，绝非时间的傀儡。

她只是掏光了赠物，向自然之神献上虔诚的典礼。

懂了，叶，还不老，趁着光阴，贡献全部绿色。勿扰勿惊，完成神圣庄严的交替，无愧于来人世一场。

秋之日历，渗透大地深处。

根须里，泛起生命的活力。

四月天

2012 级汉语言文学1班　梁敏儿

最是一场如烟雨
带着三月和煦的余息
飘进了故人日复一日的梦里
不可重拾地坠下
在眼中，在心间

远方的你欣然归来
带回了嫩绿一地
剪断了寒冬黯淡的缟衣
是你
让牵挂的泪水凝固
串成睫毛尖上的珍珠
在无人的夜里闪烁

你是天堂的使者
伴着蒙蒙的烟雨
引领先人归来
你无处不留
在路上，在树间，在墓前
美丽如你
泥泞的山路践踏出你的轮廓
鸟儿的欢叫是你动人的声线

多少人在你怀里凝望
隔着冰冷的墓碑
小心翼翼地回忆
寂静，沉默
如同牵出一场隔世的童话
美丽，易碎
一梦惊醒
又是人间四月天

铁窗下的呐喊

2012级汉语言文学1班　钟季求

一

人类总是质疑我们：
“天下乌鸦一般黑。”
这是一个颠倒的世界。铁一般的意志束缚着狭隘自私的灵魂。
动物的自由在远处？
你们吃得下素菜，喝得了浓汤。
闲情之余挑剔我们的杂食，恶心我们的人生。

二

我们是黑夜里的游魂，恣意，嬉戏于你们的屋梁。
阵阵尖叫，撕破似乎由我们编织的夜幕，竭力挣脱。
难道浪漫是罪名？难道黑是过错？
好吧，我承认。
鸣声粗粝，外在丑陋，被钉上十字架的命运。
野百合也有春天。
乌鸦反哺，痴情一生。孝爱的印迹，成为永久的刺青。
还不能漂白我的暗黑？

三

神凤九天飞舞，睥临于世，预示吉祥安康。
总是有冰冷的眼光席卷我，暗示我，诽疑我。
我不屈的身躯挺立，我骄傲的眼神透视一切的尘与埃。
请叫我孤独的勇士。

我不是恶鸟，
我是善良的卡夫卡。
从过去的人头上掠过，我的眼睛容不下污浊，我的嘴里吐不出谎言。
我将长鸣回旋于坟墓上空，接受荒草的馈赠，搏杀世人的白眼。
愚蠢的人类呀，直面现实的人生吧。

秋　思

2012 级汉语言文学 2 班　柯瑞红

沙沙黄叶沙沙秋，
点点红豆点点愁，
三更雨滴三更后。
落花灯，只影浮，
几许萧萧满西楼。
良辰催人老，
江南椿萱忧，
都上心头。

秋思·秋韵

2012级汉语言文学2班　罗晓君

又是一年秋时，今秋又有几人于落叶飘零之际叹时日远逝、青春不复？一世有一世之思，或喜或忧，盖其咏叹之词调亦大同小异焉。古者，若摩诘秋雨初晴晚景之怡然，文房临吴公台感于其物依旧而人不再，太白谓在昔之思于谢朓楼，子美秋日登高时心头难却之悲，子瞻乐赏中秋月于外、蕴离别之伤于内，梦得高歌秋日之咏调也。今者，吾之意者乃万物灵动之生诸年岁之蔓枝。

夏雨冬雪、春华秋实，茫然乎不知年岁之所如，惟叹昔之不再与今之渐远于流乎指端之时，虚渺乎不知生之终归何处，只求今世尽己之能、无怨无悔。

盼一日，辞市井之喧，远孤寂乎众人，舍不解之伤，脱扬人之梦，漫游荫林之道，身经四时之雨露风霜。盼一日，赏天地之青亮于早春草叶之清露，悟自然之气于夏时斑斓之光影，感袭人之寒于秋深瓦沿之玉霜，嵌心之明净于冬日枝头之雾凇。盼一日，伴所爱之人尽赏世间之胜，历酸苦甘甜于年岁之岸，淡乎至生之极也。

佛曰："一花一世界，一叶一菩提。"盖其意为当世之微物皆有其跃动之脉，皆含灵动之生，目得之时或否矣。人生者有限也，若花之开谢，其须臾而绚也，乃天地之至美。今吾愿以轻灵之笔，记今秋之哲思。待数载芳华尽褪，而及年华之秋，倚栏追忆年少时，今微之叹，是否如落花流水远去般不复思矣？

南向鸿鹄寻旧迹，乘风飞叶漫天游。
晨风晓雨新亭苑，薄雾暮云旧阁楼。
十载红尘路漫漫，半生浮影情悠悠。
丹枫片片为谁羞？桂子未言惟馥留。

时甲午年十月十九日

秋 寒

2012 级汉语言文学 4 班　黄海潮

荷残鹊泣斜阳碎，
竹撼莺啼醉月伤。
独倚孤楼寒欲漾，
繁花雨落化为裳。

秋思两首

2012 级汉语言文学 4 班　吴志坚

其一

无端落絮惹平春，
卷动秋心陌上尘。
拾起残花思旧事，
来生莫作断肠人。

其二

帘卷西风忆旧春，
自嗟无事惹红尘。
奈何横起秋凉意，
惊醒窗边寂寞人。

秋　收

2012 级汉语言文学 4 班　钟燕妮

金风抚过稻香绵，
玉露沾湿麦人镰。
晕下邀来窗对影，
酒间闲话瑞丰年。

落　花

2012 级汉语言文学 5 班　陈宇晴

枝头萧瑟落纷纷，
一地芬芳碾作尘。
长恨梅花生远北，
不知谁是种花人。

满庭芳·秋夜吟

2012级汉语言文学5班　秦子薇

东苑鸣琴，南亭叹息，寒天秋意凄凄。抚琴长啸，日日盼归兮。故友迢迢相思，哪堪得、孤影单栖。锁愁雾，鹧鸪哀泣，琴曲奏鸣低。

思当年月夜，举杯长饮，唱响清溪。此时独，冷风伴我望西。此恨千年难了，唯青酒、伴与长堤。空望月，遥遥相思，清泪行行齐。

夏行岭师赋

2013 级汉语言文学 1 班　陈树庭

岁在旃蒙协洽，律中中吕。赤乌熛飞，余漫步岭师，耳听目遇，是以感怀，爰为赋曰：访古榕之幽清，择群荫以下处，倚牌坊之峻极，吊古碑以凝伫。纷往事之须臾，伊华采终旧物。寻前人以响象，上有碑铭曰府书院记，选郡县之秀，聚之一区，此古党庠州序之遗也，共夏雀之恻怆兮，抚灵踪而谁泣。

夫朱明之长盛，驱万物以浮沉。鉴天中之朗曜，待日下而登皋。望东门阶外，车以挂辖，人以架肩。临紫荆楼前，绿红错落，斑驳其间，茎长盈尺其珍玮，四树交蓓而上骞。燕岭其中，廛闬铺地，分衢交纵，苍苍故壁，郁郁古榕，根砥砺如青松，叶睥睨乎苍穹。鸣蝉竞聒噪，嘉树岂争荣。生当为此树，死如蝉壳空。

路转西行，崒剑高钟。矗破长天，经阁九重。据浮云兮对日，含诗书俟青龙。观版筑之固护，将万祀益恢宏。兴致未已，而风伯雨师之忽至，天地一色顿玄虚，听淜滂声沸，耾雷惊鸣，乱柯交接，宿鸟归憩。悲夫风催檐牙，梢杀巢枝，羁鸟孤身何所寄？

孱条铺地，淫雨终息，看陌上落红憔悴，哀世间盛衰有时。乃瞻高枝，竟转生意，藤须布濩，犹垂柳细，横柯缚蔓，若驷苍螭。祕液坠之青砖，嘈切如筝，苔痕生乎广隰，绵幂有姿。念福祸兮双生，谅人生亦如斯。何不迟荷仙以凌步，邀祝融共杯余。

莺啼序

——秋日有所思

2013级汉语言文学1班　梁苑川

（重阳）清秋赏菊石下，念桥边岸柳。雁声过、鸿影深深，似道个天凉否。小楼起、梧桐叶落，金蝉化羽声稀陋。看重阳佳节，茱萸难见亲友。

（晚秋）一泓平秋，寒鸭数点，冠余霞弥久。招红袖、独守阳窗，煮了三两红豆。剪斜阳、朝朝暮暮，断流水、时辰仍走。晚风凉，月桂香浓，忘关窗牖。

（忆中秋）银屏画冷，瓜果盈盘，烛影亮如昼。摇素扇、且推帘栊，罗袜生尘，打个秋千，几度欢就。未央长夜，银花火树。喧嚣声处人欢愈，记当初，携手共击缶。高歌踏月，却看月上梢头，人影依稀仍旧。

（寒露）凭栏远望，不见山波，低首轻敛袖。煮黄酒、小炉汤沸，且放青梅，落个清闲，只待秋后。琵琶切切，谁拨弦脉，弹他个汉宫秋月，捻黄花、廊上听罢久。悲声莫作多情，怨曲凄凄，夕阳易瘦。

荷情三首

2013 级汉语言文学 2 班　张文华

其一

娇姿欲滴浣霞天。
惹起胭脂比并怜。
却憾朱颜如逝水，
转年菡萏却依然。

其二

小池叠翠映低天。
出水娉婷照水怜。
忽睨鲈鱼闲吐浪，
漫思莼菜转凄然。

其三

水光潋滟有晴天。
当日凌波相约怜。
一夜芳心听急雨，
蓝桥香冷倍潸然。

夏夜两首

2013 级汉语言文学 4 班　张锦文

其一

暑夜流萤飞满天，
坐观夏月第几年。
凉风拨帏入帘梦，
渐听虫鸣伴枕眠。

其二

煮茶消暑农家闲，
蒲葵摇话二更天。
游子身后路已远，
邻家相问有来笺？

一串足迹

2013 级汉语言文学 5 班　李晓铃

我站在旧忆的风口
朔风卷起千层黄沙浪
迷离了双眸更模糊了泪水
旧忆是镶嵌在沙砾上的石英片
刻着我欢笑和痛哭的吻痕
我站在青春的四季
淌进清溪和春畅游
剪一叶夏荷同蛙和弦
摘一株麦穗与秋共舞
嗅一枝寒梅邀冬对酌
四季的车轮滚动不息
青春的印记一直向前
我站在梦想的苍穹
渴望插上雄鹰的翅膀飞翔
任风电雷鸣一次次恐吓
任悬崖峭壁一次次阻挠
一直就这样
找我的方向
等待黎明破晓那一瞬间
扶云直上三千里
我站在未来的港口
绵绵水草摇曳着
跳上一无所知的甲板
海风轻抚我一颗游子的心
我不怕海浪折断了我的远行
只怕我放弃了扬帆起航

撷

2014 级汉语言文学 1 班　李林晓

我在黎明中启程
清晨的雾气还萦绕在我的胸怀
我涉过此河
及膝的溪水清澈明亮　翻腾起白色细沙
来自波涛下嘹亮的颂歌
如词天籁
我从九月的空气里走出来
只为采一朵最新鲜的龙胆
放在你的窗台
而为了这一朵龙胆
我穿过繁茂的森林　攀牵流云
黛青色的云烟聚拢又散开
阳光仿佛也踏着节拍尾随而至
只为了你开窗的一刹那
蓦然瞥见这山林女神的裙摆

故乡的雨

2015 级汉语言文学 2 班　华　浩

故乡多雨。

或温柔缱绻；或低语呢喃；或缠绵悱恻；或若即若离。

故乡的雨，应是绿袖红装的佳人。

在故乡的雨夜，轻推木窗，顿觉芝兰馨香，那是雨的芬芳，枕雨声入眠，则梦里风吟鸟唱。

故乡的雨，雨中的故乡。

烟雨微茫，缥缈处，丹唇半启，皓齿微露，如泣如诉，如怨如慕。

应是青葱指，又如棠梨叶；宛若牵丝戏，恰似少年游。

且斟一杯故乡雨，饮不尽，乡愁。

昨

2015 级汉语言文学 4 班　陆小玲

何忆当年痴痴情，
却残如今浅浅语。
难与心意慢慢絮，
又止汝影步步离。
不共夜幕寂寂色，
怎识嫦娥泪泪清。
把酒欢愉杯杯醉，
笑忘书页页页黄。
谁人还晓心心哀，
空留孤清座座零。

秋暮笙歌

2015级汉语言文学5班　麦茵茵

山若灵兮秋知寒，
石若寒兮人远扬。
人若扬兮叶继落，
叶若落兮君笙歌。
君若歌兮蝶亦舞，
蝶来舞兮尘染裳。
裳涟涟兮露茫茫，
茫茫暮兮思断肠。

且听风吟

我的宝贝我的家

2012 级汉语国际教育　何进玲

这个世界上，每个人都有自己的宝贝，而我的宝贝就是我的父亲母亲。我的父亲母亲给予我生命，抚养我长大，教会我做人，传授我处世之道，是在以后的以后让我感到更富有的人。他们，是我生命中的宝贝。

我的宝贝，是普普通通的农民，但这两位普普通通的农民给予了我在这个世界生存的机会。我选择不了出生的环境，只是，如果我可以有选择，我依然会选择待在这两位普通农民的身边，为什么？因为是他们让我明白什么是家人，什么是温馨幸福。很多人都在追求成功，只是什么是成功？我一直追求的就是稳定平淡的幸福，在这个幸福当中，最重要的就是要有我的宝贝的陪伴。

时间冲不掉我对他们所有的回忆，滴滴点点，会在温暖的午后荡漾在我的脑海里。我的宝贝，给我一世的温暖，让我不至于一个人孤独的时候感到无助；让我不至于一个人伤心的时候感到寒冷。我的宝贝，给我撑起一片天，让我在打拼的路上，有遮风避雨的地方。

我的父亲，一名老实的农民，他跟其他父亲一样，不善表达自己的父爱，甚至可以说是位严厉的父亲。他在我的心里是高大的。但金无足赤，人无完人，我父亲的缺点多得数不过来。他的嘴很利，但是他的心很软；他的脾气很倔，但是他的人缘很好。我和母亲经常笑话他上至八十岁的老人下至三岁的小孩都认识，当然，这是因为在农村，没有在城市那种把门一关就是两个世界的隔阂。我的父亲，貌似随着我的长大，身体也渐渐发福。每次回到家，我都要开他的玩笑："老爸，都几个月了，怎么孩子还不出生？"笑倒一屋子的人。

我的父亲，嘴巴很利，说起人来不留情面；脾气很倔，又爱喝酒，跟其他人的父亲比起来，好像差了不止一大截，可他就是我的宝，是我最爱的父亲。他脾气不好，可他教会我如何做人，如何处世，如今的我没有变坏，亦多亏了我的倔父亲。他脾气不好，可是他慷慨对人，用心对朋友；我的父亲给了我最宝贵的财富，家里虽穷，他却给了我最好的物质生活，因为他把他最好的都给了我。他没有华丽言语，却教会我，即使是女孩子，也不要轻易掉眼泪，因为哭泣不能解决问题，要学会坚强地面对一切。虽然我现在也很爱掉眼泪，但也明白解决问题才是首要的。父亲教给我的，何止这些，更多的，是我受用一生的无形财富。

在我的家里，没有重男轻女的观念，父亲母亲和两个弟弟都把我宠上天。记得初中的时候，有人对父亲说："女孩子不要让她读那么多书，早晚都要嫁出去的。"父亲却回他一句："如果她有能力读书，即使砸锅卖铁我也要供她。"那时的我很早熟，我知道，农村人重男轻女的观念很重，但我庆幸，我生活在一个突破农村封建观念的家庭里。在求学的路上，我一直怀着感恩的心前进。父爱的光，从未在我的人生中暗淡，我感恩自己一直拥有这样一束光，拥有这样弥足珍贵的宝贝。

我的母亲，是我的另一个至爱宝贝。她个子不高，所以经常被别人嘲笑，我多想去和那些无知的人理论，可是母亲却一笑置之。我的母亲，是个心态很好的人，这是我需要向她学习的地方，也是她一直教导我的，"做人要有好的心态"。母爱是温暖的，这是自我懂事以来感受最深的一点。

我常想，是否每个人都能如我一般幸运地拥有那么慈爱的母亲，答案明显不是。我与我的母亲亦师亦友，是这世界上最亲密的人，对的，是亲密，我的母亲是比我还要了解我自己的人。我不知道他人是如何与自己的母亲相处的，我只知道我非常依恋母亲。每次放假回家，我总要拉着她出去逛街，总是要她买东西给我吃。母亲总说我像个三岁小孩，总是长不大，其实，我只是在他们身边长不大而已。

最让我想念的，便是放假的时候，每天晚上睡觉前和母亲说悄悄话。我和母亲之间，没有什么是不能谈的，对于同一件事，我们会发表不同的意见，然后取长补短。我很感激我能拥有这样一位开明的母亲，在我的成长过程中给予我那么多的幸福与欢乐，教我要大度做人，要思想开阔，不能斤斤计较，凡事看开。可以说，母亲教会我的，是我这一生都随带的并且应该发扬的品质。

母亲也并不是完美的存在，她最大的缺点就是爱唠叨，或许这也不是缺点，是每个母亲的本能。母亲总爱唠叨父亲，唠叨我们三姐弟，或许唠叨也是一种幸福，关键在于我们站在什么角度去看待。母亲爱搓麻将，在闲暇之时，她总会与她的朋友们一起去搓麻将，而父亲总是不喜她去，两人也总会因为这件事而闹小矛盾，但我是不反对的，我希望父亲母亲可以让自己过得更加轻松一些。

时间的齿轮留下踩不乱的印迹，琉璃花味流年转，父亲母亲牵着我的手，走过了无数的风风雨雨，在这辗转的流年里，盛开的花溢出动人的花香，就像我拥有的幸福，散发迷人的光彩，而这些，都是我的宝贝给予我的。

我的宝贝我的家，我的宝贝，我生命中不可或缺；我的宝贝，我人生的分享者；我的家，我的港湾；我的家，我奋斗的动力；我的家，我的归依。

我不想用承诺或誓言去承担我父亲母亲的未来，因为语言太苍白，我只用行动去给我的宝贝无忧的将来，在他们步入老年之际，让他们安稳无忧。我的宝贝我的家，我的幸福我的家。

残缺的心灵

2012 级汉语言文学 1 班　梁思敏

公交车，一个站，接上一批不认识的人，走下一批已经看过一段风景的人。又有多少人可以记住这些面孔？就好像今天我从同学家搭公交车回来之时，我对自己说，一定要记住他们。现在，我只能够记住一些模糊的片段：七八岁的小男生，瘦瘦的，穿着白色的衣服，衣服上印着勇士的图案。但那孩子的面孔，再怎么深思，也是遗忘了的。所以，我宁愿相信，他们长得像我的弟弟。

两位妇女带着四个小孩上车，都是小男生，长得眉清目秀。

四位小男生上车之后，就站在前面等着妈妈把钱投入投币箱。然后再嘻嘻哈哈地跑到我后面的座位——最后一排，五个座位。一位老伯伯在那里坐着，四位小孩，刚刚好。但我看到那个最小的孩子坐在了哥哥的腿上（我觉得那位男生应该是哥哥）。我很纳闷。

一位妈妈看了看坐在最后一排的孩子们，说："找一个位置坐着。不要坐在哥哥的腿上，会累的。"那位小孩看看他的妈妈，犹豫着，不肯。那位妈妈说："我借了阿姨的钱，给了钱的。哥哥的腿会酸的，快找个位子坐。"那位小孩才走到空着的位置上坐下。孩子们继续说笑，说外面的风景、他们的勇士，傻傻地跟着旁边的老伯伯一起念："三叉坡。"

我开始明白为什么那位小孩宁愿坐在他哥哥的腿上，而哥哥又为什么会让跟他差不多大的弟弟坐在自己腿上。

因为他刚开始没有给钱，本该不能坐车的。但是他们的行动将多少美德交付给了世界，说到底，世界是赚了的。我不知道车上的姐姐、阿姨、大叔、老伯伯，是否和我一样，怀着敬佩、感激、羞愧的心情，目送他们下车。

我记得那篇报道，公交车熄火，车上的大人都不愿下车推车，只有一群小朋友背着书包下车去推那辆坐着大人的公交车。那时，我总是在想，如果我在车上，我是否会下车？既然在盘算，就说明，我已经思考过自己的利益了，不管最后会不会下车、推车。那句"只要人人都献出一点爱"

我总是害怕说，总觉得那是一颗不纯粹的心，没有勇气说出。

我也在书中看到了一个故事。一位女士抱着她的宝宝上车，坐了一个位置。有人问她："为什么不把孩子放在隔壁的座位上？一直抱着，放在腿上多累呀？"那位女士说："我只买了一个位置的票，怎么可以坐两个位置呢？"

读完这个故事，我很惊讶。我知道，所有身高在 1.1 米以下的小朋友都是可以免费乘坐公共交通工具的。所以，我一直以为这是理所当然的，并已经开始习惯了一些事情的理所当然，以后，我该如何教会我的学生、我的孩子那些已被遗忘的美德？如何做到身体力行？

说到底，我是在妒忌小朋友们拥有童话般的世界。我有多热爱这个世界，就有多讨厌自己那颗不纯粹的心。是世界的残酷，让人难以拥有一颗纯粹的心灵？抑或，人们为自己的自私找着这些理由，然后慢慢地再让它变成现实。是的，世界是残酷的，如此安慰着自己的心。良心，慢慢压在这句话的底下。这句话开始变得理所当然。

多想大声地说，这个世界，真好！

世界因爱而沉醉，因美德而美好。

即使我依旧会没有底气，但我还是会如此，想拥有一颗纯粹的心灵，去热爱这个世界。或许，怀着一颗已不那么纯粹的心去热爱这个世界，更真实、更需要勇气。

给 Cindy 的一封信

2012 级汉语言文学 3 班　张展镁

湛江，一个小小的城市。12 月的它却没有彻底被这寒冷冻结，优哉的流云显得慵懒。不禁想起你了，倘若你在的话一定又会埋怨我的天马行空吧。

Cindy，你的天空又是怎样的光景？

从网球场经过，抬头看到了稀疏的叶子泄下点点暖意，和缓的风间歇地逗弄着我的发，丝丝缕缕吹入我的眼。此时，又发现了微博上你在图片里醉人的笑意。啊，我根本用不着顾虑，南美洲此刻正是阳光普照吧。你是在墨西哥街头享受美食吗？是 Taco 玉米饼？你说玉米简直是墨西哥人的血液，我说那你的血液就是令人忘不掉的蔷薇馨香。此刻我敲下这句话时，你又在品尝樱桃了吧。

你是个奇怪的人，大家常常这么说。但吸引我目光的并不是那些，或许是你太单纯，单纯到从不改变，所以连日常琐事也均认真面对。

Cindy，走在凹凸不平的泥泞上，我遇见了一只通体雪白的猫。刺眼的白使人不得不去注意到它。记得初中时我们俩也有这样的宠物，你会蹲下身子抚摸它，伸出指尖嬉戏，低头静静观察它的憨态。呵，你不知道你早已留在我的镜头之中。纯洁于你，是最好的颜色。于是当我见到污浊的泥水居然染花那洁白时，泪水竟然模糊了视线。冥冥之中有什么不断煅烧着我的灵魂，可怜的朋友，此时我甚至不能为你送上一帕薄纸的安慰。

心灵的话语是最说不出口的爱。明明就在我眼前，却又看不见。你说天蝎座是最坚强的，但我分明尝到那咸涩游走于你心田。Cindy，那是很久之前的故事了。若恋爱真如童话般缠绵美丽，我绝对是你忠实的教徒。身子紧贴着寂寞，受伤后独自舔舐伤口的恐怕只有猫和你了吧。

Cindy，还记得那首歌，那首手拉手一起唱的歌吗？青翠欲滴的声音将春天也唤来跟前，大片大片的青草地让咱俩的视野更开阔。你听啊，阳光笑意盈盈地扑在脸上，此时能有什么不满呢。不，或许我还有讨厌的。你那种亲切温柔，有时让我讨厌。分明面对的是排斥你的人，你不知道温和只会化为刺向你自己的匕首，你鲜血淋漓地向着恶鬼微笑时真的很让我生厌。

不要嘲笑我记挂如此多无益之事，那是我真真切切的情。

Cindy，我的朋友。天知道我多想成为你的眼。替你看遍世间残忍，替你扫荡人面恶魔，替你先受一遍苦楚。因为那是自己的故事，所以你不想放弃，是吗？我就知道你一定会露出梨涡轻笑我傻。你留下淡淡的叹息离我而去，开创只属于你的国度。告诉我好吗，你那一半世界是什么颜色？

Cindy，我的朋友。包扎好你的伤，没人能耻笑你。把痛苦当作后盾吧，你不用瞻前顾后。如今默默无闻的每天，迟早有确立意义的一天。这是你教会我的箴言。我只在意什么是你的本心，那个感情用事的太阳已经把我晒得睁不开眼。

为了得到一些什么于是放弃一些什么，而流过的泪和唱过的歌，是否总有一天会让你我长大成人呢？

你一定还记得

2012级汉语言文学5班　毛　银

一路走过，你承载了我所有的记忆！你对我从来就不是一个可有可无的人。这样自在地面对面坐着说说话，于我而言是一件很美好、很重要的事。人们常说，友情是一坛老酒，越久越香浓。现在我算是体味到了它的香浓。往往一个生活的小细节，就可以偶遇我们的故事，你也一定还记得。

你一定还记得初三那年同睡一张床的日子，一定还记得那个属于我们的小屋，一定还记得夜晚一同聊过的梦想，流过的泪。属于我们青春的秘密，被时光完好无损地记录并保存下来。命运似乎格外眷恋我，把这段记忆很完整地留在了我的脑海里，又很清晰地再一次为我回放！那些在曾经青葱的岁月里，为了我们的学业，为了我们的梦想，我们一起奋斗，一起努力，没有放弃。我一直记得当初的我们是如何的倔强与偏执，也一直记得我对你许下的承诺，时光匆匆流走，我把它好好地放在心里，慢慢兑现，我相信你也从未忘记。

你一定还记得我们一同步入理想的高中，又一同在高中里继续我们的青春与故事。很怀念我们曾经肆无忌惮的笑容，不管别人的眼光与看法，至少我们开心地活在属于我们的世界里，无所顾忌。很久很久，没有那样过了。走过学校的每一个角落，都有我们曾经的笑语与身影，只是陪在我身边的人，已经不是你！不管怎样暗示自己，都无法掩盖内心的失落。曾经我们一起笑过，一起疯过，一起哭过……所有的所有，我们都一同经历了。那条河边不知留下了我们多少的身影与秘密，同时，也埋葬了属于我们的乌龟！我知道你一直在自责，认为当初你没有照顾好它，让它就那样“睡”在了那里。其实我一个人去看了它好多次，只是，我真的再也找不到它！

你一定还记得那次我骑自行车载你游遍小城，虽然烈日当空，虽然我们大汗淋漓，虽然皮肤被晒伤，但我就那样一直载着你，这份回忆，你还记得吧？你可能甚至有些负罪感，因为你的一次心血来潮“伤害”了我。

那让我轻轻告诉你，我愿意。你一定还记得那晚你固执地要喝醉，我晚上陪你躲在砖厂喝酒，晕乎乎的我们就那样相拥而睡。

你一定还记得我们一起在大堤上放风筝，我们跑啊跑，风筝坠落了又升起，好不容易才让它飞上天，结果却因为没系好线让风筝飘去了小洲。我们倔强地跑下去捡，却意外遇见了蛇，你吓得蹲下大叫，而我却赶紧拉着你跑。跑出很远后，我说我也怕蛇，只是知道你很胆小，所以我必须淡定。我还笑你，说如果没有我，你该怎么办？那一刻，你是感动的，庆幸自己还有我，庆幸还有人愿意保护你。

你一定还记得被我们踏过无数遍的操场，还记得你那温暖的小床，还记得教学楼前相会的小树，还记得属于我们的交换日记，还记得一起吃过的泡面，还记得所有的所有……18 岁生日那天和我一起唱《勇气》，谁都不知道你哭了，包括和你合唱的我，这个秘密本来只属于你自己！

接触少了，交流少了，笑容少了。我们都开始有了自己的小世界，你也开始有了属于你的美好爱情，我相信他会替我照顾好你。曾经你就在我的故事里充当不是主角的主角，你把所有都给了我。可能直至现在我都还无法完全体会你当时的感受。现在我想说，如果可以，我愿意做你的配角！我不想对你说谢谢，我讨厌客套的词汇，尤其对你！我们这辈子，都不需要那些。如果你累了，可以随时停歇，我在这里。如果我倦了，我也会毫无顾忌地靠向你的肩膀。我们都是彼此最初不变的依靠！

你一定还记得那些属于我们的小秘密，就让它深深地埋在心里吧！不要去触碰，我相信我们都会保管好它。等到几十年后，我们带着各自的另一半，牵着各自的孩子，再来相聚；再一起躺在床上，诉说当年的往事与秘密，一起露出灿烂纯真的笑容；再一起相拥而睡，继续我们曾经的快乐与偏执。抑或等到我们都老了，牙齿松动，步履蹒跚，再一起手牵手，漫步在夕阳下。看着青春的他们，怀想曾经的我们。

光阴去了，唯有你在。我感谢十六岁的我，她让我认识了你。我想大声告诉你，湛江的海很美，很美！我们相约在这里，一起去看海……

湛师随笔

2012级汉语言文学5班　文彩霞

日　晷

黑重的天幕一寸一寸地被拉开，一抹泛白的深蓝显露出来了。一支画笔，天越来越亮，颜色越来越多。七色融汇，阳光初生。一步一步，在那铁灰的日晷上留下足迹。六点三十分，脚步恰好落下。

路上，行人还少。我绕着日晷，一圈一圈地走。角度、方向是经过千万次的计算、调整，才能得到恰好的交汇。古人的智慧。仿佛能听到，时钟的嘀嗒声，一声一声，永不止息地往前走。我，依稀看见，她飘扬的衣角，渐行渐远。

煦阳不止，日晷消逝。露珠一颗一颗地从苍翠的叶上滑落，如断线的珍珠，如破碎的水晶。那是岁月的泪！我竭力想接住，却只能看着爷爷深沉的目光在我手中破碎。近乎全白的发，夹杂着灰，黯淡而无力，沟壑起伏的脸上，混浊的眸依然严肃，只是……

我用力张开双手，试图挡住那坚定地、不紧不慢地往前走着的时间。她却只温柔地笑着，从我身上走过，从日晷上走过，衣袖拂过爷爷的白发。

钟　楼

站在新与旧的边界上，沉默而温柔，百年师范纪念塔。然而，平日里，我们并不叫她百年师范纪念塔，而是钟楼、钟楼地唤着。纪念塔离我们很远很远，钟楼却离我们很近很近。她承载着岭南师范学院百年沉甸甸的历史，谓之纪念塔，却建成于2004年的12月。未能体现出历史的痕迹，却是我心灵的一个桃源。

在那一个上午，提着重重行李的我，在抬头的瞬间，看见前方沐浴在晨曦中的钟楼，心猛然颤动了。呆呆地看着阳光斜斜地穿过画着柔美弧线的廊，那样纯净的光恍若实质，无意识地伸出手。“同学，可以让一下吗?”蓦地回神，身后的同学惊异地看着我。

迫切地走近钟楼，走进那如水般的阳光里。心一下子安静了下来。沉重的行李、淋漓的汗、喧闹的人声……一切都消融在钟楼温暖的阳光里。

又走过钟楼，静静地坐在石凳上，倚着石柱……

立德园

一次，两次，三次……每天从那路旁走过。渐渐地，那树，站成了“品”字。那石，坐成了“?”的模样。起伏的坡勾勒出绝美的线条。厚实的、耸立的大石上，写着“立德园”。立德?是的，立德。

老人倒了，不再扶。车撞人了，拿出刀来。老师生气了，学生满身伤……德是该立的，立德园也是应该建的。那么，建成之后呢?“根叔”说：“如果我生活在这样的校园里，我会天天到这里走一走，坐一坐，在这里问天、问地、问人生。”启发广大师生“吾日三省吾身”，罗海鸥院长这样想。而同学们可有这样的觉悟?

一波人过去了，去弘雷楼上课。又一波人过去了，去燕雷楼上课。人潮涌动，来去匆匆，停下来的寥寥无几。唯有那一个傍晚，我看见一位男生，是的，一位，站在和顺树下，捧着一本书，一动不动。初看，竟疑是稻草人，其专心至此，完全融入了立德园。

古榕广场

在南方，每个地方都不缺榕树，尤其是在学校。从小学里的那一排榕树起，榕树在我的求学途中留下的痕迹越来越深。

在那青涩的岁月里，我最喜欢体育课。同学们整整齐齐地在一排榕树前列好队。做操，踏步，变换队形……榕树与我一同成长。

在再也不能过儿童节的遗憾中，我走进了初中的校园。操场边的大榕树是晚饭后，我最爱去的地方。坐在冰凉的花坛边上，伸手轻轻地拉着垂在眼前的气根，似乎听见榕树的低语：“长大了。”

大学的榕树比初中的大多了。一枝独秀地站在文化广场的中央，伴着孔子像静静地守望着长长的主教学楼。

记录着岁月的榕树在古榕广场越长越盛。走进去，几不可见天，在喧嚣的尘世里，隔出一片静区。听那古老的吟唱，诉说着岁月的流逝。

树人广场

开阔，绿，树人广场。在我心中，这三个词是连在一起的，不可分割。住在尚志苑，树人广场可说是一道最亮丽的风景了。每每走到侧面的阳台上，目光便不自觉地落到树人广场上。

傍晚，人们三五成群，或坐或站，或围成一圈，或列成一排。微风送来了欢声笑语。几个似是物理学院学生的男生兴奋地在调试着模型飞机。“呜……”三架飞鸟般的模型飞机在空中画出一条又一条的弧线。

一人，牵着两条30厘米高的雪白大狗来了。两条狗十分相似，一条脖子上绑着红色的苏格兰格子巾，另一条则是蓝色的。“好可爱啊……”周围的女生、男生或围过来或远远地看着。摆脱束缚的狗在草地上奔跑着，白色的毛像波浪一般，引来众人的赞赏。狗的主人与周围的人热络地聊了起来。

树人广场，开阔了胸怀，温暖了人情。

致亲爱的你们

2012级汉语言文学6班　程健宁

我亲爱的身体：

见字如面。

你今年二十一岁，即将大学毕业，站在人生的十字路口，你除了一张不怎么显眼的大学文凭，什么都没有。你离乡背井在异地读了三年大学，在这个陌生的城市不曾找到过归属感。你还是搞不懂错综复杂的交通路线，你还是一张口别人就知道你是外地人。你不是“官二代”也不是“富二代”，你没有能让你衣食无忧的家庭，大学毕业之后，你只有一个落寞的背影，是的，你只有你。

收信人：眼睛

每个我爱的人都要通过我的考验，而他无疑是佼佼者。最初我始终不明白，你到底在别扭什么。

一张坏坏的笑脸，连两道浓浓的眉毛也泛起柔柔的涟漪，好像一直都带着笑意，俊美突出的五官，完美的脸型，衬衣虽然有些破旧，但穿在他身上依然有种王子般的矜贵——外貌通过。篮球场上，他左右转体翻身，站在三分线外，用篮球画出一个美丽的抛物线，投篮一气呵成——球技加分。更重要的是，你看到他的头发被雨水打湿，只为亲手给你送上暖牛奶——如此体贴再加分。

但是即便如此完美，他还是没能打动你。他拒绝我到球场上为他呐喊加油，因为会被你看到球赛胜利后他当众抱着一个女生转圈；他声明尊重隐私，因为会被你看到里面的暧昧短信，就在他和另一个女生手拉手地出现在你面前的时候，我终于明白，为什么你一直都不肯为他放行，在爱情的世界里，你终能辨别出真假。

收信人：嘴巴

你之所以在现在的位置，是因为我们要先思考后说话。

舞台上的一张一合，你为我的演讲赢得满场掌声；辩论会的唇齿交战，你为我赢得荣誉；讲台上的试教，你为我搏得大家的肯定；宿舍的夜谈会，你为我获得珍贵的友谊。大学三年，你就像月夜嘶叫的小狼，总能唤出我最真的部分，因为你穿越我心灵的旷野，如同阳光穿越水晶一般容易。我的傻气，我的弱点，在你张开之后几乎不存在。

收信人：双腿

站在陌生的街头，拿着城市的地图，给同是游客的陌生人假装熟练地指路，吃着当地的风味小吃，手里始终拿着一瓶水，踏上拥挤的公交车，在某一个站口下车，漫无目的地行走，用耳机隔开熙熙攘攘的人群——能享受着一个人的快乐，这或许是迄今为止最值得我高兴的事。

我不明白为什么你会这样不知疲倦，但这样的行程却能带给我许多领悟。周围很多人也对此不解，很多人害怕冒险而选择平淡稳定的生活。我接受不了那种模式，却也没有勇气去打破那种模式。要么读书，要么旅行，身体和灵魂总得有一个在路上——或许这是你做出决定的原因。

我终于明白，你为什么这么执着，因为你那与生俱来的方向感，已经更早地、更敏锐地洞察到我的向往。

收信人：心

在大学三年的时间中，我与之前从未接触过的人相处、打拼，学会了如何战胜自己，如何努力做好那些之前从未接触过的事情，这个历程对我来说，只是生命极其微小的缩影。在大学快结束时，我即将面临的，是新的领悟和新的收获。

怀揣梦想，继续上路，因为你对我说，只要我愿意，你也可以。

我希望，无论以后我们遇到了什么事，都能够像现在这样，你带领着我，以这样的身份、这样的姿态，去感受这世间一切的愉悦与欣喜，勇敢而坚强。

是的，我亲爱的身体，你我形影不离。我应该谢谢你，为那些你记录的青春与成长。只是我知道，不管怎么样，我们都要一直走下去，去品味接下来充满挑战和惊喜的人生。

总有一天，时间会为我们刻下永恒。

后青春期的诗

2013 级汉语国际教育　王碧华

天空开始泛起水晶般纯净的蓝，让人心里回荡着莫名的感动。似乎只有这样的一个午后，心灵才会沉静得只剩下一如此刻的安宁。

我静静地坐在庭前看风吹起一地的流年，想起自己已走过的这一年大学生活，想起过去的一年为挤过高考独木桥的义不容辞，想起那一张张一路伴我追梦的纯净脸庞，竟有了些淡淡的感伤。当初踏进大学校门紧张而又期待的自己仿佛还在眼前，殊不知，就在孔子对着那条河吟出"逝者如斯夫，不舍昼夜"的年华之音时，时间的海潮一路咆哮着从我身边涌过，只留下全身湿透不知所措的我还在原地发呆，而我不能接受的是，我已经二十岁了。

犹记得那年，我们骑着自行车奔驰在路中央，你忽然回过头来对我说，好想好想现在就能二十岁！多美的年纪！呵呵，是啊，儿时的我们都认为二十岁是如花的年纪，当初这一切离我们是那么遥不可及。而当有一天，当我站在二十岁的路标旁时，我才发现自己有多么不安，眼神有多么惶恐。因为面对二十岁，我真的显得渺小而不值得一提了。

也曾想过，有一天要像很多人一样拿起笔来为自己的青春写点什么，而当我真的鼓起勇气握起笔来时，才发现语言有多苍白，文字有多无力，心中有太多太多的话要说，却无从说起。还记得，当初为了高考洋洋洒洒就是好几千字的决心书。还记得，即将开始大学生涯的那天，一脸郑重地在日记本的扉页写下的话。还记得，那一笔一画堆砌出来、列满一张清单的大学要做的事情。是的，我记得，我都记得，那些飞扬在青春岁月里的，给自己许下的幸福承诺。

而很多时候，我却任由自己的惰性肆意蔓延。那清单中还有好多事情等着我去完成，我仿佛看到那张清单在彼岸得意地朝我搔首弄姿，嘲笑我只是空喊口号，那个未来美好的自己在彼岸渐行渐远，渐渐模糊，留下此岸的我，措手不及。我不愿，我真的不愿再错失未来每一个美丽的日子。人生如棋，落子无悔。我对自己说，我要在青春彼岸，遇见未知的自己。

午后的阳光很暖，这在刚过去的寒冬里显得很奢侈，我闭上双眼，任阳光轻轻铺满全身，用心感受每一份可以编织梦想的力量。

是的，我的二十岁，就应该充满阳光，就应该无怨无悔，就应该容光焕发，就应该奋勇前进，就应该如同诗一般，无论在多远的未来，读来依然一字一句篇篇都精彩！

来得及对你说的话

2013级汉语言文学1班　邱婷婷

人生有太多的错过，包括错过对别人说的话。有些事，有些人，错过就是错过了，你想挽回、想重新再来，很难，有时甚至根本没有第二次机会，根本来不及拾回。而有些话又何尝不是呢？我们会因许多原因而错过了对别人说的话，或因害羞不敢说，或因时机不对而不说，或因不想说而不说，或因自以为是而不说……但其实这些都可能变成来不及说。

来不及对别人说的话，到最后会变成一种悔恨或者一种遗憾。我们要趁来得及时赶紧说出自己想对别人说的话，不让自己的人生有缺陷，有遗憾，也不让自己错过。

来得及对父母亲说的话，我现在就要说。亲爱的爸爸妈妈，感谢你们辛苦抚育我，耐心教导我。你们对我的爱，贯穿于我生命的全部，我深刻地体会、感受到了。且不说衣食住行方面你们对我的关怀备至，就拿我的学习来说，你们付出了很多心血。记得小时候我们家住在农村，学习设施不完备，学校也比不上镇里的，更不用说城里的，为了能让我接受更好的教育，你们辛苦工作，努力赚钱，妈妈做完农活后还去做手工活，而爸爸经常在外工作到深夜，每次我都是从梦中醒来，才发现爸爸终于回来了。而慢慢地，我到了镇里读小学，到了城里读中学……这一切，包含了你们多少的艰辛，我想这是用计算器算不出来的，但我一直铭记于心，永远都不会忘，爸爸妈妈，感谢你们！小时候，我一直努力当一个乖女儿，好减轻你们对我的担忧，而现在我长大了，我不但要继续当个好女儿，而且要用自己的力量去报答你们，虽然我知道这是永远都报答不完的，但我只想让你们安心、放心。亲爱的爸妈，我爱你们！

来得及对朋友说的话，我现在就要说。我想说，朋友们，有你们真好！在我开心时，你们与我同乐；在我难过伤心时，你们安慰我，与我分担；在我生病不舒服时，你们担心我，照顾我；在我为人处事方面出现问题时，你们委婉地提醒我；在我有烦恼时，你们逗我笑并帮我想办法解决；……一切的一切，我都感受着，并好好保存。我还想说，朋友们，感谢你们！感谢你们听我诉苦水，感谢你们总替我着想，感谢你们容纳我的缺点，感谢你们相信我……你们是我忘不掉的记忆，就像那永恒的星，在我的记忆中闪耀，我们至纯至真的友谊，我永远会珍惜。我们之间有过泪有过错，但这些最后都变成了彼此珍贵的东西。我们之间有过争吵，但争吵过后我们还是朋友，因为真正的友谊是不会被轻易割舍的。最后，我想说，朋友们，这一生有你们足矣！

来得及对爱人说的话，我现在就要说。于千万人之中，不提前一秒，不推迟一秒，我遇见了你。遇见你，也许是生命中最美好的一件事，虽然没有轰轰烈烈，却是深沉的。虽然相识的时间不久，却有相伴永远的念头。也许我们还很稚嫩，也许我们还需经历更多的风雨，但我有信心，我们能一直一起走下去。你知道吗？想起你，我会不自觉地微笑；念起你，我会滔滔不绝；提起你，我有暖暖的感觉。时光流逝，我们渐渐心相知，无言也能默契；在点点滴滴的相处中，我们竟能不语也怜惜。我知道，最深沉的爱，总是伴随着风雨，但我想对你说，我不怕，也不会退缩。我会守着这份不离不弃的情，我会懂得珍惜。也许你会说我傻，但我想说，虽然感情不是人生的全部，却是心灵最好的归宿。对你，我是眼里充满笑，心中充满暖，对人生来说，这难道不是简单的幸福吗？是的，我们会彼此陪伴，一起慢慢变老！

我们一定要在来得及时说出我们心中想要说的话，因为错过了就可能没有机会了。我们要珍惜来得及，道别来不及，让人生道路上永远来得及！

同一个冬天

2013 级汉语言文学4 班　欧玉晶

听说东北下雪了。

生在南方，我没有见过雪。我曾经多次幻想雪的样子，也曾在书中探求描写雪的字词，甚至打开冰箱，疑惑雪和冰箱里的冰霜是否一样。最终还是通过电视才知道雪的样子。来自北方的同学说，下雪，就好像地面上铺了一层层的盐。谢道韫说："未若柳絮因风起。"女诗人把雪当作飘飞的柳絮，我能想象那有多美。

不知道东北的雪，能不能让你满意？

东北的冬天与湛江的冬天自然是不同的。东北大雪纷飞时，湛江可能还是阳光普照。地处亚热带的湛江，不大可能下雪。我所认识的冬天，虽然冷得入骨，连空气似乎都要凝固了，但天气好的时候，也会有日光暖照，从而驱散寒冷。大概在冬天的时候，我是最爱阳光的。然而每到冬天，我都会想起雪。

生在南方，我是个连海都没有见过的人。

你我同是南方人，我坚持留在原地，你却坚持去东北。你说不知道为了什么，只是想到远方看看。我也有一个同你一样的心愿，我想看看东边的海，西边的沙漠，北方的雪。身上的种种束缚让我无法远行。而你带着你我的愿望，渐渐走远。你能见到的景物越来越多，你的眼界越来越宽，你的世界越来越大。同样，你也离我越来越远。我们相隔千里，其间没有牵绊的线，有的只是各异的风景和文化。万里河山，原来真的很大。我曾望着视线的尽头，以为能看到远方，最终看到的是几朵白云，思念若干。你无法知道，收到你的明信片时，我闪烁的双眼下是一阵无法抑制的跳动。你说："唯愿青山路人皆无恙。"人生天地间，忽如远行客。人生一梦，最终还是要独自离去，没有陪伴，只有送别。我们不过是茫茫大海中的一叶扁舟，浩瀚宇宙间的一缕青烟，最终都消失不见，唯有青山常绿。这样的情谊，不得不让我眼前氤氲。

失去了所谓的信号，你我就如同隔在两个不同的世界。你在东北看雪，我在湛江享受阳光。我忽然想起中秋节那天妈妈对我说，我们在同一个月亮之下，其实也是在一起过中秋节。那么，我想，我们不仅在同一片天空之下，我们还在同一个冬天里。火车带着我的思念远去，你有多远，思念就到多远。

下雪了，请带着我的思念一起看雪。

香槟的泡沫

2013 级汉语言文学 5 班　李宛凝

“香槟的泡沫”一词源于索尔·贝娄《洪堡的礼物》，书中主人公在飞机上俯瞰城市夜景时，将璀璨、密集且亢奋的灯光形容成“香槟的泡沫”。

我也曾经在飞机上俯瞰一座城市，一瞬间有种天地倒置的感觉，这座城市如同另一个天空，闪烁着七彩的星光，我看得迷醉。仿佛那一刻，我才深刻地明白一座城市的夜灯，可以这样迷人，恐怕是因为这迷人，黑夜才如此诱人。

华灯初上，城市人一天的生活才真正开始。白天人们忙于工作，忙于笑脸逢迎，忙于察言观色，只有在神秘的夜晚，才能躲在黑夜的影子里，做回自己。于是，直到夜幕展开，城市人才有了自己的生活。

我曾站在夜晚香港最繁华的街头，感受它的热闹与寂寞。每一盏路灯的照耀下，都埋藏着不一样的心事。喝着酒的人，一种脸上写满心事，另一种笑脸下隐藏心事。喝酒的人，一种狂欢，另一种孤独。糜烂而又充满酒气的街道，随处可以听到大笑声，碰杯声，尖叫声。夜夜举杯，越喝越落寞，为的只是消磨时间，消磨寂寞。慢慢地，也就消磨了自己的人生。这是一个城市繁荣的时代，也是一个城市沉沦的年代。

人生有时好比一场漫长的宿醉，醒也糊涂，醉也糊涂。心里总是堆积着好多情感，话到嘴边，却终究因为缺乏勇气而不敢流露真情。好多遗憾的故事就从这里开始，于是有了酒后吐真言。这就是为什么总是有人甘愿夜夜痴醉不愿醒。终究是喜欢这种感觉而已，终究是自欺欺人。

就像那些每晚都不愿意回家的人，畏惧的其实只是自己，欺骗的也只是自己。我每次夜归，走到楼下，望上去，总是有灯，总是有父母的挂念。其实每个人，都会有人挂念，就像家里的灯一样，一到晚上，便会亮起来，让你知道，总有一个地方在等待你，无论你在外面多么亢奋，多么委屈，总有一个地方，在守候着你。很多时候，人都不得不孤身走夜路，一边是落寞，一边是温情，只看你走的是哪一边。

在打开香槟塞的那一刻，享受的是听觉，失去的是味觉。

“骚动”的理想

2014 级汉语国际教育　陈丽琳

湛江像是一个喜欢捣鼓风的坏小孩，不经意间就能从“口袋”里掏出轻柔的风，让那原本就摇摇欲坠的黄叶儿，更加欢快地骚动起来，成群结队地迎风舒展身体，逆风旋转起舞，但最终会经受不住风的捉弄，偷偷地藏在树根旁，让风自个儿耍去。此情此景，让漫步在林荫小道上的我生出淡淡的忧愁，疲惫地坐在道旁的休闲椅上，闭目感受大自然的轻抚，慢慢地陷入自己的沉思：

年纪轻轻的我们，似乎和这“树叶”一般，在充分汲取母体的养分后，便渴望逃离母体的禁锢，去寻找属于自己的一角天空，但在风的摧弄下，又显得不堪一击。

但我们每个人内心深处都有一颗“理想”的小火苗在跳动着，怂恿我们在拥挤的人潮里来回穿梭，追逐自己的理想。

“理想很丰满，现实很骨感”，我们不得不正视理想与现实的关系，这无疑给我们正“骚动”的理想蒙上了一层阴影。我们可以有许多的借口去放弃理想，如病魔、金钱、爱情的阻挠。

但事实胜于雄辩，即使是病魔的苦苦纠缠，我们也可以用毅力去克服，虽然这过程充满荆棘，但不还是有人做到过吗？比如身在轮椅，思绪却遨游太空，发现了“黑洞”的霍金。

纵使苦于金钱的匮乏，让你迫不得已放弃了自己的理想也没关系，戴望舒曾写道：“篱门是蜘蛛的家，土墙是薜荔的家，枝繁叶茂的果树是鸟雀的家。”即使有些事情我们暂时可能没有办法改变，但我们可以先适应水流般的生活，沿河道顺流而下，等蓄积足够的力量时，再逆流竞上。

当然，我们也有借口：理想与爱情碰撞，产生火花时，为避免伤亡，选择了爱情，埋葬了理想，让理想在岁月的泥土里发霉。对于这点我不置可否，但多年以后，如果你被爱情折磨得伤痕累累，想要忘记伤痛，重拾理想，你又该去何处寻呢？到时只怕是“竹篮打水一场空”。

理想的火苗，虽然有“星星之火可以燎原”的气势，但是哪怕只是一滴小小的水珠都可能随时让它幻灭。我们应该保护好这颗既脆弱又坚韧的“小火苗”，让它骚动，照亮我们前行的路。

“理想是石，敲出星星之火；理想是火，点燃熄灭的灯……”流沙河的诗歌此时在耳畔回荡。

不知何时，只觉得脸上有着朦胧的湿意，风开始变得强劲起来，撩起发丝去触碰我的睫毛，痒痒地，我便睁开了眼，才发现原来风中还夹杂着扑面而来的雨，把原本藏在树根旁的落叶又一次卷进了风中。

这雨下得真及时啊！洗涤了我的内心，让我原本就“骚动”的理想更加“骚动”。

理想是靠自己“挣”回来的，只要不放弃自己的理想，终有“骚动”鼎沸的一天。

三生情缘　几世风沙

2014级汉语言文学3班　李小丽

“天涯的尽头是风沙，红尘的故事叫牵挂”。你于风沙中起舞，我于红尘中记挂你前世今生的芳华。

多少次想执笔再次印画你的容华，可我怕下笔太轻，用字太浅薄，画不出你三分容颜，空留下七分慨叹。如今我执笔于暗淡的灯光下，想借几分朦胧，回想几分往事，叹你十分芳华。

时光翩然轻擦，我与你已隔多年盛世繁华。我多少次轻叹不能与你共处一个时代，一睹你的绝世芳华。也罢，就让你留我几分遐想，几分痴迷，待皎月静挂，我便细细取出，用几分宁静与膜拜，将你默默细赏。

多少次耳闻：时代成就传奇。可我知道，你不需要时代，便也是传奇。在母亲温暖的怀中，你向往的是天涯。当心再次萌动，你知道你就要出发，即便心中有所牵挂。折一片时光轻叶，你迎着清风飘扬。之后的撒哈拉，便是你远方的家。扎根撒哈拉，你也找到了你的家。也许缘由天定，六年后的荷西，依然对你一往情深。也许是惊喜交加，你选择了比你小的荷西来当你的丈夫。从此，尘缘如风沙，漫天飞扬在撒哈拉。

在前世的乡愁驱动下，你身赴撒哈拉，在风沙与干燥乏味的压迫下，你没有放弃续写前世与撒哈拉的情缘故事。你精心布置属于你和荷西的小天地，诚心欢迎经常串门也“顺手牵羊”的撒哈拉邻居，你也惊讶于十岁姑卡的出嫁，痛心于巴西里和沙伊达的不幸遭遇。可是又有什么关系呢？当你投入撒哈拉的怀抱时，你就决定要承受一切。于是，一切又变得那么可爱与可理解了。

末了，你被迫离开你爱的撒哈拉，抛弃漫天风沙，即使你去了美丽优雅的丹娜丽芙，到了诱人神秘的拉芭玛，即便你也曾有过宁静与安然，可你的心，早已不是在撒哈拉的那一颗了。

弹指容颜老，刹那芳华。你走后的多少个春秋冬夏，撒哈拉依然漫天风沙，多少尘缘牵挂，只为你苍老年华。那个没有了你的撒哈拉，该少了几分生气与神话？今世我若有幸，定奔赴那承载了你的故事的撒哈拉，品三世情缘，赏几世风沙。

幽幽汨罗

2014级汉语言文学4班　姚晓宇

亦余心之所善兮，虽九死其犹未悔。

——《离骚》

公元前278年，屈原怀抱巨石，纵身跃江。又一幕历史的悲剧，我早已泣不成声。那一瞬间，我仿佛听到了几千年前那无奈、悲愤的呐喊，那藏于心底、埋于江底的来自历史深处的呐喊，那高洁素雅、刚烈正直的灵魂的呐喊。

恨那昏庸的楚王，恨那狡诈的张仪，恨那食君之禄却害国害民的奸佞！众生皆醉我独醒，举世皆浊我独清。一番苦心，一片赤诚，竟落得这般下场：贬官、流放。我屈原何罪！惜哉悲哉！惜楚之山河落入秦人之手，悲楚之黎民又受秦军荼毒。哀哉痛哉，民生多艰！那谄媚邀宠的靳尚，你于心何安？一心讨好君王，可曾想过惨死秦军刀下的楚民？那苟且龌龊的郑袖，你于心何忍？一心报复于我，可曾想过君王惨死秦国的悲剧？害我、亡我，我可无怨言，而害国、亡国，我心何安？幽幽汨罗，何慰我心！世事浑浊，生又何意！

2292年前的五月初五，在汨罗江畔，那发须缭乱、满眼愤恨又绝望的人，将自己与巨石连为一体。看着静谧的江水，他的心也静了，冷了，死了。郢都被破，他深爱的母国受此大辱，这比他经历的一切磨难都让他更加痛苦绝望。他不再说一言一词，稳步迈近。水浪拍溅，巨石带着他坠入江底。那最亲近自然的地方，正是母国的国土，便是死后，他也在这儿，在自己深爱的母国的怀中。

屈子以死明志，他的离去是对楚王偏信奸佞以致身死敌手最大的讽刺，是对小人当朝以致大楚败亡最深沉的批判。何时精卫再生，去填平那无情的汨罗，好还屈子一份安宁；何时夸父再世，饮光那无情的江水，好让后人寻觅屈子的骸骨，奉以最高的崇敬！

“屈平正道直行，竭忠尽智以事其君，谗人间之，可谓穷矣。”（《史记·屈原贾生列传》）好一个“竭忠尽智”，真真将屈原的完美品性完全概括。太史公不愧为太史公，在他笔下，屈原仿佛再生。古之忠者、智者何止万千，而事君可做到“竭”“尽”者，恐非屈子莫属。“谗人间之，可谓穷矣。”好一个“穷”字！将屈子所受之不公与屈辱尽数写出，更道出后世对奸佞小人之阴险的鄙夷与不屑。寥寥数字，将“清”与“浊”，“是”与“非”，“忠”与“奸”清楚呈现，跃然纸上。

幽幽汨罗，千年静淌。我愿走遍汨罗江畔，寻觅屈子的足迹；我愿挖掘汨罗全部的泥土，寻觅屈子的遗骸；我愿痛号在整个汨罗的深夜，追悼屈子的圣灵！

回　家

2012 级汉语言文学 5 班　黄爱婷

一个偏僻的小村庄，几条曲折的小路，杂草斜斜地生长着，几户人家零散地分布在各处，不时从远处传来几声犬吠。

林婶在天还没亮的时候就起床了。今天，她有非常重要的事情。

“林婶，今天怎么杀鸡啊？哎哟，这鸡养得可真好，不肥，肉又厚。你身体不好，是要补补。”七姨笑着说。“才不是呢！是林子说他今天回家。家里也没什么好东西，就是养了几只鸡。他在外面可辛苦了，不杀只鸡补补怎么行。要我说啊，外面比不得家里呢！”“……是，他要补，你也要。”七姨迟疑了一下，皱着眉头，低声地说。“我不用，不用。只要他好我就开心。”林婶停下拔鸡毛的手，抬起头说：“我可是把他盼回来了。哎呀，小虎，你抓鱼去啦？”远处小虎正提着两条鲤鱼往这边走来。“不跟你多说了，我去看看小虎的鲤鱼卖不卖。”林婶急忙站起来，甩了甩手里的鸡毛，再往围裙上擦了几下手，向小虎跑去。“唉——好吧，我也回家给我老头子做饭去啰。”七姨摇头叹息，转身往家走去。

“小虎，你这鲤鱼怎么卖啊？”“林婶，真不好意思，这鲤鱼我不卖。最近我老婆生了个小子，那小子吃得多，这不是要鲤鱼催奶嘛！”“小虎，你不是有两条嘛。你就卖一条给我啦。要是我一个人，随便一点就行了，咸菜白粥也就一顿了。可今天林子回家，家里没什么菜，我怕他不习惯。”“林子回家？”小虎瞪大了眼睛，定定地盯着林婶，声音也变得十分奇怪。“是啊，他好久没回家了。你卖给我吧，贵一点也行。”小虎面露难色，看了看鱼，又看看林婶，迟疑着：“这——”“哎呀，小虎答应我啦，大家都是一个村的。”“那好吧。”小虎叹了一口气，无奈地说。林婶很快就和小虎谈好了价钱。林婶小心翼翼地从口袋里掏出一个小布包，那小布包已经十分残旧了，却依旧可以看出是蓝色的，然而做工并不精细，缝得歪歪扭扭的，而且形状也不大规则。林婶仔细地从里面拿出几张皱巴巴的钞票，反复看了几遍后，递给了小虎，然后提着鱼回家去了。

林婶很快就把鱼和鸡清理干净，等着下锅了。林婶刚坐下，看了一下屋子，又连忙站起来。她把屋里屋外仔仔细细地打扫了一遍，使得屋子的每一个角落都放射着亮光，像有镜子在照着似的。接着她又将各种物品摆弄了一番，尤其是林子的床，反复地弄了好几遍，一点皱褶都没有，要是有什么小昆虫在上面爬行，怕是会打滑吧！

林婶忙活了好一阵子，使一切看起来都让人十分满意，她点点头，坐下来。她静静地坐了一会儿，不知怎的，把她的那个小布包掏出来，用手轻轻地抚摸着，反复地翻看，时不时又将它贴在胸口，嘴角扬起温柔的笑。微风轻轻地吹着，阳光从窗外照进来，柔和地洒在林婶的身上，一切都显得那么和谐，那么静美。突然，林婶高呼一声："哎呀！"她拍了几下自己的头，匆忙向厨房跑去，嘴里念念有词："真是老糊涂了。忙那些事干吗！林子回来饿着可怎么办！他坐了那么久的车，可是饿坏了。老糊涂啊，老糊涂。不中用了。我应该早点起床的嘛！待会可不能再糊涂了，林子他不爱吃葱……"

时间在匆忙的人们看来，过得如此迅速，仿佛真如众人所说，眨眼便已是千年。可是对于林婶来说，那是一种煎熬。夕阳渐渐西下，夜幕在不知不觉中悄然降临。在中午就做好的饭菜，她又加热了一遍，尽管之前，她已经加热了不知道多少遍。

夜越来越深，林婶疲惫地望着门外，林子还是没有回来。她掏出那个小布包，在不知不觉中，睡着了。"嘀——"小路上传来汽车的喇叭声。"啊，林子回来了！"林婶惊醒过来，高兴地喊，她马上跑了出去。

"砰——"汽车撞倒了林婶。"快下车！"司机对车上的人大喊。林婶倒在血泊中，嘴巴还没合上，眼睛睁得大大的，手却依然紧紧地抓住那个小布包。

村民闻声赶来，却是一片沉默。夜像浓墨一样黑……

青春的芭蕾舞

2012级汉语言文学6班　李春丽

踮起脚尖，跳跃在青春的音符中。

——题记

青春就像一场震撼人心的芭蕾舞表演，只有踮起脚尖，才能演绎优美的旋律。

时光的帷幕缓缓拉开，舞台上，青葱的花季在跃动，一张薄薄的录取通知书，也飞舞着向我展开。

一串串零星的碎片如溪流潺潺而过，碰撞着心石，一滴泪，如珠般垂落，滴进记忆的长河中，溅起一朵花……

那年，我在为梦想而舞。

六月，人生的第一场重要考试——高考，如期而至了。

“丁零零……”语文考试铃响了，这似乎是我听过的最长的铃声，像十二年一样漫长。

考场内，是千军万马的博弈。考场外，也是黑压压的一片，那些翘首守候的背影，像极了当年。记得入学那天，我们也是在父母的翘首观望中，兴奋地踏进高中大门的。

唰唰的写字声飘浮在空气中，倾诉着我们为梦曲踝的阵痛……

期末成绩单发下来时，我倒吸了一口凉气，第三十名，依旧是三十名！不争气的眼泪又掉下来了，回想起这一年，我是那么努力，所有的时间都在学习，丝毫不敢松懈，一年过去了，依旧处于差生行列，我感到无比痛苦，曾经那只骄傲的天鹅啊，你今天怎么会变得如此不堪？

这一年里，我绷紧脚背，苦练曲脚的基本功，为的就是再次登上舞台，成为瞩目的天鹅，可是，无论我怎么努力，都无法漂亮地踮起脚尖。

我不甘心，也不相信，我会一直被遗忘在角落里。

我默默告诉自己：“我一定会变优秀的！”这是一句多么苍白无力的话语啊，但对我来说，就是无限的慰藉，因为，我的路还很长。

于是，我每天起早贪黑，奋笔疾书，埋头苦读，死记硬背，连吃饭也不把书放下，只要是我能做到的，就一定会去完成。就这样，我花了比别人多几倍的时间，去学别人二分之一的知识。日子一天天过去了，我也摸着了路，形成了自己的学习方法。从此以后，我的路，也变得更顺畅了。

一年后，我终于踮起脚尖，在舞台上，滑步，旋转，跳跃，画出优美的弧度。

那灵动的舞姿，是青春的跃动，翩翩起伏的裙纱，是它追梦的翅膀在岁月舞台上的翱翔。

而我也将脚尖点地，为青春画下一个完美的圆。

在匆匆两天里，我交付了自己十二年的答卷。

而最后，这份答卷并没有给我换回梦想的入场券，而是将我推向了另一个未知的世界。

我摔倒了，青春的句号并没有画上。舞台灯灭了，黑暗中的我，哭得撕心裂肺，心中那无限的恐惧，震碎了我的神经，未来对我来说，就像个黑洞。

可是，这段还未跳完的青春之舞啊，我真的甘心放弃吗？

时光的沙漏一个翻身，又一个三年过去了。

在这一千多个日日夜夜里，我在另一个舞台上找回了自己。

每一个怀揣梦想的人，不一定都能实现梦想，但要实现梦想，就必须学会在痛苦中成长。想要站上舞台，就要练足尖，这个过程是痛苦的，但是，只要不轻言放弃，扎实练好基本功，就一定能踮起脚尖，自由自在地表演。

是的，我做到了，我没有放弃最初的梦想，依旧为了弥补那个曾经的遗憾，踮起脚尖，尽情地挥洒汗水。

终于，我等到了迟到了的录取通知书，终于如愿以偿走进了理想的大学。

站在舞台上的我，再次为自己流下了眼泪。

今天，我依然跳着那段青春之舞，以此来祭奠那逝去的青葱年华，那段潮湿的岁月，那让我学会成长的转折点。

谢谢你，我的青春，因为有你，我才明白，每一个终点都是一个起点，我的人生，还有很多舞台在等着我。

哪怕老去，我也会记得，那个在人生的舞台上，踮起脚尖，跳跃在青春音符中的女孩，她曾在舞台上摔倒了，但她没有放弃，为了梦想，她重新站起来了，没有鲜花和掌声，也没有虚夸的辞藻，只有发自内心最真切的回忆和感动。

踮起脚尖，为梦想而舞，我们，都是最美的青春芭蕾舞者。

今天没有晚自习

2013级广播电视学1班　张梦婷

夜空中的繁星是黑暗中无尽的思念。伴随着一阵急促的铃声，归心似箭的学生们争先恐后地拥出校门，檀也是这其中的一员。

那条熟悉的路，那盏熟悉的灯，那点熟悉的昏暗的光，那个熟悉的身影总是依稀浮现在眼前。

“妈，不是让您在家歇着吗？现在夏天夜来得迟，我可以自己回去。”母亲没有出声，只是笑笑，接过檀那沉重的书包背在自己的肩上。月光透过云层洒下一丝银光，走在后面的檀分明看见了母亲头上的银丝。

黑暗中，一丝温情驱散了无尽的恐慌。

檀坐在教室里心神不定，淅淅沥沥的雨声不断冲击着檀的耳膜。“叮……”等待许久的声音终于响起，檀飞奔出教室，可那连绵的雨丝织起了一道珠帘，檀只能在珠帘后焦急地张望。

微风携卷着雨丝，不断探进檀的衣服里，更浸透着一种冰凉。

今夜无月，今夜无光。檀失望地收回自己凝望的眼神，转身一刹那，熟悉的身影再次映入檀的眼帘，母亲来了。

满是泥泞的裤腿显示出她一路而来的艰难，被雨水浸透的衣服紧贴着她娇小的身躯。母亲将手中的伞递给檀，“今天着急出门，家里只有一把伞，下雨天左邻右舍都要用伞，所以来迟了。”母亲满含歉意地说。

雨水早已打湿了檀的面容，泪水也在不经意间悄然流下，伴随着雨滴流入檀的口中，不知是咸还是甜。

纷纷扬扬的雪花漫天飞舞，粉妆玉砌的世界充满欢声笑语。白雪为这个夜折出一丝光芒，黑夜永远像白天那么明亮。

漫长的晚自习终于结束了，檀和三五伙伴玩闹着走出校门。古老昏暗的灯光下依旧伫立着那抹熟悉的身影，雪花覆盖了母亲的头发，眼神凝望着从远方走过来的檀，仍是无话。

母子二人，一前一后。

不知从何时起，檀在灯光下的身影早就长过了母亲的。裹着厚重棉衣的母亲也不再像以前那么动作敏捷。母亲佝偻着背，曾经那个拥有曼妙身姿的女人早已不在。檀跑上前去，接过母亲手里的背包。望着儿子伟岸的背影，母亲会心一笑。

“燕子去了，有再来的时候；杨柳枯了，有再绿的时候；桃花谢了，有再开的时候。”伴随着春的来临，大地万物又充满了生机。

三年的时光一晃而过，檀清晰地记得每一个有母亲守候的夜晚。

夜还是那个夜，匆匆跑出来的檀却没有看见那抹熟悉的身影，久久地盼望与等候只是拉近了与黑夜的距离。檀一个人走在那条充满母爱的街道上，独自仰望星空，倾听星星们无尽的遐想。

回到家的檀惊呆了，身上缠满布条的母亲坐在门口望着他回家的方向，母亲见到檀，仍是会心一笑。

母亲在去接檀的路上被人抢劫，身受重伤，本该待在医院的母亲坚持要回家住，她知道这么多年来，檀早已习惯了她无声的陪伴。

高考结束的那天晚上，月亮出奇的圆，昏暗的灯光似乎也比往日明亮了许多。

回到家，檀没有看见母亲，他又返回学校，身体虚弱的母亲在微风中伫立凝望。檀从母亲身后走过去，告诉母亲，今晚没有晚自习。母亲喃喃自语了一句：“我知道，可不知怎么就走到了这里。”

一轮明月，一阵清风，一盏明灯，两个身影紧紧依偎在一起，悄悄地融化了寒冷的夜，拉开了朝阳的序幕。

还要把我藏多久

2013 级汉语言文学 1 班　陈可茵

我出生在农村，农村里重男轻女的观念很强，家里人不满意我是个女孩，便要继续生个弟弟。

弟弟出生后，爸爸找到了一份在城里的事业单位当司机的工作，爸爸只要在城里站稳脚跟，就会回来接我们到城里生活了。每次想到能进城里生活，我总觉得异常兴奋。看着这村子里统一的老式瓦房、杂草丛生的小道、伸手不见五指的夜晚……我开始憧憬到城里生活的日子，城里肯定有高矮不一的楼房、平坦宽敞的大道、灯火通明的夜晚……

就这么满怀希望地盼着，过了五个月，爸爸终于回来了。

爸爸同时也带回了一道选择题：城里单位政策很严格，如果要继续在那个单位工作，就只能养一个孩子。也就是说，在我和弟弟之间，只能选一个到城里住。听到这，我的心都凉了，想：这么简单的选择题，换做谁都知道答案的，原本我就是多余的，在这么道选择题中，我一定会是被淘汰的那个，呵，还想摆脱乡下到城里当回城里人呢，原来也只是空欢喜一场。

毫无意外，妈妈和弟弟跟着爸爸的车，进城了。我看着那辆车越开越远，心中那个城里梦也越来越模糊。既然选择了弟弟作为他们唯一的孩子，那我就只能藏在乡下，继续看老式的瓦房，走那长满草的小道，过那漆黑的夜……

过年时，他们“一家人”开车回来了，买了城里的新衣服给我，还有好多好多城里的零食，看到这么多新的东西，我很开心，赶紧换上新衣服，去拆那些见都没见过的零食，弟弟跑过来给我介绍：“这个叫方便面，要用开水泡过才能吃，这个叫巧克力……”看着这个城里的弟弟，身上穿着城里的衣服，显得那么神气，再低头看看自己，穿着城里的衣服却配着乡下的拖鞋，还有一眼就能看到那露出脚趾头的破袜。如此不搭，既然没有当城里人的命，现在又为何要装呢，无论你怎么装，你都不会是那个能坐上爸爸的车进城的孩子，还是脱下吧。

过完年，他们“一家人”又走了，似乎这只是城里人的一次旅游，我看着车又开走了，忍不住流泪：“弟弟是他们的孩子，那我呢，我是谁的孩子?”

生活还在继续，我也到了要上中学的年纪，村子里一所中学都没有，那接下来我要被藏到哪里呢？爸妈再三商量后，决定让我进城和他们一起住。小时候做的城里梦终于可以实现了，可是，那个城里梦离开我好多年了，突然实现我又感到不适。

我以为这次可以在父母的身边当他们的孩子了，我以为我终于不用再被藏起来了，没想到，进城只是藏的另一种方式。

因为进城之后，在别人的面前我不能喊我的父母“爸、妈”。城里的楼是很漂亮，路是很宽敞，夜是多姿多彩……而我却只能像别人家的孩子一样跟在父母亲的背后，他们走，我跟着走；他们笑，我跟着笑，小心翼翼地跟在父母身边生活。看到弟弟总在母亲的怀里撒娇，我也好想像他那样撒娇，可是这么多年来接触颇少，我几乎忘了该如何开口叫那声甜甜的“妈”。

开家长会时，老师问我：“你的家长怎么没来?”我低了低头，说：“爸妈住在海南，太远了，赶不来。”老师有些疑惑地问：“你家那么远，又不住宿，那你现在住在哪里?”我把头低得更往下了些，说：“住在大伯家里。”这曾被叮嘱了几十遍的话，我会一直记得，会一直记得，我现在住的只是大伯的家，大伯家里只有一个孩子。

有时想着在城市里这么小心翼翼，还不如藏在乡下好了，起码在乡下，在过年时，我还能在父母亲面前大声地喊他们：“爸、妈。”可是生活已走到这里了，我只能这么小心翼翼地走。家里人都夸我懂事，我知道父母的难处。为了不让他们担心，我要一直这么懂事，可真不知道，那个“藏”字什么时候才能收起，他们还要把我藏多久。

也许在当年的那道选择题上，就决定了我只能是被藏起来的命运。即使现在我能进城里和父母住在一起，却不能光明正大地对着自己的父母亲，喊声：“爸、妈。”

听爷爷讲故事

2013 级汉语言文学 3 班　郭伟精

偌大的红土地里孤零零地躺着两座坟墓，那是祖爷爷和爷爷两个人的坟墓。它们分别处在这片黄土高地的两端，隔着低矮的灌木丛远远地对立相望。那是一个家族两代人的坟墓，祖爷爷和爷爷那两代人，他们分别代表了两个已经逝去的时代。祖爷爷墓碑中央刻的年号是“大清宣统”。可笑的是，祖爷爷去世那年中国早已进入民国年间，青天白日旗早在南京的墙头悬挂多时了，但他还念念不忘他的大清，至死都认为大清才是正统。祖爷爷墓碑坐南朝北，北方是他一生念念不忘的大清帝国的心脏——北京城，皇帝坐龙廷的地方。与此相对的是爷爷墓碑上刻的时间“公元”，那是中华人民共和国成立后的事了。爷爷墓碑的方向是坐北朝南，没有祖爷爷那么讲究，那是爸爸请风水先生看的。他们两代人的坟墓就这样静静地对峙着，就像是两个白发苍苍的老人在互相倾诉着各自的历史。那是一段饱经沧桑的民族苦难的历史，也是一个民族奋发图强、谋求民族复兴的伟大的梦。

听爷爷说，我们祖上的发迹伴随着中华民族的多灾多难。那年黄头发、蓝眼睛、满脸毛的法国兵攻占了广州湾，镇守广州湾的清朝总督兵败自杀，随后各地灾难迭起。那年，当法国兵排着整齐的队列，背上挂着当时世界上最先进的后膛火枪，踏着整齐的步伐在广州湾登陆时，大清以往耀武扬威、不可一世的军队却一溃千里，兵败如山倒。外族的入侵也给当时一些贫苦的商人提供了意想不到的商机。就在当时几乎所有人都认为黄头发、蓝眼睛的法国人是魔鬼的化身，会吃人的时候，祖爷爷却率先与法国人做起了生意。凭着非凡的勇气与乡下人特有的吃苦耐劳精神，加上一根扁担，祖爷爷硬是挑起了一个家族富足的产业。他靠着与法国人做生意，中年时发了家，但儒家的正统观念最终没有让他坚持下去。祖爷爷是一个读过几年“四书五经”的人，沾过几滴墨水。在他的思想中，商业始终是末业，只有土地才是自己的。因此，他把所挣来的钱全部拿到乡下去买了土地，安心地做起地主来。

只是祖爷爷始终想不明白，号称百战百胜、嚣张不可一世的大清军队怎么会败在一群穿着奇装异服的外国人手里。在他的观念中，那些法国人如此高大，是因为他们的腿不会弯曲，膝盖永远都是直的；他们的眼睛呈蓝色，是因为他们缺少我们中国特产的香料。祖爷爷始终认为，只要我们不把香料给法国人吃，他们迟早有一天会患病死去。可事实却给了祖爷爷一个沉重的打击，当法国人在大肆烧杀抢掠的时候，祖爷爷终于发现了自己的认识是多么荒唐。可那时已经太晚了，那是要用无数乡民的鲜血和生命去证明的。

法国兵日甚一日的暴行终于引起了乡民们的愤怒，他们开始反抗。那群终日在田间劳作的乡民们都拿起锄头、粪叉，渔民们也都拿起了渔叉，甚至有人拿着里面装满狗血、粪便的瓦罐，就这样向着那群装备精良、训练有素的现代化军队冲去。那是一场农业文明与工业文明的不平等对抗。

祖爷爷那时还是家境殷实、财力雄厚的地主，在镇里八乡有一定威望，因此他毫不犹豫地挑起了这个领头人的重担。这绝对是一个巨大的讽刺，祖爷爷毫不吝啬地把他与法国人做生意赚来的银子源源不断地投入到驱赶法国人的斗争中去，他靠法国人发了财，却殊死要把法国人驱赶出去……那一箱箱白花花的银子被抬进了各个村的小作坊中，而后抬出来的是一箱箱的土枪、土炮，还有大刀与长矛。

祖爷爷的故事就先讲到这里。时光倒流到十几年前南方的一个小院子里。在那片沐浴着清晨温暖的阳光、爬满了爬山虎的老墙下，年幼的我正用双手托着腮聚精会神地听着躺在竹椅上面的爷爷给我讲的故事，那是一个关于民族几百年来的苦难的故事……

在被法国人占领了将近半个世纪后，日本人来了。1943 年，广州湾被日本人占领，那年爷爷刚好二十岁。作为家中独子、含着金汤匙出生的爷爷，那时却是一个不折不扣的败家子。在国难当头的岁月，他却每天都和一群狐朋狗友、市井之徒在镇上的赌场、酒厂、风月场所里流连忘返，甚至有段时间还迷上了吸鸦片，把家中的财产挥霍一空。在民国那段乱哄哄的革命岁月，在军阀纷争的那几年里，爷爷终因犯事而被抓入了大牢。在说起那段经历时，爷爷的脸上毫无表情，好像这个故事里的主角不是他，而是别人。

故事在继续。抗日的烽火蔓延到了这个偏安一隅的小村庄。生活在这片土地上的人们也继承了祖辈们不屈的勇气，他们又拿起了祖辈遗留下来的锄头与粪叉。那些看似原始、落后的武器曾经抵挡了法国士兵的入侵，现在，它又将抵抗日本人的劫掠。乡民们自发组成的游击队，凭借着落后的武器与惊人的勇气，与日本侵略者展开了殊死的较量，在那片不屈的土地上上演了一个个令人可歌可泣的故事。在以后的岁月里，无论是在抗日战争期间还是在解放战争期间，到处都闪现普通乡民浴血奋战的身影。可是在那片烽烟四起、战乱频仍的土地上，那个关于民族独立、民族复兴的愿望看起来仍然遥不可及。

故事仍将继续。在经历了多灾多难之后，这片饱经患难的土地终于得以安宁，它重新回到了祖国的怀抱，民族的复兴梦在那一刻似乎已经触手可及，可事实上并不是那样。爷爷说话的语速突然加快了，在经历了吃大锅饭、大炼钢铁、“浮夸风”等一系列瞎打乱闹的运动之后，几百年来未曾出现过的大饥荒席卷这片原本异常富饶的土地。成千上万饥肠辘辘的人于漫山遍野寻找可以充饥的东西，但还是有很多人被饿死。爷爷说，那是充满了饥饿与死亡、让人不堪回首的岁月。

可是，谁也没有想到，一场更大的灾难还在后头。轰轰烈烈的“文化大革命”再次席卷了这片安静的土地。在那场灾难中，村中最古老的神像被砸碎，皇帝御赐的牌匾也被拿下来踩断当柴烧，从村子里搜刮来的有一车那么多的古书全部被火烧毁。在那场熊熊大火中，关于这片土地的历史变成缕缕青烟缓缓飞走了。爷爷是个粗人，他没有念过书，但他知道知识是关乎子孙万代的事情，书本怎么能够烧掉呢。爷爷每每讲到这，语调就不知不觉地抬高了几分。他的拐杖也在轻轻地敲打着地面，苍白的胡子也随着身体一摆一摆的，显示出异常痛惜的样子。那场动乱是场噩梦，是一个民族的悲哀，也是一个民族挥之不去的伤痛。

无论怎么样，这片饱经沧桑的土地现在仍然充满了生机与希望。在党和国家实行改革开放政策后，一切都回到了正常的轨道上。农村与城市、经济与教育，这个国家的一切都焕发出了新生后的耀人生机。这片土地将会在一个全新的历史时期中，再一次迎来属于它的辉煌。

爷爷的故事讲到这里就结束了。抬头看看这片红土地，它承载了生活在这上面的一个个普通人的生死，也寄托了生活在这片土地上的人们的希望。回想从祖爷爷那一代人的抗法，到爷爷这一代人的抗日，再到中华人民共和国成立后所经历的一系列困难与挫折，生活在这片红土地上的人们从来没有放弃过对新生活的希望。而这种深深扎根于这片红土地的不屈精神和追求，正是推动我们实现整个中华民族繁荣与富强的最强大动力，也是实现我们“中国梦”的精神根基。

故事终会在故事里老去，爷爷也在他的故事里变成了另一个故事，但发生在这片红土地上的故事还会继续下去……

被遗忘的角落

2013 级汉语言文学 5 班　黄　洁

我去过许多地方，每到一地都有不一样的感受。我印象最深刻的一次便是那年夏天随姨丈回他湖北荆州的老家，那里虽是农村，却别有一番风味。

我们的车子在长江的一条支流的大堤上行驶。左边是一条宽阔的河流，因为不是丰水期，水量不是很大，水流也不是很急。河中心突兀地长出一片高高的树丛，扎根在水里，甚是顽强，还有许多黑色的叫不出名字的小鸟在飞来飞去。河的岸边有三三两两的水牛在悠闲地吃着草，有的还卧在小水坑里洗澡，慢悠悠地，困了就眯上一会儿。白鹭像是水牛最忠诚的追随者，站在一旁默默地看着它吃草，水牛洗澡时，便在它身上帮忙挠痒；水牛发怒了，甩起尾巴，“哞”的一声，它便慌张地飞走，不一会儿又飞回来……这里像是被工业文明遗弃了一般，没有过往的货运船只，没有下河捕鱼的汽艇，来往的车辆也很少，有的只是一片宁静、祥和。

河的右边是一片一望无际的广阔平原，隔十几公里才有几栋房子、一条村庄。房子建得都差不多，多为两三层，也有四层的，与一般农村相比略显豪华。这里住的大多是老人和孩子，年轻人都外出打工了。孩子等到了读书的年纪就会回到父母身边，或者到县城里去求学，总之还是会离开的。剩下的就只有这片土地和那些老人了。

车子顺着斜坡一下了大堤，便看到姨丈的爷爷奶奶、爸爸妈妈及其他几位叔叔伯伯坐在屋子前。他们看到车子就都站了起来，快步向我们走来，个个脸上都笑开了花，簇拥着我们。姨丈家的房子是三层的，外面还贴着瓷砖，看上去很是气派。三楼的天台装有太阳能热水器且建了水塔；二楼大厅装有柜式空调，宽敞舒适；一楼还有液晶彩电……真是设备齐全，这些都是外出打工的子女为老人们添置的，是孝顺的体现，大概还带着点对老人的愧疚，也算是一种心灵的安慰吧。平时老人们只在一楼活动，几把竹子做的凳子，一张圆形大木桌，虽简简单单，却被悉心打理得一尘不染，给好不容易回家一趟的孩子们使用。房子前有一大片空地，偶尔有几只小鸡和小狗在这里玩耍。房子的两旁，一边是菜园，种着各种各样的蔬菜；另一边是果园，枝繁叶茂，有柚子、青枣、梨、香瓜，都是天然种植的，不喷农药，想吃就自己去摘。淘气的我们脱下鞋子就往树上爬，有些太高的摘不到，干脆爬上屋顶，老伯伯见我们玩得起劲，就给我们递上竹竿来敲打，又匆匆跑回屋里拿来一个大篮子替我们把果子装好，全程都是笑嘻嘻的。房子正前方就是那条大堤，高高的，两只小羊被放养在那里，一会儿斗角，一会儿互相吮舔，打打闹闹。穿过房子从后门出去，便是一方池塘和一口井，只可惜没赶上莲花盛开的季节，池塘里只有一角稀疏的莲叶和几支快要枯萎的莲蓬。对于嘴馋的我来说，最遗憾的莫过于吃不到新鲜摘下来的莲子了，老伯伯知道后，便上了小木舟向莲蓬划去，看看还有没有“漏网之鱼”。池边的柳树，池里在莲蓬下面窜来窜去的鱼，更添了几分诗意，让人不由自主地忆起那些描写江南美景的诗句来：“江南好，风景旧曾谙，日出江花红胜火，春来江水绿如蓝。”“西塞山前白鹭飞，桃花流水鳜鱼肥。”……

池塘对出是一大片广袤的平原，上面种着水稻和棉花。我们跟着老奶奶去到田边看庄稼，她自豪地给我们指他们打理的那片地，几个老人打理这么一大片地，收割的时候就请收割队来帮忙，家里人一年都不用买粮食，还可以卖掉一部分赚点钱或者打包寄给城里的儿女们。一提到儿女，老奶奶脸上便露出安慰的笑容，压抑不住心中的喜悦。一直不知道棉花是怎样生长的我，终于知道“棉花”真的是“花”，像花一样盛开，由花托托着，里面是雪白的棉。老奶奶拉过我的手问我要不要棉被，他们还能自己打棉被呢！我笑了笑，面对老人无比的热情，开心之余，不免有几分心酸。

回到院子里，见老伯伯把猪粪和杂草堆成一堆埋进洞里，便觉奇怪。原来院子下面还有个沼气池呢。他们根本不需要煤气，全部可以自给自足，这般世外桃源，不就是人们过去长久追求的生活方式吗？现代人整天都在苦苦追求些什么呢？

晚上，乡亲们都来了，我们团团地围上了桌，老伯伯热情地把自己养的鸡、鸭、羊、猪，还有从河里钓上来的鳝鱼，都处理得好好的，做得香喷喷的，端上来；老奶奶把菜园里的蔬菜变着花样地做出来给我们吃；果园里的水果当然更是少不了的，冰镇后切好。他们杀鸡宰鹅，丝毫不吝啬，进进出出，忙得不亦乐乎，脸上总是笑嘻嘻的。乡亲们也不怎么吃，尽在那里聊天，兴奋得很，聊个没完，像是要把这辈子的话都一泄而尽才畅快。我忍不住怀疑，他们有多久没这么热闹过了。我们一边吃着美味的农家菜，一边拉着家常，一边听着蛙声、蝉鸣，还能闻着稻香，真是美妙极了。

在这片土地上，土地是孤独的，老人们更是孤独的。他们像是被遗忘了一般。我尚且年轻，体会到的只是皮毛，表面上的东西，看到的只是他们对孩子的关怀备至和那片他们悉心照料并视作精神寄托的土地，但我知道他们心中的孤独感远远比我想象的强烈几百倍。这一切每个人都看在眼里、记在心里，可是却感到无可奈何。

临走的时候，欢乐的气氛瞬间没有了，老人们不再是笑嘻嘻的了，眼里流露出说不出的情感，有不舍，更有担心。姨丈的老爷爷呜呜地哭了，他怕这一别会成永别，再也见不到他的孙子了。九十多岁的老人害怕的不是死亡，却是与亲人的诀别。姨丈并没有去安慰他，只是默默地看着，他大概不知道该说什么。他远远地望向那片他小时候经常赤脚跑过的平原，深深吸了一口气，收回眼神望了望他的家，然后看了看他的爸爸妈妈，与他们一一道了别，转身大步走向车子，发动车子，沿着三天前走过的那条陌生而又熟悉的路返回，回到那个他工作生活的熟悉而又陌生的城市。

其实，姨丈也是个孤独者，没有根，随风飘荡。只身来到陌生的城市里打拼，不知多久，才有了属于自己的容身之所。摸爬滚打多年，对于周遭事物仍感陌生。身边没有一个暖心的亲人，没有一个知心的朋友，只有一沓一旦停止奋斗就会消失的钞票。他的根永远深植于那片平原，他的心也永远牵挂着远方年迈的双亲。

战场的灵魂

2013级汉语言文学5班　黄　娟

你相信世间有灵魂吗？我相信，我相信人死后会在自己最眷念的地方重生，去看一眼他们所眷念的。我在战场上见过太多的生与死，那些人是兄弟，是手足，是敌人。炮弹枪子横飞的战场上，可以用命悬一线来形容。当枪子打中脑袋、打穿心肺，能为战友们做的也只有收起他们的遗物送还家人。我祈祷并且坚信，他们死后有灵魂，会回去看看自己眷念的事物。

外面枪声又响起来了，炮弹砸得地面深深陷进去一个个的坑。战场上血肉横飞，伴着受伤的战士们的号叫声。我摇摇晃晃穿过一道道战壕，边走边下指令。黑狗子闹喊着要将他最亲密的战友铁刀的身体拉进战壕，可惜隔得太远，又一个炮弹砸下来，恰好砸中铁刀，黑泥飞溅，我听到黑狗子的哭喊声："狗日的小鬼子，老子跟你拼了！"他喊着准备冲出去，我拉住他，可是他挣脱了，箭似的飞了出去，没几步便被敌人的机关枪打成了筛子。

战区一片乌烟瘴气，炮弹声还在耳边，突然侦查员来报，援兵从后方赶到。我摇摇晃晃的心终于落实了，这块阵地能守住。我举起枪，"打！给我接着打！援兵到了！"

通河村。

老人家刚睡醒，虚着眼睛看向儿子的床铺微微笑了一下，想着这仗什么时候能够打完，儿子什么时候能够回来。儿媳妇刚晾完衣服拿着盆从外面走进来，"娘，你醒啦！桌上放着面糊糊呢，我扶你啊！"老人家年龄大了，又有白内障，看东西看不清，平常儿子来的信件都是儿媳妇给念的，儿媳妇的父亲是教书匠，所以识得几个字。这天眼看着就要入秋了，最近几日儿媳妇都在给儿子做新衣服，想让停留在村里的部队给带过去。

"娘，竹生的信又到了，刚才村长给我的。你听听啊，娘、小莺，最近过得还好吗？我们的队伍开始南下了……"小莺轻轻地念完信，始终露出了笑，"娘，他好像要回来一趟。衣服可以手把手地交给他了。"

一月后。

“娘，娘！他们部队快要到村口了!”小莺从外面跑进来，摇晃着娘的手。

“哎！好嘞，莺子扶我。”老人家从床上坐起来。

通河村口。

“咦，怎么还没见着竹生?”婆媳俩在村口站了好久，队伍过去一大半，仍旧没有见着竹生。老人家轻轻拍着媳妇的手，“不急，不急，快到啦”。

远处通讯员抱着一堆染着血的破衣服，上面盖着相框慢慢走过来，带着一脸的悲痛，“老人家，莺子。竹生政委他，走了”。

那次战役竹生在前线作战，黑狗子和铁刀死了之后没多久援兵就赶到了，可是炮弹就打在竹生身上，一点灰都没有留下。

光影模模糊糊，我似乎看到了娘的微笑，她看着我。小莺抱着一个空盆从外面进来告诉娘，桌上有面糊糊。我还听见小莺给娘念了我的信。

爸爸和他的摩托车

2013级汉语言文学5班　简燕桃

多想和从前一样，牵你温暖手掌。可是你不在我身旁，托清风捎去安康。时光时光慢些吧，不要再让你变老了。我愿用我一切，换你岁月长留。一生要强的爸爸，我能为你做些什么？微不足道的关心收下吧！感谢一路上有你！

——《父亲》

夜已深。月光缱绻，洒下无尽的温柔。脚边的倒影静静地躺着，陪我一起等待爸爸和他的摩托车。满地的星辉，薄薄的，像纱一般轻轻地覆盖在这片土地上，又像一双温暖的手，温情脉脉地爱抚着这大地的儿女。凉风习习，带来一阵青草的清香，流淌着夜的拳拳爱意，让人不禁融入这柔情似水的月色中。情思流动间，仿佛一首小夜曲穿过头发，穿过耳朵，缓缓地在我的世界里涤荡开来……

小时候，爸爸把我叫作“马骝仔”（家乡话，猴子的别称）。每天晚上他下班回家，假如我还没有睡着，他都会陪我一会儿逗我玩，然后再拍拍我的屁股告诉我该睡觉了。他最喜欢掐我的鼻子和挠我痒痒。记得有一回，爸爸一回到家门口，就看到了躺在妈妈怀里的我，于是立马把鞋脱了进屋来掐我的小鼻子，一边掐还一边努起他的鼻子和嘴巴，亲昵地对我说：“马骝仔，爸爸回来了！”刚说完，我的鼻子就慢慢流出红色的液体。妈妈着急了，狠狠瞪了爸爸一眼。爸爸像做错事的孩子一般，耸着肩呆头呆脑地站在一边看着妈妈火急火燎地帮我止血。爸爸还喜欢抱着我挠我痒痒。他把食指放在嘴边“噗噗噗”地吹，然后迅速把吹过的有着当时我认为的神奇酸痒力量的食指挠我的肚脐、胳肢窝、脚心等地方，让我“哈哈”笑个不停，在他怀里打滚求饶……想起这些，突然觉得好笑，爸爸也是个淘气爱闹的孩子呢。真愿意一辈子都不长大，被爸爸逗着爱着，享受这满溢的宠爱。

但是随着我的长大，爸爸也越发沉默严肃了起来。他再也不像以前那般亲近我了，可他依旧会逗别家的小孩玩。而每当这时，我心里都会泛起一阵小小的酸意，恨不得自己立即变成爸爸怀里的孩子。然而，待我再大些，我渐渐明白爸爸爱我如故，只是不善言语罢了。他用一辆摩托车，载着我把爱随风灌进我的肺、我的心、我的血液骨髓中。

那年我考上了镇上最好的中学，爸爸不言不语，载着我去市区的饭店吃了一顿极丰盛的饭；那年我十八岁生日，下着滂沱大雨，爸爸不言不语，载着我去接我最好的朋友来家里吃饭；那年高三因为压力太大我瘦成了“白骨精”，爸爸还是不言不语，每天起早贪黑送我去上课，我记得那一年我都没在宿舍睡过……时至今日，我一通电话“爸爸，我要回家”，爸爸便会不顾风霜疲惫，风尘仆仆地来到我的宿舍楼下接我。第二天一大早，无论我愿不愿意，他都会提前在我出门前等在家门外……

多少个日夜，多少次车程，爸爸不言不语，就像他那宽厚温热的后背，默默地给予我一路的庇护和温暖。沉默如他，固执地骑着一辆摩托车，载着我风里来雨里去，碾过白天和黑夜。慈爱如他，伴我一路走来，给我欢笑给我温暖，给我人间四月天。我懂，我怎么能不懂，他那笨拙呆板的爱的表达方式。那风有多刺骨，他就有多爱我；那雨有多冰冷，他就有多疼我；那烈日有多火辣，他就有多宠我……我只怪自己愚笨和弱小，还不能为你撑起一片蓝天。我只害怕这岁月太残酷，斑白了你的两鬓，让你的行动越来越迟缓……

一阵灯光远远地射过来，唤回我远走的思绪，这才发现自己已热泪满襟。啊，是爸爸，是爸爸的摩托车啊！我急忙低头擦掉我的泪珠，爸爸的摩托车就停在我的脚边。我咽下满腔的情绪，重重地叫了声：“爸爸！”他没有回应我，但是我看见，我清楚地看见了他嘴角微微地扬起了小得几乎看不见的笑弧。我片刻也不想多等地跨上了爸爸的摩托车，让他再一次载着我一如往常般沉默不语地开进了一大片温暖的月色中。

爸爸，我的爸爸，你不知道吧，我不愿再坐上你的摩托车，因为我害怕一路的风霜会使你更加苍老，但是，我又多想你载着我，一直载着我，直到你老，直到我老，直到天荒地老。

时光啊时光，求求你再慢一些吧，不要让他再变老了，我愿意用我这一生换他岁月长留……

诗书自华

影子·生活·人生

2012级广播电视新闻学2班　黄美卿

很感谢马克·李维用他超级丰富的想象力为我准备了一场视觉的盛宴，《偷影子的人》是一本让我看后想再看一遍的书。一个老是受班上同学欺负的瘦弱小男孩，因为拥有一种特殊能力而强大：他能“偷”别人的影子，只要他的影子与其他人的影子靠得很近，别人的影子就会跳到他身上，影子会告诉他主人的心事，告诉他那些主人不愿说出口的秘密。影子对他说：“为每一个你所偷来的影子找到点亮生命的小光芒，为它们找回隐匿的记忆拼图，这便是我们对你的全部请托。”从此，他肩负了一份责任，去帮助那些需要帮助的人。而这一项特殊的能力让他和别人的生活与人生都不一样了。

爱情是浪漫感人的，克蕾儿是一个天生聋哑的小女孩，在那个夏天她邂逅了男孩，男孩偷走了克蕾儿的影子，克蕾儿的影子告诉他她有多害怕成长，作为一个聋哑人，她不愿意忍受别人的嘲笑和轻视的眼光，谁会爱上一个无法言语的女孩？但她却是男孩心目中最美丽的女孩，这种关爱对于一个一直孤独的女孩来说除了感动之外还让她萌生了爱情，就算是十二岁许下的诺言，对于克蕾儿来说依然是刻骨铭心的。童年的我们或许也有青梅竹马的小伙伴，在某一天，他要搬家了，他要转学了，他离开了，我们互相说彼此不会忘记，以后要常写信，长大之后要在我们的秘密基地相见……可是一切都会随着成长而改变。男孩也不例外，长大之后他的女朋友不是当年的克蕾儿，而是苏菲，与他一起在医学院求学的女生，但最后她的身份还是从女朋友变成了朋友，因为关于克蕾儿的回忆始终在男孩心中挥之不去。也许现实生活中这种浪漫唯美的爱情不多见，但是童年纯洁情感在许多年之后还是让人觉得很美好，很感人。

“混蛋，你这么久都在哪里混啊？在我做出一个又一个巧克力面包时，你‘搞死’了多少个病人啊？”这是他童年时候的伙伴吕克在他在医学院求学多年回来看他的时候对他说的第一句话。朋友就是这样，总能够用挖苦代替问候，用嘲讽代替想念。时间冲不淡感情的酒，距离拉不开思念的手，就算阔别重逢，他们依旧是当年的好朋友。夜里吕克的影子出现了，向男孩说着心里的秘密，成为医生一直是吕克的梦想，因为家庭的原因，他一直没能实现梦想，而男孩尽自己的能力说服了吕克的家人并带着他离开。在男孩寻找长大的克蕾儿时，吕克也尽自己的力量为他提供帮助。一辈子的好朋友，不离不弃，是友情的最高境界，谁又会是我身边的吕克呢?

至于亲情，妈妈似乎一直都是男孩的精神依靠。自从爸爸离开之后，每当男孩去上学，她就开始思念他，而长大之后的男孩走上学医的道路，跟妈妈相处的时间少之又少。他们会在某些特别的节日约定好去看望对方，儿子会为妈妈预订她最钟爱的小餐馆的位子，妈妈会为儿子带来亲手编织的简陋的温暖牌围巾。细纹爬上了妈妈的嘴角和眼周，看起来却是他们相依为命的痕迹，让人心安。最后，妈妈生病了，一个人悄悄地离去，留给他的不是最后的陪伴，而是让人瞬间崩溃的坏消息，还有一个装着真相的盒子。盒子里面都是爸爸写给他的信，爸爸觉得很抱歉，但最终还是选择了跟另外一个女人组建家庭，而这些，都是妈妈自己一辈子一个人承受的。亲情催人泪下，无数个日日夜夜，我们的身边都有这么一位天使，守护着我们长大，每一个天使妈妈都是这样，无私地奉献，悄悄地离开，她的影子从来都不会说些什么。

生活离不开这些人这些事，假如影子可以说话，它也只能诉说，却始终不能改变些什么。男孩偷了克蕾儿的影子，却失约于她；他偷走了吕克的影子，帮助他实现做医生的梦想，但最后才发现真正让他快乐的是面包师的工作；他偷走了苏菲的影子，走进她的内心世界并成了她的恋人，却做不到真正地爱她；他没有偷走妈妈的影子，但一切的真相在最后还是水落石出，而涌现出来的真相承载着的都是满满的爱。

就像妈妈对男孩说的一样：“你不能这样干涉别人的人生，就算是为了对方好。”每一个人都有自己的人生轨迹，命运可以改变，道路可以选择，但都必须靠自己。不管影子会不会说话，都是真实的世界，有些困难总要自己去面对，当心锁把心门锁上时，能找到钥匙的还是自己。

美丽的克蕾儿的影子，瘦小的吕克的影子，迷人的苏菲的影子，一个个会说话的影子其实都是生活的缩影、人生的剪影，它勇敢地站出来诉说那些不为人知的秘密，最后却甘愿留在背后，让我们面向太阳。

活　着

2012级汉语言文学1班　黄淳怡

余华：人是为活着本身而活着，而不是为活着之外的任何事物所活着。

同样的时间，有的人活得千疮百孔，落魄潦倒；有的人活得精致华美，气派体面；有的人平平淡淡，安乐和谐；有的人庸庸碌碌，东奔西走。有时候活着却是被活着，被时代与社会圈养着。《活着》里，福贵一生就犹如一个凄凉的宿命论的明证，命运像是早已注定，剩下的只是在一个平面里挣扎撕裂的喊叫，却如此无济于事。说是一个悲剧，却能看到希望和善良的笑意，看似人生被狂风严寒侵蚀，人世漂泊流离，在年过半百，看尽人间变化时却精神矍铄，平静得不带一丝波纹地去诉说曾经，曾经的点点滴滴。黯然销魂者，唯别而已矣。生别离，也许还有相逢的一天；死别离，却是一辈子无法选择的阴阳相隔。一次，两次，三次……走过的，何止是岁月，更是一双浑浊的泪眼在见证，在映射着这一切不按常理出牌的剧情，但这就是残忍而亲切的生活。

贺拉斯：无论风暴将我带到什么岸边，我都将以主人的身份上岸。

一个人幸福与否的最终定论，不在青年壮年抑或晚年，而是在死亡即将来临，与死亡和平共处的日子里，才有最后的幸福或是悲哀。我们赤裸裸地来，也将不可避免地赤裸裸地离开，而其中的过程，却是各有各的风景和轨迹。世人都想潇洒出世，却不得不日复一日地做着入世的事业。生活就是，各式各样的迫不得已，无论转向何方，皆有不可预测的黑浪迎面打来。这就是活着，这就是活着的生活。内心深处的烙印，渐渐数不清，茧起心上，而主人的地位也将无法取代。生活总是在风情万种里藏着深不可见的暗涌，大海中的稻草永远只是稻草，要活着就要不断用力向前划行。因为活着没有确定性可言，有的只能是忍住痛苦，不发一言，穿过这座城市。对苦难的最好报复就是隐忍地笑着活下去，生命的韧性即便辛酸处荒唐可悲，却仍可以世人皆醉我独醒地大度华丽地生活。《活着》的结尾处："老人和牛渐渐远去，我听到老人粗哑的令人感动的嗓音从远处传来，他的歌声在空旷的傍晚像风一样飘扬，老人唱道：少年去游荡，中年想掘藏，老年做和尚。”经历之后的写照，坦荡无牵挂，随心所欲，乐得自然。后面的背景是“炊烟在农舍的屋顶袅袅升起，在霞光四射的空中分散后消隐了。女人吆喝孩子的声音此起彼伏，一个男人挑着粪桶从我跟前走过，扁担吱呀吱呀一路响了过去。慢慢地，田野趋向了宁静，四周出现了模糊，霞光逐渐退去……”平凡却伟大，安稳而美好。人，开始是被活着，现在是活着。

博尔赫斯的作品里有这样一句话：我一连好几天没有找到水，毒辣的太阳，干渴和对干渴的恐惧使日子长得难以忍受。

希望，原来本无所谓有，也无所谓无。对于未知，本能地怀着一种无名的希望，却在生活那难以预料的突围中全军覆没，没有原因没有理由，降临了就是真切发生的一切，可触可及。道家说：“上善若水，水善利万物而不争，处众人之所恶，故几于道。”而我们是人，惯于规划将来，善于用自己的思维去操控一切。也许，恐惧并不是事情本身，而是我们因恐惧而去制造无中生有的恐惧。失却，悲哀，是因为在乎与不舍，所以恐惧适时诞生，思绪纷飞。深入骨髓的是我们的生活，渴望活着，恐惧死亡，惧怕意外，向往安定。一劳永逸，无忧无虑，就是一种欲望。只要是活着，只要是生活，每一天，都处于变化不定中，这一秒不知晓下一秒的变故。朱光潜说“联想，稍有勾搭，即被牵绊，未登九天，已入黄泉”。已然，活着就是被不同的事牵绊，生活，就是一张网。依然，活着也有沉睡的时候，可醒了就是心境的安息。不乱于心，不困于情，不畏将来，不念过往。

活着，比死去更需要勇气。而庆幸的是，我们都还活着，活得好好的。

“执子之手，与子偕老”赋予义

2012级汉语言文学1班　吴艺平

“执子之手，与子偕老”被许多热恋中的情侣当作爱情的誓言，热恋中的男女认为这句话特别受用，把它当成金玉良言。可是，“执子之手，与子偕老”自古以来就是爱情的誓言吗?

据有关资料记载，“执子之手，与子偕老”本义并不是指爱情。《诗经·邶风》里的《击鼓》篇记载的完整句子是“死生契阔，与子成说。执子之手，与子偕老”。或许有人会立即反驳，纵使全句解释，一样可以解释为爱情表白，且合情合理。但是，注释《郑笺》有言：“从军之士与其伍约：死也生也，相与处勤苦之中，我与子成相说爱之恩，志在相存救也。”其释义是两名战士在艰苦漫长的远征中相互勉励、约定相互救助。总而言之，其本意与爱情表白并不沾边，而是歌颂战友之情的。

解释至此，或许有人认为从字面解释去阐释为爱情表白也是恰当的。除却历史背景和上下文解释，用作爱情表白更实用。同时，就语言和词汇的共时角度而言，词汇随着时代的发展变化会被赋予新的内容，只要能被大众接受和认可，本来歌颂战友情的，如今用作爱情宣言也无可厚非。

随着时代的发展，词汇、句子不断被赋予新含义，但我们不能忘记其本义，亦不能望文生义，而应恰当运用且不滥用。我们要知其然，更要知其所以然，不能想当然或人云亦云。

幸福的拾荒者

2012级汉语言文学3班　刘燕悦

当一场飞来横祸，撞碎了原来用光环与荣耀建筑起的坚实堡垒，又有多少人能够在痛苦挣扎后以一颗平常心，回首过往，面带微笑，弯腰拾起这些光环与荣耀的碎片，做一回幸福的拾荒者呢？他能做到，并且，他也做到了。

他是胡歌，是从仙剑系列魔幻剧中一路走来的翩翩少年，他御剑乘风，潇洒倜傥，举止风流，是吸引无数观众眼球的古装小王子。十年前，他一夜成名，演艺事业的顺畅并没有让这位年轻的小伙子过多地思考人生。而十年后，再看他，他蓄起了胡子，已过而立之年看起来沧桑了不少，举止言谈间却流露出演艺圈男艺人少有的成熟与睿智。他说，他需要感谢的太多太多，回首过去，他有遗憾，但是更多的是对生活的感激，那一场飞来横祸，把他原来的生活撞出了正常的轨道，也把他被原来的荣耀与光环笼罩的浮夸、焦躁撞碎了，车祸之后，他涅槃重生，一片一片地把生活最本质的幸福拾起来，当了一回幸福的拾荒者。

胡歌在车祸后，利用住院的闲暇时光写了自己的第一本书——《幸福的拾荒者》。在书中，他将住院期间发生的有趣的、悲伤的、痛苦的事向我们娓娓道来，最后还附有几位好友写给他的一些鼓励的话语。整本书读下来，感触最深的就是胡歌在面对车祸带来的痛苦时的乐观、开朗，字里行间还透露出他的顽皮与风趣，当然，也有一些故作乐观的坚强。十年前，我十岁，那一年，还没有《仙剑奇侠传》，还没有逍遥哥哥，有的只是在上海戏剧学院无忧无虑享受大学生活的普通少年。而天生的俊俏容貌，与生俱来的偶像气质让他理所当然地成为演艺圈里最炙手可热的男明星。十年后，我二十岁，上大学三年级，而这时的胡歌，早已过了而立之年，车祸在眼角留下的伤痕还清晰可见，记得在一次采访中，胡歌说，“这是车祸给他的礼物”。主持人打趣道：“那你一定很希望它消失吧？”胡歌一本正经地说道：“如果它消失了，那我那场车祸不是白出了吗？”这就是胡歌，面对生活给他的沉重打击从来不会逃避，不会退缩。我欣赏他的这份乐观，这份洒脱。

爱美之心，人皆有之。我向来和大部分的女生一样，喜欢养眼的大帅哥，过去也有熬夜看偶像剧的习惯，并且每看完一部戏都会被里面的男主角迷得神魂颠倒。说得难听一点，我对偶像的崇拜只能说是肤浅的迷恋，因此，过不了多久，我就会忘记。而胡歌，这么一位洒脱、睿智的演艺明星，却让我连续八年对他“念念不忘”。对他的欣赏不是因为他的俊俏容颜，而是从心底发出的最由衷的敬佩与称赞，为他的才气，为他的乐观，为他的坚强，为他的洒脱……

时隔六年，再拿起这本《幸福的拾荒者》，心里涌起的依然是对胡歌满满的敬佩之情。许多人说，胡歌是演艺圈中少有的能够始终不忘初心的男艺人。我想，这样一个他，就算因车祸被夺去了俊俏的容颜而无比自卑，他内心也能无比乐观与坚强，洒脱的态度依然可以让他活得比别人更精彩。曾经有一位特别欣赏的朋友送我一幅胡歌的素描，打开礼物的那一刻，我被里面胡歌调皮搞怪的样子深深吸引了，久久凝视着画像中的他，内心充满了满足与感激。谢谢这位朋友，画出这么一幅独一无二的作品，与他过去所有花哨的海报相比，这幅画像最吸引我。假期回家，我把它放在了自己的梳妆台上，每次看到他，都能够想起他的那份坚强与乐观，我自然而然接受了他的影响，逐渐能对生活持乐观的态度。

我是一名“胡椒粉”，但并不是盲目地追星，胡歌身上具备的优秀品质实在值得我们去好好学习。无论怎样，希望他的演艺道路越来越顺畅，并且用他的正能量继续鼓励更多的人往前走，做幸福的拾荒者。

教师之我见

——读《论语》有感

2012级汉语言文学5班　黄霞燕

“春蚕到死丝方尽，蜡炬成灰泪始干”，“落红不是无情物，化作春泥更护花”这些赞美老师的诗句是多么朗朗上口啊。众所周知，教师行业曾经被誉为太阳底下最光辉的职业，教师也被誉为人类灵魂的工程师。老师，这个光彩夺目的名称，就像一颗璀璨的明星，永远高悬在我们的心中。然而，曾几何时，关于老师缺乏教学素养，缺乏教学方法的负面新闻接连不断。随着教师资格证考取新方案的出台，人们对教师的偏颇议论也日益增多。近读《论语》，感到孔子关于教学的思想和经验丰富，似乎可以提高教师的教学素养，增加教师的教学方法、经验。

一、老师说话要注意分寸

“或曰：‘雍也仁而不佞。’子曰：‘焉用佞？御人以口给，屡憎于人。不知其仁，焉用佞？’”这句话的意思是：有人说：“冉雍这个人有仁德但不善辩。”孔子说：“何必要能言善辩呢？凭伶牙俐齿和人辩论，常常招致别人的厌恶。我不知道冉雍是不是有仁德，但何必要能言善辩呢？”孔子认为人只要有仁德，可以德服人就够了，根本不需要能言善辩、伶牙俐齿。语言是交流思想感情的工具，没有语言作为沟通的桥梁，人们在交往中，就无法顺利进行沟通，但“成也萧何败也萧何”，祸从口出，患从口入，人们认为凡事少说为妙。从这方面来看，孔子认为人只要有仁德，以德服人就够了，根本不需要能言善辩、伶牙俐齿的主张是对的。但是对一名优秀的老师来说，只有仁德而没有能言善辩显然是不适合的。在我看来，老师作为一名引路人、指导者，必须能言善辩、口若悬河。若不然，一个目瞪口呆，不能言善辩的老师连话都不会说，又怎么能够在课堂上传道授业，灵活地与学生深入交流呢？然而，作为一名有教学素养的老师，仅仅能言善辩、口若悬河也是不行的，还要懂得说话的分寸。作为学生，我们都很了解即使在同一个班级，被同一个老师教，做同样的作业，班上还是会存在诸多差异。就拿成绩来说吧，无可否认一个班中既有成绩好的学生，也有成绩不好的学生。对于成绩好的学生，老师说话时，可能并不需要注意什么分寸，只需要告诫他们骄兵必败，还要继续努力就行了。而对于那些成绩不好的学生，我们就必须讲究分寸了。正所谓说者无心，听者有意。或许老师自己认为这是一句无关紧要的话，但在学生听来，却包含着浓浓的讽刺、指责与讥笑。所以不管学生的所作所为多么离谱，多么不可思议，多么令人生气，在我看来，老师也绝对不能斩钉截铁地批评、挖苦、讽刺，更不能打骂学生。老师一定要谨言慎行，不能用过激的言辞、盛气凌人的语气，毫无顾忌地教育学生。“伤人之言，深于矛戟”，我们千万不要因为一言之失，就伤害了学生幼小的心灵。唇亡齿寒，老师与学生也是同样的道理。老师如果只图一时之快，口无遮拦，不讲方式地伤害学生的自尊心，学生当然也会对老师有意见，处处针锋相对。因此，老师一定要学会说话注意分寸。

二、老师要好学，勤奋上进

教育部颁发的《中小学生教师资格考试暂行办法》规定，中小学教师资格考试有效期为三年，教师资格证每五年注册一次。这政策一出台，很多在校师范生或是教师都议论纷纷，认为教师这个“金饭碗”不再那么好捧，后悔走上教师这一条道路。其实这一想法是愚昧可笑的。这一规定不正是要老师好学、勤奋上进吗？子曰：“不患无位，患所以立。不患莫己知，求为何知也。”这句话的意思是孔子说：“不担心没有官位，只担心没有立足的东西。不担心没有人知道自己，重要的是要有足以使别人知道自己的本领。”不怕没有职位，只怕自己没有能够任职的才能，不怕别人不知道自己，只怕自己没有能耐让别人知道，这句话说的不正是教师的现状吗？随着大学毕业生的增多，大学毕业生的就业竞争也越演越激烈。随着教师制度的改革，教师行业也打破了终身制，不再是“金饭碗”。教师要想守住这个工作岗位，只有不断勤奋上进，寻求自我发展，不断完善提高自己的教学技能，才能适应教师行业的发展步伐，为自己立足本岗位强根固本。然而，如何做到勤奋上进呢？子曰：“我非生而知之者，好古，敏以求之者也。”意思是孔子说：“我并不是生来就是什么都知道的人，而是热爱古代文化，勤奋敏捷地学习的人。”就连圣人都不是生来就什么都知道的，更何况我们这些凡人呢？我们要永无止境地学习才能做到勤奋上进。不断地学习，人生就能不断地进步。子曰：“吾十有五而志于学，三十而立，四十而不惑，五十而知天命，六十而耳顺，七十而从心所欲，不逾矩。”孔子说，我十五岁就立志要学习。到了三十岁，基本成熟；到四十岁，已经不会迷惑；到五十岁，懂得了天命；到六十岁，已经能理解和泰然地对待听到的一切；到了七十岁，可以随心所欲，而又不越出应有的规矩。或许我们并不能做到像孔子般知天命，不越矩，但是我可以肯定地说，如果教师向孔子般立志学习，就一定能够拥有任职的才能，通过五年一注册的规章制度，在我们光荣退休之前保护好我们的“金饭碗”。学习能够保住我们的“金饭碗”，但是我们应该学习什么才能保住我们的“金饭碗”呢？

具体问题具体分析。如今人们说教师缺少教师职业道德修养，缺少教师技能。那我们就应该着重从这两方面入手。教师的职业道德修养水平是教师更好地教育学生的保证。“多才而无仁，国之患也。”同理，即使教师有很高的专业水平，但缺乏职业道德修养也是国之患。缺乏职业道德修养的教师，不是缺乏耐心，一味责怪学生，就是得过且过，敷衍了事。子曰：“不学礼，无以立。”孔子说不学习礼仪，就不能立身处世，立足社会。按《礼记》说法，礼分八种：冠、婚、丧、祭、射、乡、朝、聘。外加宾主之礼和军旅之礼总共十种。这十种礼仪，囊括了我们生活的方方面面，要是我们都能够以此作为我们的行为准则，学习礼仪准则，那么我相信我们一定能够成为一个有职业道德修养的老师。有道德素养，就有了安身立命之本，但作为一名老师还远远不够。子曰：“不学《诗》，无以言。”孔子说不学习《诗经》，就不会说话。按孔子的说法，《诗经》可以激发人的感情，可以了解天地万物与人间万象，可以合群，可以讽谏。单单是学习《诗经》就可以上知天文下知地理，可以与人尽情地交谈。不朽的经典名著凝聚了世世代代人类思想艺术的精华，可以陶冶思想情操，让人修身养性，可以了解文学常识与各方面的知识，增加经验。经验是教师完成工作的保障，能使教师少走弯路。学习经典名著，不断总结前人的经验，充实自己的经验，这样的老师一定是一名经验丰富的学者，一定可以修身养性，一定可以根据自己的经验，推陈出新，极大地调动学生学习的积极性。试问这样的老师又怎么会失业呢？

在《论语》中，我们还可以深切地感受到孔子“诲人不倦”和“有教无类”的精神。他博大精深的教育思想充满了智慧之光，是我国传统教育思想中的宝贵财富。作为一名师范生，我觉得我们应该结合生活实际去学习《论语》，借鉴其中的思想精华。

中国梦，我的梦

2012 级汉语言文学 6 班　何静华

古龙曾经说过，梦想绝不是梦，两者之间的差别通常都有一段非常值得人们深思的距离。梦想的意义就在于梦想是一个目标，是让自己活下去的原动力，是让自己开心的原因。

我一直在思寻我的梦想是什么？我为了什么而一直追随？我究竟为了什么而活到现在？我的梦，是虚幻，是迷茫，是彷徨还是现实、可靠、坚定？我不知该如何回答。

我只知道，我的梦想掌握在我的手里，我信天信地却唯独不信命，我的梦想绝不是虚幻、迷茫、彷徨。我的未来只掌握在我的手里。

历史告诉我，中华民族分分合合，战争与和平，不断循环往复。到了近代，内忧外患，民不聊生，更别说经济的发展了。我国是农业大国，没有一个安稳的环境，人们就无法努力耕种，经济自然会倒退，人民生活自然不足，中华民族必然受到重创。

有人可能会说：中华民族五千年的历史谁敢忽视，丝绸之路，郑和下西洋，《马可波罗行纪》中地大物博、遍地黄金的中国，几十年便能跻身于世界强国之林，虽说还是发展中国家，但世界上没有一个国家敢忽视中国。

中国梦，中华儿女的共同梦想。何为中国梦？我不停地思考，不停地寻找答案，我不知道我的答案是否正确，我想中华民族的伟大复兴梦便是中国梦。

我曾为中国的过往而感到悲哀、伤痛、无奈。悠悠中华曾被外国列强无耻侵略。可喜的是中华民族自强不息的伟大精神，让人民重新站起来，屹立不倒。改革开放更让中国立于不败之地，美国的“中国威胁论”足以证明中国已不能被任何一个国家忽视，再也不是被人任意掠夺、任意摆布的木偶。

中华民族的伟大复兴不是空谈，自古以来便有人用自己微薄的力量，尽自己最大的力量推动国家的发展，让民族复兴继往开来。

岳飞精忠报国，一生为了宋朝的安危，南征北战。当时，北方的金兵，常常攻打中原。岳母鼓励他报效国家。从军之前，母亲在他背上刺了“精忠报国”四个大字。岳飞不忘母训，那四个字成为他终生遵奉的信条。岳飞每战必胜，立功无数，名闻大江南北。岳飞建立起一支纪律严明、作战英勇的抗金军队“岳家军”，岳家军遵守纪律，宁可忍住饥饿，也不打扰人民，留下“冻死不拆屋，饿死不掳掠”的美名。岳家军让金军闻风丧胆，金兵统帅长叹：“撼山易，撼岳家军难!”当岳飞追到距金兵大本营只有45里，眼看就要大功告成，收复江山有望时，皇帝赵构怕岳飞打败金兵后，接回原先的皇帝，自己王位不保；又怕岳家军强大起来，对自己政权构成威胁，于是连发十二道金牌，命令岳飞退兵。岳飞挥泪退兵时，中原人民拦住军马，哭声响彻原野。

我为岳飞而自豪，更为中华民族而骄傲。我为中华民族的爱国主义而感到无比自豪，一生精忠报国，为祖国的伟大复兴而努力，岳飞，感谢你!

“为中华民族崛起而读书!”多么雄伟的愿望！周总理是我国的第一代总理，我国伟大的外交家，年仅十二三岁时他就能有如此雄伟的梦想。

实现梦想的过程总是充满荆棘的，没有任何一个人能一蹴而就。梦想是心灵的阳光，照亮我们前进的道路；梦想是勇气之源，推动我们勇往直前；梦想是真实的，是我们长久以来的信仰。

小梦筑成大梦，中国梦正是由一个个小梦构建而成的一座色彩斑斓的彩虹。三十年河东，三十年河西，几百年的屈辱，几千年的辉煌，莫忘中国梦!

下一站，不是终点

2012级汉语言文学6班　吴华玉

人一生的奋斗之路如一个个站台，到达这一站，就得朝下一站起程，并且是一站接着一站，似乎永远没有终点。

下一站，我将走往高处，目的地叫摸索与攀岩；

下一站，我驰骋着朝向前方，目的地叫未来；

下一站，我飞去远方，目的地叫梦想……

大家耳熟能详的格力电器股份有限公司董事长董明珠，能从一个清洁工拼搏到董事长这样一个高职位，2005年荣登美国《财富》杂志评选的全球50名最具影响力的商界女强人榜。她的目标就是一个个站台，不会在某个站台停住脚步，下一站也不是最终的目的地，只能说是她追寻新思维的又一个起点。我们的奋斗之路是崎岖的，也需要不断向上攀登。董明珠有一句话让我印象最为深刻："顺手就可以拿到的东西，不叫目标，一定要跳起来才能达到的东西才是目标。"可见，董明珠的目标就是每一个下一站，从一名清洁工到业务销售员，中间历经多少坎坷？那是不言而喻的，但她一步一个脚印，慢慢地把自己塑造为成功的女强人。

下一站，不是终点，可以说是一个反省与寻新的平台。一个成功人士不会轻而易举地就成就事业，其中必定经历一段异于常人的不平凡之路，承受平凡人所不能承受的各种屈辱和失败，痛定思痛之中还得坦然面对残忍的现实，敢正视自己错误的人才能成为伟大的人物。

如今受全世界瞩目的阿里巴巴，在美国纽约的证券交易所正式成为一个全球上市公司，其IPO破了纪录。阿里巴巴之所以有今天这样一番令人瞩目的成就，要归功于它的创始人马云。阿里巴巴的上市，我们以为最激动的人要数马云，但事实并非如此，马云在公开场合说的话并不多，甚至表现出的平静让人出乎意料，他以一种成全他人的谦卑姿态出现，颇给人一种登泰山小天下的感觉。

下一站，不是终点，更不是停止不前，而是一个寻求更好的方式去经营挑战的环境，也或许是一个更加艰巨的责任。

阿里巴巴上市后的下一站挑战会很大，抑或责任更高？马云说："阿里巴巴上市，挑战会很多，优势也许没有。"作为全球的有限公司，以全球的眼光去调整公司的经营目标，为全球为各国的中小企业解决问题；作为一个全球的公司，不一定要拥有全球的业务，但一定要有全球的思维。这同时也意味着一种责任！不难看出，阿里巴巴奋斗的下一站，是更艰难的下一站，是需要不断调整思路的下一站，是肩负既让它自己保持前进步伐又能带动全球的以及中国各企业发展的重任的下一站。

假如，你把下一站看作是一段路程的新起点，而不是终点，你的奋斗之路就会越来越辉煌，越具有回忆的价值。

下一站，不是终点，而是新的起程。

中国游子的羁旅情怀

2013 级汉语国际教育　谢静如

何为游子？在我眼中，出门在外，离开家乡的即为游子，从小范围来说，我来到省内的另一所城市求学也算是一名游子。离开故土思念家乡，这是人类共有的一种情怀。而这种情感在中华民族身上体现得更加强烈。

中国的文学史，尤其是中国古代文学作品，可以说写尽了中国人的这种思念。从最早的屈原的《哀郢》，到蔡文姬的《胡笳十八拍》，李白的《静夜思》，再往后还有历朝历代的作家书写的有关思乡的诗词。乃至今天，关于思乡，仍然是人们永远说不完的一个话题。最典型的就是余光中的《乡愁》，我第一次接触这首诗时，可能因为家近在眼前，尚无法领悟诗词的情感，如果将来我有机会走出国门，到时再朗读这首诗，相信带给我的感觉会是完全不一样的。

思乡是全人类共有的情感，只要离开家乡，每个人都会产生思念的情绪，但为什么中国人思乡情结是最深的？艾青曾经说过："为什么我的眼里常含泪水？因为我对这土地爱得深沉。"由此不难看出，中国人思念的是家乡的一草一木，一山一水，甚至一抔黄土。尽管亲人已故，庭院破败，只要那一方热土还在，中国人就无法抑制住这种思乡情感。以前看影视作品时就注意到，某个人离开家乡时，如果预知自己将来可能永远不会回来，他通常会抓一把黄土珍藏在自己身边，因为有黄土在，自己对家乡的这种思恋就能有所寄托。

中国有一句古话叫"非土不立，非谷不食"，由此形成了一种安居乐业的民族个性。在古代，特别是在农耕社会，百姓和土地的关系非常密切。土地上种植的五谷杂粮是百姓赖以生存的根本，这样就把土地和百姓紧密地联系在了一起，土地给予百姓延续生命的最基本的生活原料，因此中国人讲究安土重迁。虽然今天这个时代发生了很大变化，大家可以到全世界旅游，但是大部分古人不会轻易远游，很多时候，他们终生都在自己的故乡生活，男耕女织，安居乐业。

中国人还有一个历史传统，"生于斯，长于斯，宦学于斯，聚族于斯”，这一定程度上印证了我自己走过的路。斯，指这里，在故乡出生，在故乡生长，在家乡学习、工作，在家乡生儿育女，并组成一个大家庭，可见这是中国自古以来的一个传统。到目前为止，我已经走到宦学于斯，学于斯必然宦于斯，我自己以后大概也是在家乡附近就业，宦学于斯后顺理而成的就是聚族于斯，所以这个传统我们仍然延续着。于我而言，我确实不愿离家太远。从小到大，我走得最远的距离，就是在距离故乡600多公里的地方求学，起初我确实因为可以离开父母的束缚而欢欣雀跃，但随着离别的临近，却是越来越不舍的心伤。我总以为自己很坚强，但终究敌不过思乡之情，特别是遇到挫折时，只要听到父母的声音，就再也抑制不住眼泪的滑落。每当夜深人静时，对着一轮明月，更能引起人们的思念，如今我也是真正体会到了类似“月是故乡明”“近乡情更怯”的情感。我们很难理解为什么中国人都不愿离开家门，或许是对家乡的一种依恋，又或许是走不出家门口的那种历史的贯穿。

中国古代还存在着“父母在，不远游”的伦常观念，所以说古人除了出门游宦求官，几乎都是在家附近生活，甚至有人终其一生都未离开过家，这也是中国儒家讲究的观念。以前回故乡的时候，曾跟随父母拜祭家里的祖坟，一个我们的祖祖辈辈共同长埋的地方。小时候不能理解为什么爷爷奶奶不愿待在城市，过不了多久就要求回故乡生活，如今多多少少能明白，这是因为他们骨子里那种落叶归根的观念，不愿漂泊在外，特别是到了古稀、耄耋之年，他们更加迫切地想回到自己出生的地方，在那么一个古老的院子里，吹着晚风，用他们已不清明但睿智的眼眸，遥看远方夕阳西下，静静地回忆自己这一生走过的路，偶尔还会回头兴高采烈地和子孙们讲述自己曾经的“丰功伟绩”，又或者只是缓缓地向空中吐着缥缈的烟圈。

正因为我们中华民族世世代代传承的民族个性、伦常家族观念，中国游子的羁旅情怀才会特别浓郁。中国的诗句有云：“胡马依北风，越鸟巢南枝。”表明了动物永远带着故乡情结。屈原也有诗句：“鸟飞反故乡兮，狐死必首丘。”这两句诗都说明了动物对出生地的依恋，动物尚且恋家，何况人乎？

有我之境

2013 级汉语言文学 1 班　梁静仪

曾经，一度想把用“我”作为讲述者开头的习惯给改掉，打算用时间、地点，又或是结局、起兴，去顶替那陈旧乏味、老气横秋的第一人称。因为“我”在很多时候，并没有什么特别的意义，更不会因为放在文章开头就给人留下什么特别的印象。使用“我”更多是因为它靠手沾边，不费劲。就像人渴了，要喝水，会随手拿起身旁的凉白开，咕咚咕咚大口畅饮一番，爽快极了。可是回头人家问你一句，感觉这水有什么不一样吗？你说渴了之后就一股脑地灌了进去，恐怕放在你眼前的即使是美酒，也未必能品出个所以然来。所以为了避免使用上的浮光掠影、浅尝辄止的情况，就毅然决然地准备进行一次大刀阔斧的整改。

理想很丰满，现实很骨感，操作起来更是难上加难。很多时候，有些东西会在不知不觉中渗进皮肤，融入血液，汇成你的肌理，成为生命的共同体。要摆脱它，就等于要生生地把身体上的一部分拆下来，血淋淋的。随着历史的发展，语言已经融进一代又一代人的意识里，几乎锻造成为人生存发展的一种本能。而本能是我们面对、处理事情最先做出的反应，完全来不及经过思考，同时也是最真实、最直接的表现。而抗拒本能就是与创造一切生物和自然的规律作对，与一切不可阻挡又保护你必然存在的权利反抗，实在是得不偿失。再者，革故鼎新不是一锤子买卖、非生即死的选择。只拿作为一级字表中使用频率最高的十个汉字之一的“我”来开刀，不觉得这是意气用事吗？语言发展本就盘根错节，所有的文字都储存在庞大、精密的数据库中，有其自身存在和消失的必然性和规律，岂能人为消灭。

《说文解字》曰：“我，施身自谓也。或说我，顷顿也。从戈从𠂂，𠂂或说古垂字。一曰古杀字。”而“施身”，即是于群之中。“我”是于人群之中，而自谓之称也。在他人眼里，人群中的“我”，也许别无二致，普通庸俗。但“我”之所以呼出一个“我”，正是要显示出“我”是一个独特的个体，是一个与别人异样的类属。同时“我”从戈，属于戈类，是一种长柄的进攻性武器，而不是一种短柄的防御性武器，不是等人侵犯了“我”，“我”才出手防御，而是“我”认为别人冒犯了“我”，“我”就要主动进攻。虽没有一个标准规范，但“我”所着意的正是这样一种护持、坚守的性质。

由此可知，“我”字恰恰是体现与众不同、独树一帜的标志，这正和陈寅恪所坚持的“独立之精神，自由之思想”相吻合。历千万祀，与天壤而同久，共三光而永光。所谓托文赋物旨在成一家之言，抒一己之意气而已，条条大路通罗马，我们又何须拘泥于一个词一个字呢，颠来倒去，或者贵古贱今，都并非文学的真意，有那番时间，还不如规规矩矩、干干净净地写一些东西。多把问题讲清楚，讲透彻了才有意思。明白这一点，“我”亦不俗矣。

我的《狂人日记》观

2014级汉语言文学1班　卢诗梅

何为“狂人”？一说为精神疯狂，不正常的人，另一说则是任情而发、不遵规度的人。自古杰出之士多狂妄，如孔林七贤之一的嵇康“头面常一月十五日不洗，不大闷养，不能沐也”；又如李白“我本楚狂人，凤歌笑孔丘”之放荡不羁；不知《狂人日记》中的“狂人”在你看来又是哪一种？

在我看来这位“狂人”两者兼有，他在封建统治八股取士的背景之下不能鱼跃龙门，取得名利富贵，达不到自己的人生目标——当官发财，发疯癫狂、精神出现问题是很正常的事，偏执在佛经里的解释是“偏重于一边的执着”，当一个人对某一事物执着不能放下时，他就会成为偏执狂，在现下的社会规则中，文章主人公追求功名利禄而不得，且放不下这些念想，所以他狂了！缺少名利的他成为一名彻头彻尾的失败者。

既然他不能在当下的社会背景中取得成就，为了摆脱失败者的身份，他就选择在自己的精神世界里否认封建教条的存在，封建的历史就是“吃人”的历史，吃人的世界，吃人的人。书上的仁义道德可从字缝中瞧出“吃人”俩字，大家都是不正常的，大有众人皆醉我独醒之感。在扭曲黑暗的社会中，“狂人”作为一个“黑屋子”里的清醒者，不能取得他们的认可，不能实现自我的人生价值，这也正常，所以他批判传统，因不遵循规度而被冠上“狂人”之名！

以第二个观点来看，“狂人”是最早的革命觉悟者，他要求社会变革，吴虞在《吃人与礼教》中说：“吃人的就是讲礼教的！讲礼教的就是吃人的呀！”封建礼教以忠义为名，扼杀人的欲望，以仁孝为由，钳制人的思想，在身体和精神上扼杀人性，吃人大概是这样的意思吧！“狂人”不愿意再受压制，他要反抗！他是反封建的斗士，不与世俗同流合污，如同文艺复兴里的杰出者一般，提倡人性的光辉，从这一角度看，他成功了。

但“狂人”依旧是一名失败者，小序中，“狂人”恢复正常，“赴某地候补去了”。他屈服于这个“吃人”的社会，放弃了斗士的觉醒。这是为什么呢？马克思说过：“人是社会关系的总和。”人是社会中的人，会在不知不觉中受到他人的影响，“狂人”变“常人”不得不说这是受社会关系的影响，“吃人的是我的哥哥，我是吃人的人的弟弟，我自己被人吃了，可仍然是吃人的人的弟弟”，无论是从科学的遗传学角度来讲，还是从社会环境影响的角度来讲，“狂人”都不可能完全脱离“吃人的人”的称号。

从另一个层次看这篇文章，不纠结于主人翁癫狂与否。小说是文学革命时期发表的白话文，号称现代白话小说的开山之作，其目的是多层次逐步揭露与批判封建制度和礼教，表现出反叛和变革的精神。但是在我看来这种太过片面的否认、批判、丢弃传统太极端了，中国文化博大精深，虽有不当之处，但我们也不能一概舍弃，“存在的即是合理的”，也许在现在的我们看来封建迷信的东西，恰恰是当时所必需的。我学习新文化运动那段历史时，老师告诉我这个运动存在着很大的弊端，这弊端深深地影响了现在的我们，运动里某些人物以形式主义为指导思想，他们对中国文化遗产不加分析地全盘否定，甚至提出“废灭汉文”、采用世界语的做法，盲目崇拜西方资产阶级文化，致使我们与古典文化的联系被切断，鲁迅在小序里提到“狂人”回归“吃人”的社会，可不可以看作是他在运动初始时对存在问题的一种反思，是他后来在《且介亭杂文》里提出的“拿来主义”的最初构想？

还需秉烛闻香

2014级汉语言文学1班　薛颖敏

世有名花。有的雍容华贵，有的独立寒冬，有的清新淡雅。然吾唯爱夜来香。它在白天默默开花，毫不起眼，不争、不夺；直到入夜，才散发幽香，吸引行人。若为此花寄入一段情，还需秉烛夜游，静候香气扑鼻。

念及配得起此花的人，不禁让人想到了瑞典的著名诗人——托马斯·特朗斯特罗姆。托马斯一年创作的诗不超过三首，一生所作的诗也只有一百六十三首。在他还未成名前，他用宁静的内心和纯洁的灵魂写诗，用他所写的诗感动生活。他也不骄不躁，因为他相信，他不会被埋没，时间是证明他的价值的最有力的证据。事实也证明他是正确的，时间并没有辜负他的期待。托马斯的第一部诗集轰动了瑞典诗坛，他本人也获得了2011年的诺贝尔文学奖。

而凡·高却等不到世人对他的肯定。凡·高的后半生深陷精神疾病，要靠他的弟弟接济，生活和事业的不顺让他在一次傍晚散步的时候饮弹自尽，享年三十七岁。而在凡·高去世四十七年后，他得到了世界的高度认可——不仅是伟大的画家，而且是出色的作家与哲学家。尽管凡·高离我们而去，但他的作品却得到了永生。如今，他的《向日葵》仍然以一种壮烈凋零的姿态冲击着我们的眼球，让我们感受到生命的脉搏在跳动。

没有什么东西是等不来的，只看你愿不愿意静候。无论是夏雨雪，还是冬雷震震，都不会掩埋你原本的光芒。因为金子在还未被发掘前，它仅仅是一块普通的石头，但是时间让它成了永恒不变的宝物。

想要结出娇艳欲滴的果实，不仅要经得起时间的考验，还要有足够的耐心、坚定不移的信念。没有人会知道你的这棵果树何时开花，何时结果。也许在你俯身嗅花香的一瞬，也许在你斟酒自酌时，也许就在这一刻。所以，你必须稳住自己，给自己一份信心，并且竭尽全力地拼搏。你得相信，时间是个顽皮的孩子，但他仍然会在适当的时候证明你的价值。

这样看来，活得像夜来香又有何不可呢？夜来香在静静等待她的知心人，等待她的知心人秉烛夜游，静候花香，欣赏她的美。

素质之花

2014级汉语言文学2班　苏燕萍

时常听到人们说，读那么多书出来又能做什么，大学生满街都是，打散工的、卖猪肉的都有。但我想说，读过书的人，就算他出来找不到理想的工作，但他们中有90%的人，遇人会主动问好，接受了好意会说声谢谢，上公交车会微笑让座，在等候厅会自觉排队，他们会把礼貌和友好传给身边的人，教出更有素质的下一代。

说到素质，我就得提起大学，大学是一个群英聚集，有文化、有素质的天堂。它以其内涵影响了一届又一届的学生，感染着每一位学子。开学没几天，就发生了一件令我很感慨的事情。那一天，我肚子痛，请假的程序很复杂，书还急着还，作业又得打印出来，事情一多，烦得我快哭了。抱着一堆书去图书馆还，结果工作人员刚好停工，还书机又坏了，那时真的好无奈，心情更糟了。我走出去时，检测器响了起来，我自觉地走到门卫阿姨那儿。她站起来，身体向前倾斜着靠近我，很亲切很耐心地向我问明了原因。她叫我把书先放在她那里，等工作人员来了再帮我还。如果不放心，也可以等六点钟再来一次。其实，在我之前，已有好几个学生出现这样的问题，她都一一耐心亲切地说着同样的话，每来一个，她就得说一遍。

这对门卫来说可能是职责所在，是一件很微不足道的事情，但她的礼貌、素质，让我这个急得快哭的人有了一丝丝的温暖，走出图书馆，心情突然好了很多，在那乌云盖顶的阴凉天气中，我的心却感到了温暖。那时候看什么，什么都好，凋落的花也充满了生机。感谢她让我心情好起来，这也许就是素质的力量。

大学的素质，在饭堂的阿姨身上，我也深有体会。那天，我本想将饭菜打包，但一时说错了，阿姨已把饭盛到了餐盘上，我赶紧说不好意思，然后纠正过来，本以为阿姨会生气或骂我，可她没有，还笑着重新帮我打包了。我偷偷在心里开心地笑了。在高中时，我就有过几次不愉快的经历，一次打早餐，饭卡没有反应，结果被阿姨当众骂了一顿。那时候备战高考很紧张，一大早就被骂，心里可真不是滋味，影响了一天的心情。

无论我们是什么人，从事什么职业，贫穷还是富有，都有必要培育素质之花。我们都活在文明的社会，素质不再是生活的点缀，而是生活的必需。若是每一个人都讲素质，或许，社会上就不会有那么多的是非，那么多的口角，那么多的悲剧。

其实素质是一面镜子，我们的一举一动都会透露自身素质，而素质则会毫无保留地照出“美”或“丑陋”。每一个人可能都会有意或无意地伤害到一个人，当我们是伤人者，是否可以站在对方的立场上去感受给对方造成的伤害，我们又会在别人的心里留下什么印象呢？假如你是个没有基本礼仪素质的餐厅服务员，你将会影响就餐者的心情，甚至给企业带来负面影响；假如你是个公共汽车上不让座的年轻人，你将会受到社会舆论的指责。素质的影响力是很大的，连锁餐厅、酒楼的服务员需要经过培训，有职业素质，更重要的是道德素质，道德素质间接地影响着企业的生命，服务员的礼仪不但是工作的需要，还是人与人之间友好交流的需要，能带给顾客舒适的心情，也能给企业带来正面的影响。

素质对一个人很重要，就像树的皮，没有了它，树就会慢慢枯老；若我们是一朵花，素质则是最美的阳光和雨露，它会令我们在百花园中更显奇美。及时培养素质是很有必要的。素质有内在的也有外在的，从小到大，我们的各种素质都在不自觉地提高着，但并非每个人都能均衡地拥有，有些人有知识，没素养，有些人有礼貌，却没内涵。作为一个大学生，自觉提高自身的素质是一种责任感的体现。大学生是社会关注的焦点，他们是中小学生的榜样，是社会明天的栋梁，他们的一举一动都会对社会造成直接或间接的影响，这就是国家为什么极力推崇素质教育的原因吧。

希望我们都能做个有素质的人，让素质之花常在我们身边盛开，给自己芬芳，给别人芬芳，美丽着社会，美丽着祖国。

让传统文化理性回归

2014 级汉语言文学 3 班　王晓珊

人，有的时候总是把某种感觉和自己特定的印象甚至想象联系起来。

阳光明媚，微风习习，随着络绎不绝的行人在我身旁熙攘穿梭，我驻足于这条街道的尽头，凝望着这样一幅美得让人窒息的景色。两旁的树已经开满了粉红色的花朵，在翠枝绿叶的点缀下越发显得娇艳。丝丝凉风寻找着缝隙相互挤着，撞着，冲着，一瓣瓣小小的粉花与油绿的叶子便在那枝头相互嬉戏追逐。一使劲，便挣脱了枝头，旋了个圈，跳到地面。莺歌燕舞，风吹花落，风使者带着他的舞伴踏着婀娜多姿的舞步争先恐后地向我扑来，随即一股清香刺激着人的感官。我向前两步，感受这唯美的一幕，用手挡去几缕阳光，透过枝叶的细缝望向那蔚蓝的天空，思绪渐远……

那种屋顶四角翘起，棱骨分明的房屋成团地分布在各个角落。穿着旧时土棕色汉服的人们扎堆在各种商铺及摊位中，街上有挑着两个大箩筐的，有排着长队喝茶的，有坐在马车上颠簸着的，也有戴着滑稽的面具嬉戏着的……卖包子的吆喝声，街头卖艺的锣鼓声，掷骰子的叫喊声，相生，融合，壮大，发散。一声钟响把我唤醒，回神看着幢幢高楼，失落感油然而生，轻轻叹息一声，徐徐向前走去。

不知道有多少人会像我一样渴望亲临旧时社会，也不知道会有多少人厌倦了都市冷漠严肃的进步。但不管怎样，遗憾的是，快节奏的生活唤起金钱主义，人们忘却了生活的本质——享受，对于传统文化的传播和发展，其现状已不容乐观。

或许，已经有越来越多的孩子渐渐觉得春节、中秋节等传统节日变得乏味了。多数父母在异地工作，连年也不能陪孩子过。

或许，年青一代已经对本土文化渐趋失去信心了。通信工具的进步和交通的便利非但没有很好地使本土文化得以传承，反倒是让我们年青一代更多地见识到复活节、圣诞节的新鲜与刺激。于是他们便被冠上了崇洋媚外的“罪名”！

或许，“时代仍然需要经典”这个信念已从人们的脑海中淡出。马克·吐温曾经对“经典”一词做出解释：“经典就是人人谈论却无人阅读的书。”这短短的一句话足以给我们敲响警钟。现代学生，能够阅读经典四大名著的寥寥无几。即便是学生被强制性“押”在课室阅读后，又能有多少有价值的东西从他们的身上输出呢？当今时代，人们的心已普遍浮躁，很难潜心静思了。

尽管传统文化越来越跟不上时代的步伐，但不可否认，传统文化对人是有教化作用的！

从古至今，儒、道、佛、墨、法等各家思想对后世影响之大之深是毋庸置疑的。若没有儒家“乐民之乐，忧民之忧”的博爱思想，没有道家“上善若水，水善利万物而不争”的奉献精神，没有佛家“菩提本无树，明镜亦非台。本来无一物，何处惹尘埃”的信念支撑着整个社会，人们便只知追逐虚无的华丽的外在，只是被抽空了灵魂、榨干了鲜血的华丽躯壳罢了，经不起摔，受不了磨，哪天风一大，就支离破碎了。

既然传统文化作为一种思想对人的精神具有教化作用，那么传统文化在某种程度上可以说是培养一个出色作家的养料。张爱玲在《红楼梦魇》中提到，作者的个性渗入书的主角中也是不可避免的。书中的主角支配着整本书，而作者的个性渗透于书的主角中。这么说来，作者的思想境界、道德情操对一部作品便尤为重要了。因受到以目连戏为代表的越地民间艺术与民俗活动的影响，鲁迅的文艺创作有血有肉，能反映普通民众的理想、愿望与情趣；莫言的文学与他的故乡是紧密联系的，当他创作的时候，高密的泥塑、剪纸、扑灰年画、茂腔等民间文化元素便不可避免地进入他的小说中，使他的作品具有浓厚的高密东北乡的文化特色。由此可见，传统文化对作家作品的作用不可忽视。

当然，这里说的传统文化并不泛指所有文化，而是特指传统文化中精华的、有传承价值的文化。对待传统文化，我们不能照单全收，否则，便适得其反了。

时间的脚步是连续不断的，过去的已成为过去。立足当下，我们是不是应该思考怎样才能挽救这一切呢？龚贤在《中国传统文化概论》中提及学习传统文化的方法：学以致用，大众化，生活化。那么，亲爱的朋友们，你们又是怎么想的呢？

动动我们的双手，给传统文化一抔沃土、一米阳光、一瓢清泉，悉心浇水、施肥、除草、修剪，让它发芽、壮大，让我们对传统文化的渴望不再是一个梦！

写给张爱玲

2014 级汉语言文学 3 班　凌秋红

1995 年 9 月 8 日，你在洛杉矶一个公寓里告别了世界。那天，你身穿红色旗袍，蜷缩在地板上，让大地呼吸你的苍凉。那一年，世贸成立，日本阪神发生 7.2 级地震，以色列总理被枪杀，歌后邓丽君去世，我母亲打了个喷嚏，我呱呱坠地。

听说灵魂的重量为 21 克，我不知道我是否能自私地认为你在吻别这个嘈杂的世界时，把你的那 21 克重的灵魂附体于我，我也不知道我能否把 1995 年看成是你我缘分的开始。请原谅我的执着，总在寻找自己与你的微妙关联，就像你笔下《茉莉香片》中的主人公聂传庆那样，无论如何都想和教授言子夜扯上些关系，什么都好。我想，那该是一种敬仰，一种渴望吧。

或许有人会笑我连你的作品都没有全部阅读完就说了解你，更不该大放厥词说想和你进行跨时代的畅谈。没错，我是还没开始好好欣赏你的《秧歌》《十八春》，但你的《倾城之恋》《金锁记》《沉香屑》《心经》，你的每一部作品我都爱不释手，倍加珍惜。每一次阅读，都是心灵的一次洗礼。我会一点点地吮吸着散发出来的艺术之美，文字之美，永恒之美。我不知道这样忠诚的读者，这样的“小张迷”，能不能吐露她的心声，她的执着，她的喜爱。

我不愿纠结于你的作品是属于左翼派的还是鸳鸯蝴蝶派的，毕竟你的作品放在哪个派别中都没有典型性。因为你是独特的，你是独特的张派的风格。没有如《青春》般的革命豪气，却以大时代浪潮为背景续写着都市女性都市爱情的小时代。或许，我只管好好阅读你苍凉的文字、你孤独的基调，只管让这些作品伴随我成长。不同阶段的成长历程总需有不同的感受。现在的我，19 岁，选择好好阅读你的作品，渴望扎根于你的文字土壤里，寻找一些属于你的养分。你出生于簪缨世家，显赫的家世背景让你的贵族气质显露无遗。你从小接触的便是琴棋书画，天才如你，你如天才。而我，出生于农家，不是大家闺秀，又不是小家碧玉，没有华丽的转身，也没有迷人的邂逅，有的只是乡土的味道和朴实无华的气息，平凡如我。你从小便承受着父母离异的痛苦，你的父亲在歧途中不能自拔地抽鸦片，打吗啡针，对你拳脚相加，扬言要枪杀你。你甚至祈求飞机能投下炸弹正中你家，好让你与你的父亲同归于尽。唏嘘于你的灰暗童年之余，我庆幸我的父亲虽然碌碌无为，却对我疼爱有加。他是我生命中最重要的人，重于我的生命。你我虽然一出生便在不同的起点上，但书情，让我一步步靠近你。

到底是张爱玲，到底是天才张爱玲。13 岁的你，一本《摩登红楼梦》让你名噪一时，开始你的天才之旅。13 岁的我，却还没有开始阅读《红楼梦》，更不知“玉带林中挂，金簪雪里埋”的悲剧从何而来。两度阅读，也未解其中味，实为惭愧。

你的天才气质与生俱来，以至于你能语惊四座，以至于你能“大放厥词”，以至于你能狂言不休。一本《我的天才梦》，一句“出名要趁早”，独白“我是一个古怪的女孩，从小被目为天才，除了发展我的天才能力外别无生存目标”，无论如何，你总在诠释什么叫作“语不惊人死不休”。你的作品文字冷峭，意象丰盈，意念离经叛道，实在令人叹为观止。自嘲而无奈的喟叹，讶然且哑然的讪笑，总把人不知所措地折服了。与闺秀派作家截然不同，闺秀派歌颂人性，不食人间烟火。而你却道“缺乏人性倒是比较人性的”。你自称“拜金主义者”，却一直奉行着“非分之财，一分不取”的原则，你可以很勇敢，也可以很神秘。这样的才女，本可以在上海沦陷区继续大展身手，而你却选择神秘隐居美国。

或许有个性便是你最大的个性。面对文坛质疑，如傅雷以“迅雨”之名狠批你的《连环套》为败笔时，你果断地回应了对方的言辞。对于某些读者的攻击，你以白流苏的姿态，嘴角轻轻上扬，耸耸肩，轻蔑地说：“并不觉得她在历史上有什么微妙之处。”这样的轻蔑，这样的自信，我想，该是最漂亮的还击吧。对自己不在乎的人所说的不尊重的话，以一种无所谓的态度对待，才能在自己在乎的领域所向披靡吧。

你的爱情美丽而苍凉，灿烂而忧伤。在疼痛中洋溢着幸福，在幸福中夹杂着疼痛。钟情于胡兰成的你，一次次原谅他的背叛。日本投降，胡兰成四处流亡，是你无微不至地照顾他，甚至背上“文化汉奸”的骂名。与他感情真正破裂时，你还慷慨地寄给他 30 万。而你只留了一句“因为懂得，所以慈悲”给自己。爱，可以很渺小，也可以很伟大。在美国，你与赖雅结婚，嫁给了这个比你大 30 岁的男人，谈了一场忘年恋。晚年的他，两袖清风，疾病缠身，你也因此成了落难才女。你与孤独共处，你甚至爱上了孤独。或许，真正的文人都是孤独的，从血脉崩裂而出的孤独，让孤独的血液再度回流。

你的爱情，这让人捉摸不透的爱情，让我憧憬。我似乎还沉浸在少女情怀里，似乎还有些什么幻想。或许有天，我会遇到那样的爱情，或许有天，我会和你一样孤独。但我不知道我是否可以和你一样享受这份孤独。我不是天才，没有勇气像你一样向全世界傲然地宣告你的才气，我在你繁华的角落里鼓掌，在你芬芳的道路边沉默。曲径通幽，世外桃源，民国的你和新世纪的我，在一座城被摧毁后偶遇，你我谈经论道，你我志同道合。

庆幸于我能在最美的年华遇到你，靠近你，月光穿过我的窗台，夹杂着秋草的香气，我忍不住探出头去偷看那月夜，小心翼翼地，生怕惊动了你的月夜。是的，没错，那是你的月夜。我心寄明月，明月照沟渠。此刻的我，渴望超越时空，一步步亲吻你的韵味。21 克的灵魂，流淌在我沸腾的血液里。笔停，爱依然……

那些被遗忘的公众号

2015级广电1班　伍倬莹

翻一翻你的公众号列表，你在不知不觉中关注了多少个公众号？你又有多久没点进去浏览它们的推文了？你是否已经开始取消关注某些公众号？

手机成为不少人重要的生活用品，已是毋庸置疑的事实。在这个信息爆炸的时代，微信更是交流软件中的佼佼者，而公众号则是近年来微信的衍生物。刚入大学的我们，总会在形形色色的部门介绍或者老师、师兄师姐的推荐下，关注很多公众号。其实，我们很多时候都只是图一时新鲜，久而久之却发现那些当初在人云亦云中迷迷糊糊地添加了的公众号，根本就不适合自己，也压根不是自己的本意所向。更有甚者，连自己关注该公众号的初衷都忘了。在这样的状态下，无论该公众号多勤快地更新推文，也只会被无心于此的人放任不管，难博美人一笑。尽管推文堆积如山，但公众号列表中不受青睐的微信公众号却逐渐沦为一座座孤城，被遗忘、被丢失。

公众号被遗忘甚至淘汰的现象，不仅出现在大学生中，而且普遍存在于其他人身上。日益增多的公众号，导致公众号市场拥挤，公众号之间的竞争也在不断增加。这就促使各种公众号开始转型升级，寻求出路，抢夺更大的市场。前不久，便有网友抱怨微信里充斥着各种投票请求。今天给这家投票，明天又给那家拉票。不少微信用户对这位网友的观点表示赞同，认为深有体会。如今很多投票需要通过关注其发起投票的公众号，才可以进行。不难看出，这是公众号经营者面对激烈的竞争，想出的宣传方法。一方面，可以通过投票活动提高其知名度；另一方面可以在不知不觉中收获许多本来无意关注其公众号的用户，可谓一举两得。但是这种略带强迫性质的公众号关注手法，不免让人有被公众号绑架的感觉，令人心生厌恶。这样的公众号即使暂时会被用户保留，但迟早要面临被无视，甚至被取消关注的结局。

公众号被遗忘，除了因为经营者的宣传手法不当外，还要归咎于经营者本身。轻轻滑动一下便知，其实很多公众号早已隐形。许多公众号只有三分钟热度，刚开始创立时，一股脑地一日多条推文，而后来则更新得越来越少，甚至停更。既然公众号的经营者都不重视管理，放任自流，持无所谓态度，那么又怎么能留住满怀期待去关注它们的我们，又怎可能不被公众号市场所遗弃呢?

公众号的持续发展进步，既需要经营者自身的不断改善，也有赖于我们关注者的态度和选择。如今每个人都可以创立公众号，公众号越发普遍，经营者要想其公众号脱颖而出，就必须不断创新和改进其中的内容和形式，运用合适的宣传手法，而不是硬性的要求。天道酬勤，经营者欲经营好公众号，就不得不严格要求自己，按时更新推文，与时俱进，不能得过且过，让懒惰吞噬了自己辛苦耕耘的成果。只有勤于更新推文，精于发表内容，诚于对待每一个关注者，公众号才能越办越好，才能不被关注者遗忘、唾弃。公众号是一个双向的纽带，连接着经营者和受众，所以关注者的作用也十分重要。作为公众号的受众，我们不能随波逐流，而应该选择适合我们的，或者我们感兴趣的公众号进行关注，甚至可以通过评论这个渠道，提出自己的建议，帮助该公众号成长进步。对于自己喜欢的公众号，可以推荐给亲戚朋友，与他们分享，不要强行要求他们也去关注。否则，只会既伤和气，又伤了彼此间的感情。

微信给我们的日常交流带来的便利是有目共睹的，而公众号也会随着微信不断地深入我们的生活。经营者用心做好公众号，对受众负责；受众用心对待每一次的选择，对自己负责，那么公众号被遗忘的概率就会大幅度下降，公众号市场也会焕发生机，走向更广阔的领域。

破世界纪录，毁节约之风

2015级广电1班　伍倬莹

2015年10月23日，一场名为扬州炒饭总动员——吉尼斯世界纪录“最大份炒饭”挑战赛活动在扬州举行。但吉尼斯世界纪录官方在10月26日向记者表示，23日在江苏省扬州市举行的“最大份炒饭”挑战活动由于存在浪费食物的情况，其挑战纪录无效。

相信所有人在看到这则新闻的时候，要么是内心愤愤不平，要么就是不禁摇头叹息。愚以为，这正是值得国民反思的一件事情。浪费粮食，即便是破了世界纪录，也多少令人羞于提起；即便是得到了万众瞩目，起到了宣传效果，也是一种不值得提倡的行为，理应受到谴责。毁节约之风，万万不可也。

挑战赛活动的目的，是宣传扬州炒饭，弘扬中华美食文化。这样看来，挑战成功的话，无疑是一则美闻。然而，组织扬州炒饭挑战的主办方，却硬生生地炒出了丑闻，适得其反。归根结底，就是主办方没有做好后续工作，好了开头，败了结尾。4 192千克的扬州炒饭，破了吉尼斯世界纪录后，就被运上了垃圾车，成了牲畜的口粮。如此糟蹋农民的劳动成果，处置如此不当，只能说是让人们“猜中了开头，却猜不到结局”。

国人喜爱世界性的奖项，并热衷于追随、崇拜这类事件，已是屡见不鲜。还记得2014年，美国科学家埃里克·白兹格获得诺贝尔化学奖，其妻子吉娜毕业于安徽蚌埠一中。当时，蚌埠一中放出标语“热烈祝贺我校女婿埃里克·白兹格荣获2014年诺贝尔化学奖”，引起轩然大波，人们议论不断，都认为此举过于牵强，甚至认为这是在“攀亲戚”，国人的骨气荡然无存。现在来看，这则诺贝尔奖“攀亲戚”新闻，依旧会令人发笑。然而想不到时隔一年，又闹出了挑战活动因浪费食物而被取消挑战纪录的笑话。不过话说回来，吉尼斯世界纪录官方判定扬州“最大份炒饭”挑战失败，也是让人欣慰的，起码保住了吉尼斯世界纪录的声誉，阻止了不道德、浪费之风的蔓延。“最大份炒饭”成“最大份垃圾”，敢问主办方挑战的意义何在？还值得宣传吗？且不说没能起到宣扬扬州炒饭的作用，还引来骂声一片，甚至影响了扬州炒饭原有的形象。这样的做法实在是哗众取宠，咎由自取。

在当今国民素质不断提高的时代，我们国民的素质岂可又回到原点？大鱼大肉的时代已去，“光盘”精神、节约之风才是大势所趋。希望这则丑闻能引起国民反思，让违反社会公德的行为得到遏制。

廉洁是人生的保护伞

2015级汉语言文学3班　梁房娣

“廉洁方能聚人，律己方能报人，身正方能带人，无私方能感人”，廉洁是中华民族优良的传统，是对每个中华儿女的内在要求。但是改革开放后，随着我国经济的快速发展，物质条件的提高，人们生活的改善，各种物质上的享受不断冲击着人们的内心，侵蚀着人们的思想，贪靡之风愈演愈烈，我国正处在腐败高发期。如2009年，全国纪检监察机关共立案134 504件，结案132 808件，给予党纪政纪处分138 708人。涉嫌犯罪被移送司法机关处理5 366人。严肃查处了陈绍基、王华元、黄松有、王益等一批大案要案。而为了建设一支廉洁从政队伍，习近平总书记在中国共产党第十八届中央纪律检查委员第五次全体会议上的讲话中强调“党风建设和反腐斗争永远在路上”，表明了“苍蝇、老虎一起打”的决心。本文通过探究当今社会现状和结合案例分析廉洁与人生的关系，呼吁广大民众坚守廉洁人生。

一、廉洁与生活息息相关

当代中国，现代化进程正处在深刻的转型阶段，由于新旧制度的不平稳过渡和利益关系的复杂变换，腐败问题极易产生和扩大。这时，廉洁就显得尤为重要了。那么，何为廉洁呢？根据资料考察结果可知，在中国古代，“廉洁”一词最早出现在战国时期伟大诗人屈原的《楚辞·招魂》中：“朕幼清以廉洁兮，身服义而未沫。”这句话的意思是，我从小就清廉洁身自爱，以一己之身实践道义而且从来没有忘记。可见，“廉洁”就是指不贪取自己不应该得到的钱财，保持自己的光明磊落。总的来说，就是清白自律，不贪财。

讲到廉洁，或许很多人都认为那离自己的生活很远，和自己没有多大关系。要贪污，想腐败，当然是有钱有地位的人才有机会；而自己仅仅是普通老百姓，哪来供腐败滋生的土壤和水分呢？当然也就没有贪污腐败的可能性了。所以，廉洁就应该是领导干部的事。也正因为大家抱有这样的心态，在对待贪污、对待腐败时他们大多体现出来的是事不关己、高高挂起的冷漠；更有甚者，他们根本不屑于做些什么来改变现状。殊不知，廉洁与我们的生活息息相关。例如，中国自古以来所推崇的礼尚往来之风，稍不谨慎就会落入腐败的陷阱。

“迎来送往煮青蛙”，开学之初，家长都会请老师吃饭或送些礼物，手术前，部分家属悄悄把红包塞给主刀医师……就像很多人都会利用节假日互相走访一样，这俨然成为约定俗成的事。长此以往，这些送、收礼物者终会像法庭上高呼“我收的不是钱，是人情”的重庆市渝中区某分局科长一般，受人唾弃，锒铛入狱。他们心中没有廉洁可言，结果为了满足一时的贪欲，不惜把赖以遮风挡雨的廉洁之伞丢弃。因为贪念，害得家人担惊受怕，和他一起受人指责，甚至妻离子散，原本的幸福离他而去。在社会这个大染缸中，我们无时无刻不被贪腐包围着，或许，在不自知中，我们早已成为那“不可能”中的可能了，难道我们还能说，廉洁离我们的生活遥不可及吗？由此可知，廉洁与我们的生活紧密联系。

二、莫伸手，伸手必被抓

很多人都本着侥幸心理和阿 Q 精神，自以为贪官污吏那么多，只要自己小心一点，每次少拿一些，又怎么会查到自己头上来呢？所以，当我国综合国力飞速提升、经济发展、思想解放时，人们就仿佛刘姥姥进大观园，一下子跌进了各种新鲜、漂亮的诱惑圈子中。而为了金钱，人们不择手段，想得到更多，但又不想累着自己。于是，他们便理所当然地想找捷径、走后门等。有钱的，利用手中的钱财去换取更多的特权；而有权的就利用人民赋予的权力豪取金钱，满足自己的私欲。

古往今来，官商勾结，钱权交易的例子数不胜数。商人若想商途畅达，似乎就必须有权力的庇护，政府官员想要钱权双收，就少不了与商人勾结，互取利益，资本托庇和权力寻租早已盘根错节，在今天领导班子“苍蝇、老虎一起抓”的反腐纲领下，这种现象一点点地呈现在大众眼前。2009 年四川省眉山市中级人民法院以受贿贪污罪判处巴中市副市长邹富贵有期徒刑 12 年；无独有偶，四川汉龙集团董事局原主席刘汉涉嫌组织、领导、参加黑社会性质组织及故意杀人、故意伤害等 21 项罪名被检方提起公诉；2016 年，湛江市副市长伍杰忠因涉嫌受贿在深圳市中级人民法院受审，等等。这些案例无不诉说着“莫伸手，伸手必被抓，众目睽睽难逃脱”的道理。正如邹富贵在他的悔过书中所言那般，一些单位为资金拨付、追加预算等事送礼，他没有拒绝；一些个体老板、企业老板总找他，让他在工程款拨付、退还土地竞争金等方面给予照顾，他拿了钱，也办了事；过去部下、旧友在职务升迁、子女就学、工作安排等方面遇到困难时，他也笑纳了送上门的“心意”……邹富贵只是万千贪官中的一员，也正是他眼中的礼尚往来、入乡随俗把他推向了深渊，成为受人唾弃的阶下囚。邹富贵、刘汉、伍杰忠等人的入狱，让我们明白，“有权不用，过期则废”的思想早已在部分官员心中扎根、发芽，才会固执地把头上的廉洁之伞换成了腐败之伞、伪善之伞，一捅即破。

三、廉洁让我们名利双收

廉洁如莲，“出淤泥而不染，濯清涟而不妖”。廉洁是一种品质，清正廉洁，勤俭节约。但提及廉洁许多人联想到的更多是两袖清风、粗茶淡饭、布衣草鞋，说白了就是穷光蛋的形象，这与崇尚低调和勤俭节约有莫大的关系。自古以来，祖先们便大肆宣扬低调做事，勤俭节约，认为官员越简朴，越“寒碜”就越廉洁。再加上现在媒体为博取注意力，把平常的事放大，变相、夸张地报道相关事迹，把清官形象“寒酸化”，误导群众对廉洁的认识。也在无意中动摇了许多后进者廉洁从政的决心，为他们舍弃廉洁之伞做了铺垫。

廉洁不仅能使我们洁身自律，而且是我们人生的保护伞。《五朝名臣言行录》中记载了包拯曾任端州知州一年，为百姓造福谋利，离任时当地人纷纷送端砚给酷爱书法的他留作纪念。端州砚台久负盛名，价值不菲，历任官员都想方设法巧取豪夺，贪污勒索，中饱私囊。但包拯却坚除这种不正之风，明文规定官府除贡砚外一律不准多收端砚，违者严惩不贷。在贪污官员纷纷撤职入狱的同时，包拯却“另类”地上升，留下了“包公掷砚成洲”的美丽传说。包拯的光明磊落、清白自律及不贪污不仅成为其从官的助力，还使他收获了百姓的好评和爱戴。

不可否认，遵守廉洁的准则，我们或许会失去暴富的机会，会和部分同事水火不相容，但真正意义上的廉洁却让我们避免了家人痛心、百姓唾弃的尴尬和悔不当初的境地。廉洁是把伞，为我们遮风挡雨。

反腐倡廉是古今政权一直努力的方向，廉洁是世界各国，不管是在经济、政治还是文化教育领域所追求的理想。明朝开国皇帝朱元璋曾这样描述廉洁：为官之人守着自己的俸禄过日子，就犹如守着“一口井”，井水虽不满，但可以天天汲取，用之不尽。古往今来，凡是被打倒的贪官，一个最大的教训，就是守不住自己的那一口“井”，总嫌水不满，于是不择手段，贪污腐败。当不义之财如大江大河之水滚滚而来之时，也常常把他们一起淹没。这时候，不仅大量的金钱财宝自己享受不到，就连喝一口井水的权利也丧失了。而“落马”的官员和商界霸主很多时候都认为有了钱、权，人生就有了保护伞，生活就能安逸。悲哀的是，这些人直到锒铛入狱，或妻离子散时才幡然醒悟，原来廉洁才是人生的保护伞，因为廉洁，家人不必担惊受怕。也正因为有廉洁这把人生保护伞，我们做事才能光明磊落，才会免去入狱的痛苦，实现人生价值。

朝圣路上孤独的灵魂

——读《月亮与六便士》有感

2015级汉语言文学4班　李　满

第一次看到这本书时，就被封面的一句话深深吸引："月亮是那崇高而不可企及的梦想，六便士是为了生存不得不赚取的卑微收入，多少人只是胆怯地抬头看一眼月亮，又继续低头追逐赖以温饱的六便士。"本以为书中的故事会如书名般带有浪漫甚至童话色彩，但结果却让人唏嘘不已。

故事其实很简单，证券经纪人查理斯·斯特里克兰原本只是芸芸众生中的一员，过着平平淡淡却又令人向往的生活：有着貌美的妻子，两个可爱的儿女，稳定的工作，日子过得有滋有味。但某一天，他却像被某种能量附身了一般，彻头彻尾地换了个人。他抛家弃子，离开舒适的生活环境，一个人开始流浪，追逐着所谓的画家理想。从此不管人间烟火，吃尽所有苦头，走到死亡的边缘。最终他在与世隔绝的塔希提岛找到了自己灵魂的归属，用尽毕生气力，在屋子里创造出一幅令人震惊的壁画。但在去世前，他却留下遗言让妻子烧毁这幅伟大的画作。

单单从我对这个故事简略的概括中就可以看出，斯特里克兰是个复杂的人物。合上书的那一刻，我脑海中对斯特里克兰的评价只有：极端的残忍以及极度的伟大。

之所以说他极端残忍，不仅仅是因为他为了在当时看起来十分不靠谱的理想而抛弃妻子，抛弃两个可爱的孩子，亲手毁了一个原本安稳温馨的家庭，更是因为他在追逐理想的路上，丧失了最基本的人性。可以说，他为了理想不择手段。他将女人视为一种物件，对所有的爱情都嗤之以鼻，甚至恨之入骨。他没有丝毫的感激之情，对于曾经救他一命的施特罗夫，他不仅没有半点感恩之情，还拐走了施特罗夫深爱的妻子，使得施特罗夫濒于崩溃的边缘。面对指责，他还认为这一切全都是施特罗夫自己的过错。似乎，从他离家出走的那一刻起，他就丧失了所有的人性，成了被理想支配的奴隶，所有的一切都是为实现理想服务。

而他又极度伟大，恰恰是因为他极端残忍。为了缥缈的理想，他可以抛弃舒适的生活，抛弃身边所爱的人，抛弃身份、地位、金钱、权力，乃至于抛弃整个文明世界，沦落为一个野人，放到任何时代，这都是不可想象的。而命运在最后似乎也眷顾了他，他来到了塔希提岛，过上了真正属于自己的生活，并且画出了足以震惊世界的画作。而最后的焚毁，也恰恰证明，他这一生的所作所为仅仅只是为了画出自己灵魂深处的那幅画，并非为了成名，获得声誉或金钱。他就像一颗恒星，当自己的使命完成时，他便会激烈地毁灭一切，包括自己的生命。

“只有诗人和圣徒才会深信在沥青路面上辛勤地浇灌能开出百合花来。”或许只有这句话，才能很好地解释斯特里克兰，这个残忍却又伟大的人的所作所为。他是这世间真正的有着纯真信仰的人，他是个真正无二心的虔诚的信徒，他所信仰的，并非画家这个职业，而是灵魂的自由，灵魂的解脱。这看似虚无缥缈，如同天上的月亮，当他一旦踏上朝圣之路，纵然遍地都是唾手可得的六便士，他也不曾回过一次头；纵然路上只有他一个孤独的灵魂，他也不曾有过任何悔意；纵然世间以道德、以死亡要挟，他也不曾有过任何气馁。他是恶魔，又是天使，他毁灭了多少人的幸福，又带给多少同样孤独地走在朝圣路上的人一丝仅存的光明。

朝圣的路注定是孤独的。愿你胆怯地抬头看一眼月亮，却又能继续勇敢地坚持不懈地追逐它。

观《美人鱼》有感

2015级汉语言文学4班　李　满

刚开始看到《美人鱼》这个片名，习惯性地认为这是一部充满童真、美好的电影，但观赏完后，才发现这是一部引人深思的启示录。

影片讲述了富豪刘轩盘下青龙湾，为了进行填海造陆，用声纳装置驱赶周边鱼类，严重影响了海底生物，包括美人鱼的生存。美人鱼决定派出姗姗前去杀害刘轩，但姗姗却与刘轩坠入爱河。在这个过程中，刘轩也明白了声纳装置的危害。但是以诺兰为首的团队发现了美人鱼的行踪，对其大肆捕杀。刘轩拼死阻挡，最终挽救了姗姗的性命，保护了美人鱼的生存，也取缔了诺兰团队。

故事凄美，令人潸然泪下，也赤裸裸地揭示出人类为满足利欲，不惜破坏环境的现状。影片中，面对眼里只剩钱的诺兰，刘轩说："我是爱赚钱，但是赚钱也不能没有底线啊!"这句话深深地刺激了我的神经。人可以有利欲，但利欲一旦缺失底线，就是脱缰的野马，永无回头之日。

几万年来，我们人类能取得长足的进步，成为这个星球上最具智慧、最有理性的动物，利欲功不可没。从人类懂得交换商品、获取生活所需开始，从人类由原始社会步入奴隶社会开始；从人类自我意识觉醒开始，利欲就成为推动人类发展的最大动力。我们需要更多的粮食，于是催生农业经济，我们需要更快的生产速度以及更优质的生活，于是催生了工业经济。人类的利欲来自动物本能，是潜意识的，它使我们飞跃，使我们有更好的生活。

但我们却以天之骄子自居，为了填满利欲这个无底洞，侵蚀着地球母亲。殊不知，地球母亲也有衰老的一天。人类不断攻击着母亲的身体：地球之肺——亚马孙热带雨林，正以每分钟六个足球场的速度在消失；地球的免疫系统——臭氧层，早已千疮百孔；荒漠化，正毁灭着地球的皮肤；温室效应，正稀释着地球的血液。人类，还只是无法逃离母亲襁褓的婴儿，就已经学会了榨干母亲的养分，学会了拆解保护自己的婴儿床。我们肆意杀害各种生物，我们疯狂砍伐树木，我们不断排出各种有害气体。是啊，在这个过程中我们享受到天子般的待遇，享受着主宰者的幸福，但我们的出现只是一个很偶然的因素。对于其他生物而言，我们只是小辈，只是他们的客人。我们没理由高高在上，用破坏他们赖以生存的环境为代价，来满足我们的生活。

为什么我们一直找不到外星人，有科学家悲观地提出，外星人无处不在，只是，他们来不及发明出高端科技，就把保护自己的母星榨干，最终，接受灭亡。同样，人类如果再不节制，再不重视保护地球，终有一日，也会成为地球母亲的陪葬品。

在《圣经》中，上帝看不惯人类的物欲纵横，降下四十昼夜的大雨，彻底清洗地球上的罪恶，只留下挪亚以及他的方舟。这个故事警诫后人，永远不能放纵利欲。我们人类，作为这个星球最成功的物种，有资格去享受大自然的馈赠，有权利满足我们的愿望，但我们是有理性、有智慧的，我们不应该放任自己的利欲，更不该无止境、无底线地破坏我们以及其他物种赖以生存的环境。

请管好你的利欲，保护环境，造福的已经不只是后代子孙了，也有我们自己，或许这就是《美人鱼》所透露给我们的。

一场孤独苦痛的青春之旅

——读《挪威的森林》有感

2015级汉语言文学4班　叶萧华

在青春里，在那一段青葱岁月里，似乎每个人都曾涂鸦过属于自己的心迹。曾明媚忧伤，曾轰轰烈烈，曾孤独苦痛，曾平凡淡然，时间也都以成长的脚步不留痕迹地带走那段你紧握着的青春，让你走进了另一段旅途。

如果说青春难被定义，青春有无数的模样，那么我在《挪威的森林》里看到的感受到的却是属于他们的一场孤独而苦痛的青春之旅。

在青春最美的光景，渡边和直子却要面临好朋友和恋人——木月的死亡，他的死亡将渡边和直子逼向了绝望的边缘，划伤了鲜活跳动着的心，让青春以血淋淋的面目示人，在那应该笑着幸福着的十七岁。他们所能选择的只是逃避，逃避木月的死带来的伤痛和绝望，避免一切关于木月的话题讨论，假装木月在不存在的另一世界里依旧很好地生活着。心底里装着的孤独和苦痛不曾离开，它似乎像一棵树在野蛮生长，而无穷的压得人喘不过气的黑暗是它最好的养分。渡边和直子的相遇，渡边和直子之间难以说清的带有某种责任的爱情，非但没有给对方带来任何实质性的解脱，反而为这一原本就不可能的爱情故事涂抹了一层浓厚的悲剧色彩。两人因木月的生认识，又因木月的死在一起，也想通过木月得到救赎，但世上哪有这么简单的事情。伤痛还在那，虽然已经在时间的流逝中渐渐止血结痂，但伤疤还在，以狰狞的态势在看不见的角落里嘶吼。

我不喜欢渡边。不喜欢他逃避现实，不喜欢他时有时无的堕落，不喜欢他对待爱情的态度……有太多的不喜欢，但绿子喜欢他。她说她本来也很想爱上一个更英俊的男孩，但没办法，就是看中了他。看，爱情来得就是这般没头没脑，只因你吸引了我，而我喜欢上了你，除此之外，外界的一切全都不能阻挡我喜欢你爱你的脚步。绿子如她的名字一般，总是充满了生机，给人带来希望，也给渡边的孤独彷徨、充满伤痛的人生带来了温暖，带来了释然。所以我喜欢绿子，喜欢她在艰难生活中依旧顽强不抱怨地活着，喜欢她对这个并不善意的世界依旧保持善意，喜欢她对渡边简单的喜欢，喜欢她对爱情的坦承。所以在直子死后，绿子成了渡边最后的救命稻草，也是他痛苦的出口。而绿子的这一份爱而不求的情感成了这一阴沉青春基调最美好的调剂，让人不自觉嘴角上扬。

故事以渡边在电话亭不断低声呼唤绿子的名字结束，在这青春的岁月里，似乎随着直子的死去，一切都已告一段落，都被尘封起来。但三十七岁的渡边依旧会回想起过往，关于直子，关于绿子，关于木月，还有青春路途中遇到的永泽、初美、玲子，他们都是这孤独苦闷青春的光亮，即使有人会受伤，但每个人都以愿意或不愿意的方式得到了青春回馈的某种东西。

回看这本书，我觉得最后绿子并没有和渡边在一起，但无论如何，每个人都有自己的路要走，活着的人都应该好好地活着。青春总会过去的，过去之后的每一天都值得被祝福。这场属于渡边他们的孤独苦痛的青春之旅也会过去，而我们的青春正起航……

后 记

好的文学作品有说不清的“魔力”。这种“魔力”就是无用之大用，是一种深厚的人文情怀。它不创造物质，却有着物质所不可替代的功用。高校就需要培育这种情怀，要让在这里待过的每一位学生，心头都长出人文的绿洲。尤其是以“文学”或“人文”冠名的学院、专业，更需要培育这种精神，培养学生对文学的感受力、鉴赏力和创造力。这也是相关专业学生的核心素质。正是基于此，我们这些年特别重视对学生写作能力的培训。此书入选的作品即是培训所得的部分成果。

毋庸讳言，学生的这些成果还难脱粗糙和稚嫩。它表明，在写作能力的提升方面，他们还有一段不短的路要走；他们的生活没有波澜，他们的视野不够宽阔，他们的历练也不够到位。自然，他们的成果也难以“圆熟”。但是，他们纯真，他们善良，他们敏锐，他们踏实，他们的潜力巨大，他们常常能给我们带来欣喜。阅读—写作—阅读，使他们知识之树疯长，文学的触须疯长，收获的行囊也日见丰盈。他们喜欢目视远方，也注意凝视脚下的土地。他们让清逸的云朵随风飘逝，将激越的太阳留在心头。因此，他们用自己的心建造了一座城堡，城堡里居住着真诚、友谊、幻想、安静和追求。

他们的语言也许还有些粗粝，但他们的心纯净。

在经济大潮时代，人们总是匆匆忙忙地赶路，心为形役，很少有一份悠闲与宁静，坐下来擦一擦业已被汗水和灰尘所浸透与遮盖的心灵。但他们做了，而且做得相当不错。从选文中能够看出，他们的心灵不粗糙、不世俗。他们用自己的文字记录着年轻人成长的心迹，让自己的文字流淌出青春的风采和少年的律动。他们表达心志，歌颂友谊，关注生命，礼赞母爱，叙说乡愁，抨击丑恶，表现出新时代大学生可贵的精神品质。他们款款写来，在娱己（亦“育己”），也在娱人（亦“育人”）。他们的作品鲜明地表现着年轻学子的坦诚、率真，表达着他们的青春伤感，以及他们对于成长的梦想与信心。

他们的文字告诉我们：青春并非只有迷惘和彷徨，更有探索与奋进。

赵金钟
2020 年 5 月 24 日